Diogenes Taschenbuch 22035

de
te
be

Tintenfass

Das Magazin
für den überforderten
Intellektuellen

Nummer 35

Diogenes

Das *Tintenfass*
erscheint einmal jährlich zur
Frankfurter Buchmesse
Impressum, Nach- und Hinweise
am Schluss des Bandes

Umschlagzeichnung von Jean-Jacques Sempé,
Frontispizzeichnung und
Zeichnung neben dem Inhaltsverzeichnis
von Jean-Jacques Sempé,
Zeichnungen auf der Mottoseite
von Maurice Sendak

Originalausgabe

www.diogenes.ch
100/11/36/1
ISBN 978 3 257 22035 3

»Das Buch ist eine der
Möglichkeiten des Glücks,
die die Menschen haben.«
Jorge Luis Borges

»Mit einem Buch auf dem Schoß
war ich glücklich.«
Charlotte Brontë

»Ich sagte mir, dass, solange
es Bücher gebe, das Glück mir
sicher sei.«
Simone de Beauvoir

»An all die Bücher zu denken,
die mir noch zu lesen bleiben,
macht mich glücklich.«
Jules Renard

»Mein Gott, glücklich wären
wir auch, wenn wir keine Bücher
hätten.«
Franz Kafka

»Wenn ich Faschist wäre,
würde ich sagen,
alle Menschen, die nicht glücklich
sind, gehören verhaftet.«
Tomi Ungerer

Inhalt

BOSC

Joey Goebel

Du wirst nie glücklich sein

Tut mir leid, dass Du es ausgerechnet von mir erfährst, aber Du wirst nie glücklich sein.

Ich will Dir damit nicht weh tun, ich will es Dir einfach sagen, weil ich es nur anständig finde, dass ich ehrlich zu Dir bin, ehe wir anfangen. Ich hoffe, Du weißt das zu schätzen, denn von nun an wird keiner mehr anständig oder ehrlich zu Dir sein. Darum hier gleich noch einmal: Du wirst nie glücklich sein.

Jetzt hast Du's schriftlich, und gern geschehen, echt.

Ich möchte, dass Du an dem sonnigsten, schwülsten Tag des Jahres nach draußen gehst und es gelassen laut aussprichst: »Ich werde nie glücklich sein.« Sogar in der Hitze müsstest Du dann die kalte Wolke Deines Atems sehen können, die Deine Aussage bestätigt. Und Deinen Atem wirst Du nur dann nicht sehen können, wenn Du es stolz sagst, wie ein weiser alter Mann: »Ich werde nie glücklich sein!« Probier es irgendwann mal.

Wenn ich an Dich denke, dann sehe ich wie in einem Comic eine Wolke über Deinem Kopf schweben, die Dir und nur Dir einen Wolkenbruch beschert. Ich sehe Dich nass bis auf die Knochen, mit hängendem Kopf und ganz geknickt, und Du bist dauernd krank, weil Du immer im Regen stehst. Tief bedrückt vom schlechten Wetter weinst Du Dir die Augen aus, doch Deine Tränenbäche verdunsten und werden zur nächsten Wolke, aus der es noch heftiger auf Dich niederregnet. Du kannst nur verlieren!

Traurige Aussichten. Du wirst nie das Mädchen kriegen. Du wirst die Welt nicht retten. Du wirst nie die wahre Liebe finden. Und auch keinen vertrauenswürdigen Freund. Du wirst nie zufrieden sein. Du wirst nie genug bekommen. Die Kirschen der andern werden immer größer sein. Und Deine holen die Vögel. Deine Tage werden lang sein und freudlos. Deine Nächte werden einsam sein und kaum mehr. Stets wirst Du auf bessere Zeiten warten, die nie kommen. Und Seelenfrieden kannst Du komplett abschreiben.

Es wird Tage geben, da wirst Du auf die Knie fallen und laut schreiend Dein Leid klagen, wem auch immer. Doch Das-Ding-das-wir-Gott-nennen kann und wird nicht helfen. Ich stelle mir den Himmel als eine funkelnde Kristallstadt vor, und dort, in ihrem höchsten, glitzernden Wolkenkratzer, verhandelt der Bürgermeister, immer viel beschäftigt, hinter einer Tür ohne Klinke. Er ist nie zu sprechen, Anrufe werden nicht durchgestellt. Und dann sehe ich die vielen makellosen blonden Engel ohne Genitalien und ohne Füße vor mir, wie sie sich versammeln und auf uns alle hier unten zeigen, uns auslachen und kichernd sagen: »Die armen Kleinen!« Sie werden einen Heidenspaß an Dir haben.

Deine Gebete werden eher wir erhören als sie. Oder auch nicht. *Wir* werden Dein Schicksal lenken und über Dich wachen, nicht Götter oder Engel. Auch nicht die Toten. Wir. Männer und Frauen. Erwachsene mit verworrenen Beziehungsgeflechten und geheimen Plänen. Ehemalige Kinder.

Wir werden Dir geben, was Du brauchst, aber versagen, was Du willst. Wir werden dafür sorgen, dass alles, was Du für Dein Glück brauchst, knapp außerhalb Deiner Reichweite bleibt. Solltest Du aus Versehen ein Glücksgefühl verspüren, dann halte es fest, mit aller Macht. Genieße es, solange Du kannst, denn es bleibt garantiert ein kurzes Vergnügen.

Noch einmal, es tut mir leid. Es stimmt, was die Leute sagen – das Leben ist ungerecht, vor allem zu Dir. Und ich kann Dir nur einen Trost bieten: Was Du in all dem Leid und der Einsamkeit zustande bringst, wird Deine Verzweiflung und unsere Grausamkeit bei weitem überdauern. Unsere Folter ist vergänglich, Dein Werk währt ewig. So gesehen, werden wir auf lange Sicht alle gewinnen.

Und deshalb entschuldige ich mich im Namen aller, denen Du je begegnen wirst, im Voraus für allen Kummer, den wir Dir bereiten werden. Dir stehen harte Zeiten bevor, Kleiner. Du bist gewarnt.

Nichts für ungut
Harlan

– Ein Brief, den ich Vincent schrieb, als er sieben war.

Jean-Jacques Sempé

Klar musst du aufpassen, dass du von dem Zeug nicht abhängig wirst, aber wenn du am frühen Nachmittag eine Kapsel einwirfst, kannst du relativ sicher sein, dass so gegen 18–19 Uhr diese leichte Depression einsetzt, die eigentlich unserem Naturell entspricht.

Astrid Rosenfeld

All die falschen Pferde

Eine Frau rollt ihren grünen Trolley über meine Füße. »Können Sie nicht aufpassen«, rufe ich ihr hinterher. Aber die Ansage auf Gleis 5 übertönt meine Worte.

Bevor mein Vater in den Zug gestiegen ist, hat er mich angerufen. »Hör ma'«, hat er gesagt, »ich steige jetzt ein. Ich rufe von meinem neuen Telefon an, hat dein Onkel Toni mir geschenkt.«

Seit vier Jahren bin ich mit Helena zusammen. Ihre Eltern, die Spicherts, haben sie nach der schönen Helena benannt. Sie waren sich sicher, dass ihre Helena auch einmal schön sein würde.

Herr Spichert hat vor vielen Jahren, nachdem er in kürzester Zeit sein Studium absolviert hatte, eine Werbeagentur gegründet. Das war zu einer Zeit, als es noch nicht Hunderte Werbeagenturen gab. Er verdiente einen Haufen Geld. Mit fünfzig verkaufte er seine Agentur und wurde in den Aufsichtsrat eines gigantischen Unternehmens gewählt. Die Familie zog in das wiedervereinigte Berlin und erstand, als die Immobilienpreise günstig lagen, eine denkmalgeschützte Villa in Potsdam. Frau Spichert, die keinen Beruf, sondern nur Hobbys hat, interessiert sich unter anderem für Kunst. Dann und wann ersteigert sie ein Bild oder eine Skulptur. Mittlerweile leihen sich Museen Exponate aus der Sammlung aus, die Frau Spichert mit ihrem phänomenalen Instinkt zusammengetragen hat.

Die Spicherts sind großzügig. Sie spenden beträchtliche Summen. In der Mongolei gibt es eine Schule für Taubstumme, die mit dem Geld der Spicherts erbaut wurde. Die Spicherts sind da so ähnlich wie Gott, sie helfen nur denen, die sich selber helfen wollen.

Ein paar Monate nachdem die schöne Helena das Licht der Welt erblickt hatte, presste meine Mutter mich unter unerträglichen Schmerzen heraus. Als Frau Spichert sich in einem anderen Krankenhaus die Bauchdecke straffen ließ, hielt meine Mutter mich im Arm und heulte. Postnatale Depression.

Mein Vater tätschelte Mamas Kopf und küsste uns beide auf die Stirn. »Hör ma'«, sagte er, »das wird schon.« Dann ging er in die Kneipe und trank mit seinem Kumpel und Arbeitgeber Gustav und dessen dreijährigem Sohn Toni auf das Wohl seines Erstgeborenen.

In dieser Nacht, mein Vater schlief bereits, klingelte das Telefon. Während Frau Spichert ihren flachen Bauch und die winzige Narbe bestaunte, lag meine Mutter zermatscht auf dem Asphalt. Mein erstes Familienfest war eine Beerdigung.

Vier Jahre lang habe ich es vermeiden können, dass mein Vater auf die Spicherts trifft. Aber in wenigen Monaten werden die schöne Helena und ich heiraten, deshalb haben die Spicherts meinen Vater eingeladen.

Mein Vater sollte eigentlich Schornsteinfeger werden. Mit siebzehn fiel er vom Dach. Seither hat er vier Schrauben im Bein und kann nicht mehr auf Dächer klettern. Er ging dann bei Gustavs Vater in die Lehre. Einzelhandelskaufmann.

In dem Geschäft von Gustavs Vater konnte man Zigaretten, Zeitschriften, Lottoscheine, zeitweise Lebensmittel und mittlerweile auch Töpferwaren kaufen. Als Gustavs Vater seinen ersten Schlaganfall erlitt, übernahm Gustav den Laden, und als Gustav vom Bus überfahren wurde, trat sein Sohn Toni sein Erbe an.

Mein Vater arbeitet noch immer dort. Schwarz. Zwei Tage die Woche. Mittwochs und samstags, wenn das Lottofieber ausbricht. Der Laden läuft schon lange nicht mehr, weil die meisten Leute jetzt im Supermarkt ihre Zigaretten holen und Lotto spielen.

»Die Großen fressen die Kleinen«, da sind sich mein Vater und Toni einig. Die Spicherts würden sagen, das sei eine abgedroschene Phrase. Globalisierung!, würden sie sagen, Wettkampf! Veränderung! Aber davon verstehen Toni und mein Vater nichts.

Mein Vater hat einen Hang zum Glücksspiel. Nicht nur Lotto, auch Pferderennen. Seit Toni einen Computer hat, gebraucht erstanden, muss er auch nicht mehr zum Buchmacher rennen. »Hör ma'«, hat mein Vater zu mir gesagt, »das kann man jetzt alles hiermit machen.« Und stolz hat er auf Tonis Schrottcomputer gezeigt. Da habe ich schon nicht mehr zu Hause gewohnt, sondern in Berlin studiert und mir mein erstes PowerBook gekauft.

Eigentlich ist es absurd, dass mein Vater an das Glück glaubt, denn er hat niemals Glück gehabt.

Ich hingegen hatte oft Glück. Es war Glück, dass ich auf dem Spielplatz Lukas kennenlernte. Lukas wohnte nicht in unserer Gegend, aber seinem Vater, Herrn Rüders, gehörten mehrere Häuser in unserer Straße.

Einmal, ein einziges Mal, hat Herr Rüders seinen Sohn in unser Viertel mitgenommen. Deshalb saß Lukas an einem

Mittwoch in meinem Sandkasten. Während Herr Rüders in Gustavs Geschäft einen Lottoschein ausfüllte, wollte Toni, der drei Jahre älter und wahnsinnig stark war, Lukas ein paar Kellen Sand in den Mund stopfen. Ich bin dazwischengegangen.

An diesem Nachmittag sind wir Freunde geworden, Lukas und ich. Die Rüders lebten in einem Haus, das dem der Spicherts ähnelte. Lukas' Zimmer war größer als unsere Wohnung.

Ich war acht, als mich Herr Rüders fragte, was ich denn später einmal machen möchte.

»In Gustavs Laden arbeiten.«

Ob ich denn nicht studieren möchte, wollte er wissen. Ob ich denn nicht Anwalt oder Arzt oder Unternehmensberater werden wolle.

Herr Rüders hat mit meinem Vater gesprochen, hat ihm gesagt, dass er mich aufs Gymnasium schicken soll, damit ich einmal Arzt oder Anwalt oder Unternehmensberater werden kann.

Es war pures Glück, dass Toni an diesem Nachmittag Lukas das Maul mit Sand stopfen wollte. Es war Glück, dass Lukas in Berlin studieren wollte, allein wäre ich niemals dorthin gegangen. Es war Glück, dass Helena genau vor mir von ihrem Fahrrad fiel, sonst hätte ich sie niemals kennengelernt. Ich habe Helena aufgeholfen und sie und ihr kaputtes Fahrrad nach Hause begleitet.

Obwohl ich ständig Glück habe, weigere ich mich, an das Glück zu glauben. Denn Glück hat keinen Stil, sagen die Spicherts. Leistung dagegen schon. Die Spicherts mögen mich, weil ich ihre fleischgewordene Überzeugung bin. In ihren Augen bin ich ein Junge, der dabei ist, sich aus dem Nichts hochzuarbeiten.

Ein einziges Mal habe ich Helena in die Stadt meiner

Kindheit mitgenommen. Es war ein Sonntag. Es gab aufgetauten Stachelbeerkuchen in der Zweizimmerwohnung meines Vaters.

Wir saßen auf der früher einmal sandfarbenen Couch im Wohnzimmer, aßen die labbrigen Beeren und versuchten uns zu unterhalten. Helena lächelte unaufhörlich. Ihr Lächeln schwand nur einmal, das war, als mein Vater die Sprühsahne in ihren Kaffee spritzte und »Ein Cappuccino für die Dame« sagte.

Später kam Onkel Toni mit seinen Söhnen vorbei. Ich weiß nicht, warum ich Toni ›Onkel Toni‹ nenne. Er ist ja nur drei Jahre älter als ich und nicht mit mir verwandt.

In der zweiten Klasse saß ich sogar neben ihm. Onkel Toni verweilte sehr lange in der zweiten Klasse. Er ist am Plus und Minus gescheitert. Das wollte einfach nicht in seinen Kopf. Gustav, mein Vater und unser Lehrer haben sich alle Mühe gegeben, dem Toni das Rechnen plausibel zu machen, aber er verstand es nicht.

Obwohl er noch immer nicht rechnen konnte, durfte er auf die Hauptschule gehen. Hier muss ich erwähnen, dass Toni nicht nur stark war, sondern auch ein sehr hübscher Junge mit einem gewissen Charme. Das hat auch seine neue Klassenlehrerin so gesehen. Der Toni ist ihr ein paarmal ›unter den Rock gegangen‹, so nannte er das. Toni hat seinen Abschluss geschafft, nicht mit Rechnen, sondern mit ›unter den Rock Gehen‹.

Toni hat zwei Söhne, Bronco und Rokko, eineiige Zwillinge. Bis zu ihrem dritten Lebensjahr ähnelten sie dem Mogwai Gizmo aus *Gremlins*. Zwei niedliche, mit Fell bedeckte Tierchen. Aber wie in dem Film verwandelte sich dann das Süße und Putzige in etwas Unheimliches. Bronco und Rokko sind jetzt sechs, und ich habe Angst vor ihnen.

Helena lächelte, als Bronco ihr seinen kleinen, dicken Ellbogen in die Rippen stieß. Seitdem die Niedlichkeit von den Zwillingen abgefallen war, waren sie auf eine merkwürdig unkindliche Weise permanent schlecht gelaunt. Die schlechte Laune legte sich ein wenig, als Onkel Toni seinen Söhnen einen Pitbull-Terrier-Welpen schenkte, den sie Igor tauften. Aber eines Tages setzte Ela, die Mutter von Bronco und Rokko, Igor einfach aus, und die schlechte Laune kehrte zurück.

Nachdem die Zwillinge jeder vier Stücke Kuchen verschlungen hatten, bestanden Toni und mein Vater darauf, der schönen Helena den Laden zu zeigen. Helena lächelte, als mein Vater ihr Tonis Schrottcomputer vorführte. Zu diesem Zeitpunkt wohnten Helena und ich in Berlin schon zusammen und besaßen beide ein MacBook Pro.

Vier Jahre lang habe ich es vermeiden können, dass mein Vater auf die Spicherts trifft. Aber in wenigen Monaten werden die schöne Helena und ich heiraten, deshalb haben die Spicherts meinen Vater eingeladen.

Ich entdecke sein Gesicht sofort in der Menge auf dem Bahnsteig. Es ähnelt ein wenig dem meinen. Er trägt eine dunkelblaue Wildlederjacke mit roten und grünen Nappalederstreifen. Vielleicht war das Teil irgendwann einmal modern, aber jetzt erzählt es nur noch von Häuserzeilen, in denen sich niemals etwas verändern wird. Es erzählt von dem Lottofieber, das jetzt in den Supermärkten und nicht mehr in Tonis Laden ausbricht. Es erzählt von all den falschen Pferden, auf die mein Vater gesetzt hat.

Ich umarme ihn. Er riecht nach dem Unisex-Parfum, das ich ihm vor sechs Jahren zum Geburtstag geschenkt habe. Es war ein Sonderangebot. Er trägt den Duft mit Stolz, wie etwas Kostbares.

»Hör ma', gib dem Mann da mal was«, sagt mein Vater, als wir an einem Penner mit zwei verlausten Hunden vorbeikommen.

»Der muss hier nicht betteln«, antworte ich und höre mich selbst lange Sätze sprechen, in denen die Worte ›Jobcenter‹, ›Umschulung‹ und ›Hartz IV‹ vorkommen.

Mein Vater schmeißt einen Euro in den Pappbecher, nennt den Penner ›Kumpel‹ und streichelt die verwahrlosten Tiere.

Frau Spichert hat mir ihren BMW geliehen. Mein Vater klopft anerkennend auf die sandfarbene Ledergarnitur, als wir einsteigen.

»Hör ma', zeigst du mir auch deine Wohnung?«

Ich verneine und erkläre ihm, dass es ein riesiger Umweg sei, was nicht stimmt.

»Schade, wenn ich schon einmal hier bin.«

»Das nächste Mal«, antworte ich und fahre ein wenig zu schnell Richtung Potsdam.

Ich habe dafür gesorgt, dass mein Vater nicht in der denkmalgeschützten Villa, sondern in einem kleinen Hotel gleich um die Ecke übernachten wird. Während mein Vater sich umzieht, klappe ich mein MacBook Air auf und schreibe E-Mails.

»Und?«, fragt er und deutet auf seinen Anzug, der wie ein Kostüm für eine Achtzigerjahre-Party aussieht.

»Sobald ich richtiges Geld verdiene, kaufe ich dir einen neuen«, sage ich.

»In dem hier habe ich deine Mutter geheiratet.«

»Hör ma', die haben aber Glück gehabt«, sagt mein Vater, als wir vor der Villa der Spicherts stehen.

Die haben sich angestrengt, die haben was geleistet, die

haben nicht nur auf Pferde gesetzt, will ich antworten, aber da geht schon die Tür auf.

Wir sitzen alle an einem langen Tisch, der engste Familien- und Freundeskreis, etwa dreißig Leute. Neben mir Helena und gegenüber von uns mein Vater. Frau Spichert unterhält sich mit ihm. Ihre Höflichkeit ist absolute Höflichkeit, potenziert mit unerträglicher Höflichkeit. Ihr Tonfall so beruhigend, als spräche sie zu einem gefährlichen Tier oder einem Irren, der jeden Moment ausrasten kann. Ich bemerke die Blicke der anderen, die dann und wann ganz unauffällig meinen Vater streifen. Drei lange Gänge. Selbst der Duft des Schokoladensoufflés kann sein billiges Parfum nicht überdecken. Herr Spichert erhebt sich. Er räuspert sich, anstatt stillos mit dem Löffel gegen das Champagnerglas zu klopfen. Er heißt mich willkommen in der Familie. Verneigt sich mit Worten vor mir, vor meiner Leistung, meinem Fleiß. Applaus. In das Klatschen mischt sich das Geräusch von Silber gegen Glas. Mein Vater steht auf. Gabel und Kelch in der Hand. Die goldenen Knöpfe seines Anzugs funkeln im Kerzenlicht. »Hör ma'«, sagt er, »ich wünsche euch beiden alles Glück der Welt.« Stille. Man wartet, aber da kommt nichts mehr. Applaus.

Nach dem Essen sehe ich meinen Vater in der Eingangshalle mit einem lila Plastikhandy telefonieren. Ich gehe zu ihm.

»Was machst du da?« Ich klinge wie ein Lehrer.

Mein Vater steckt sein Telefon wieder ein.

Ich führe ihn in das Kaminzimmer, führe ihn zu dem kleinen Kreis, der sich um Herrn Spichert gebildet hat. Jemand drückt meinem Vater und mir ein Glas Whiskey in die Hand. Man unterhält sich über die Schönheit der Toskana. Mein Vater schweigt. Seine Finger zittern, er steckt sie in die Tasche seines albernen Jacketts. Ich ärgere mich, ist es denn zu viel verlangt, etwas Belangloses wie ›Italien ist wirklich schön‹, zu sagen? Auch wenn man noch nie in Italien war.

Während die anderen Männer reden und an den richtigen Stellen lachen, starrt mein Vater in das Feuer im Kamin.

Nachdem sich die ersten Gäste verabschiedet haben, verlassen auch wir die denkmalgeschützte Villa.

Im Hotel holt mein Vater seinen Koffer aus dem Schrank. »Hör ma'«, sagt er, »sei nicht böse, aber ich möchte nach Hause.«

»Das geht nicht. Es fährt kein Zug mehr.«

»Toni kommt mich holen.«

»So?«

»Ich habe ihn angerufen. Nach dem Essen.«

»Warum?« Wieder klinge ich wie ein Lehrer.

Mein Vater setzt sich auf das unbenutzte Hotelbett und steckt sich das Schokoladenbonbon, das auf dem Kopfkissen liegt, in den Mund. Ich lasse mich auf den Sessel fallen.

»Das nächste Mal zeige ich dir meine Wohnung«, sage ich.

Er lächelt. Sein Lächeln ähnelt ein wenig dem meinen.

Irgendwann klopft es an der Tür. Bronco und Rokko tragen Lederjacken über ihren Pokémon-Schlafanzügen.

Das Gepäck meines Vaters verschwindet im Kofferraum. Tonis Opel Kadett setzt sich in Bewegung. Ich winke ihnen hinterher. Ich kann nicht aufhören.

Auf einmal steht Herr Spichert neben mir. »Was machst du hier draußen?«, fragt er.

»Ich bin mir nicht sicher«, antworte ich, ohne meinen Arm zu senken. »Ich bin mir nicht ganz sicher.«

Jean-Jacques Sempé

Dalai Lama

An alle, die glücklich oder unglücklich sind

An alle, die glücklich sind

Man kann auf unterschiedliche Weise glücklich sein. Manche Menschen leben aufgrund einer geistigen Störung in einem Zustand naiven Glücks. Für sie ist immer alles in Ordnung. Dieses Glück ist aber nicht das Glück, um das es uns hier geht.

Für andere gründet das Glück auf dem Besitz materieller Güter und auf sinnlicher Befriedigung. Wir haben bereits auf die Fragwürdigkeit dieser Einstellung hingewiesen. Auch wenn Sie sich aus diesem Grund für wirklich glücklich halten – Sie werden doppelt leiden, wenn Ihnen die Umstände nicht mehr wohlgesinnt sind.

Andere wiederum sind glücklich, weil sie moralisch denken und handeln. Das ist das Glück, das wir brauchen, denn dieses Glück hat tiefere Wurzeln und hängt nicht von den Umständen ab.

Um dauerhaft glücklich sein zu können, müssen wir zuallererst erkennen, dass auch Leid zum Leben gehört. Das ist vielleicht anfangs deprimierend, aber auf lange Sicht können wir mit dieser Einstellung nur gewinnen. Wer es vorzieht, die Wirklichkeit zu leugnen, indem er Drogen nimmt, das falsche Glück in einer blinden Spiritualität sucht oder ungezügelt lebt, nur um nicht nachdenken zu müssen, erwirkt dadurch bloß einen kurzen Aufschub. Wenn dann die Probleme akut werden, sind diese Menschen oft nicht gegen Schwierigkeiten gefeit und »erfüllen das Land mit ihren Klagen«, wie man in Tibet sagt. Zorn oder Verzweiflung überkommen sie, und zu den anfänglichen Schwierigkeiten gesellt sich der Schmerz.

Versuchen wir herauszufinden, woher unser Leiden kommt. Wie jedes andere Phänomen ist es das Ergebnis unendlich vieler Ursachen und Umstände. Hingen unsere Gefühle jeweils nur von einer einzigen Ursache ab, dann müssten wir nur einer einzigen »Glücksursache« ausgesetzt sein, und wir wären hundertprozentig glücklich. Wir wissen aber genau, dass dem nicht so ist. Geben wir also die Vorstellung auf, dass uns nur etwas Bestimmtes fehlt zum Glück, das wir nur finden müssten, um nicht mehr zu leiden. Anerkennen wir, dass das Leiden Teil des Lebens oder, buddhistisch gesprochen, des Samsara, des Kreislaufs der bedingten Existenzen, ist. Wenn wir Leiden als etwas Negatives oder Abnormales betrachten, dann führen wir ein erbärmliches Leben, denn dann werden wir Opfer unserer Einstellung. Glück ist nur dann möglich, wenn selbst das, was wir als Leid ansehen, uns nicht unglücklich macht.

Nach buddhistischer Auffassung führt die Beschäftigung mit der Existenz des Leids nie zu Pessimismus oder Verzweiflung. Sie lässt uns die eigentlichen Gründe für unser Unglücklichsein erkennen, nämlich Begierde, Hass und Nichtwissen, und durch dieses Erkennen können wir uns davon befreien. Mit Nichtwissen ist hier das Unverständnis für die wahre Natur der Wesen und Dinge gemeint. Es ist die Ursache der beiden anderen Gifte. Sobald das Nichtwissen sich auflöst, haben Hass und Begierde keine Grundlage mehr, und die Quelle des Leids ist erschöpft. Daraus ergibt sich ein spontan altruistisches Glück, das nicht mehr der Spielball negativer Gefühle ist.

An alle, die unglücklich sind

Das ist ein wichtiges Thema. Ich habe bereits von zwei Arten von Befriedigung gesprochen. Die erste gründet auf unseren sinnlichen Wahrnehmungen, die zweite auf unserer Gesinnung.

In den industrialisierten Ländern begegnet man vielen unglücklichen Menschen. Es fehlt ihnen an nichts, sie erfreuen sich eines bequemen Lebens, aber sie sind unzufrieden mit ihrem Schicksal. Sie machen sich aus Eifersucht oder irgendeinem anderen Grund unglücklich. Manche leben in ständiger Erwartung einer Katastrophe, andere glauben, das Ende der Welt stünde unmittelbar bevor. Diese Menschen sind ihres eigenen Unglücks Schmied, weil sie nicht imstande sind, vernünftig zu denken. Gelänge es ihnen, die Dinge aus einem anderen Blickwinkel zu betrachten, dann verschwänden auch ihre inneren Qualen.

Es gibt auch Menschen, die tatsächlich Grund haben zu klagen, die krank sind oder Not leiden, die Opfer von Katastrophen sind oder ungerecht behandelt werden. Aber auch sie haben oft die Möglichkeit, ihre Situation zu verändern. Auf materieller Ebene können und müssen sie wieder gesund werden und ihre Peiniger zur Rechenschaft ziehen; sie müssen vor Gericht gehen und Wiedergutmachung verlangen oder mit vollem Einsatz arbeiten, sollte es ihnen an Nahrung und Kleidung mangeln. Und ihre Einstellung können sie beeinflussen, indem sie einen positiven Standpunkt einnehmen.

Im Allgemeinen ist es unsere Gesinnung, die den Grad unseres Leidens bestimmt. Wenn wir zum Beispiel krank sind, besteht die einzig sinnvolle Reaktion auf die Krankheit darin, alles in Bewegung zu setzen, um gesund zu werden: einen Arzt beiziehen, eine Behandlung über sich ergehen lassen, gewisse Übungen machen … Aber im Allgemeinen verkomplizieren wir die Dinge, indem wir mit unserem Schicksal hadern und so das körperliche durch das geistige Leid verschlimmern. Leiden wir an einer schweren Krankheit, sehen wir sie oft aus dem negativsten aller möglichen Blickwinkel: »Das ist wirklich das Schlimmste, was mir passieren konnte! Wären es wenigstens meine Beine, die nicht funktionieren!« Statt uns zu sagen, dass unzählige andere Menschen mindestens genauso leiden wie wir, beklagen wir uns, als wären wir die einzigen Kranken auf der Welt.

Aber es ist auch möglich, die umgekehrte Haltung einzunehmen. Wenn zum Beispiel unsere Arme gelähmt sind, können wir uns sagen: »Meine Arme versagen mir ihren Dienst, aber meine Beine tragen mich noch.« Und wenn unsere Beine uns nicht mehr gehorchen: »Meine Beine tragen mich nicht mehr, aber ich kann mich mit Hilfe eines Rollstuhls fortbewegen und meine Hände gebrauchen.« So einfache Gedanken reichen, um uns Trost zu spenden.

Kurz: Egal, in welcher Situation wir uns befinden, es ist immer möglich, etwas Positives darin zu sehen, vor allem in unserer Zeit, in der die moderne Technik uns zusätzliche Gründe liefert, nicht zu verzweifeln. Es ist immer möglich, auf geistiger Ebene einen Weg zu finden, um ein durch reale Umstände ausgelöstes Leid zu mindern. Der Fall, dass wir nur Grund zum Leiden haben und uns nichts Trost spenden kann, ist äußerst rar. Leiden Sie an einer Krankheit, dann rufen Sie sich deren positive Seiten in Erinnerung. Das kann Ihnen eine gewisse Linderung verschaffen.

Selbst wenn diese Krankheit langwierig und schwer ist, gibt es sicher ein Mittel, um der Verzweiflung nicht völlig ausgeliefert zu sein. Wenn Sie Buddhist sind, sagen Sie sich: »Möge mich diese Krankheit von den schlechten Taten, die ich in der Vergangenheit begangen habe, reinigen! Mögen zu meinen Schmerzen noch die der anderen hinzukommen und mich an deren Stelle befallen!« Denken Sie auch an die unzähligen Geschöpfe, die genauso leiden wie Sie, und beten Sie dafür, dass Ihre Schmerzen ihnen Linderung verschaffen. Auch wenn Sie nicht die Kraft aufbringen sollten, so zu denken, wird Ihnen allein schon der Gedanke, dass Sie nicht allein sind und es viele Menschen in ähnlichen Situationen gibt, helfen, Ihr Schicksal zu ertragen.

Wenn Sie Christ sind und an Gott als Schöpfer des Universums glauben, trösten Sie sich, indem Sie sich sagen: »Dieses Leid habe ich nicht gewollt, aber es muss einen Sinn haben, denn es ist Gott, der mir in seinem Erbarmen das Leben geschenkt hat.«

Wenn Sie keiner Religion angehören, dann sagen Sie sich, dass das Unglück, das Sie trifft – egal, wie schrecklich es auch sein mag –, nicht nur Ihnen allein widerfährt. Selbst wenn Sie an nichts glauben, versuchen Sie, sich oberhalb der schmerzenden Stelle ein Licht vorzustellen, das den Schmerz durchdringt und auflöst, und Sie werden merken, wie Ihnen diese Vorstellung Erleichterung verschafft.

Es gibt Unglück, das plötzlich kommt und unausweich lich ist, wie der Tod eines geliebten Menschen. In solchen Fällen ist es nicht mehr möglich, etwas zu tun. Aber eben weil Sie nichts daran ändern können, sollten Sie sich sagen, dass Verzweiflung nichts bringt, außer dass sie den Schmerz noch verstärkt. Ich denke hier vor allem an Menschen, die keinen religiösen Glauben haben.

Wichtig ist, dass Sie Ihrem Leiden auf den Grund gehen und herausfinden, woher es kommt, dass Sie etwas dagegen unternehmen, so Ihnen das möglich ist. Im Allgemeinen glauben wir, für unser Unglück in keinster Weise verantwortlich zu sein. Wir begreifen es immer nur als Fehler eines anderen Menschen oder der Umstände. Aber ich bezweifle, dass dem immer so ist. Wir sind ein bisschen wie die Studenten, die bei einer Prüfung durchgefallen sind und nicht zugeben wollen, dass sie sie durchaus hätten bestehen können, wenn sie sich nur ein bisschen mehr angestrengt hätten. Wir sind wütend auf jemanden, wir beschweren uns darüber, dass sich die Umstände gegen uns verschworen haben. Aber wird nicht alles nur noch schlimmer, wenn sich dieses zweite, geistige Leiden zum ersten dazugesellt?

Selbst wenn Sie einen geliebten Menschen wie Ihren Vater oder Ihre Mutter verlieren, sollten Sie sich fassen und sich sagen, dass das Leben in einem gewissen Alter eben zu Ende geht. Als Sie klein waren, haben Ihre Eltern alles getan, was in ihrer Macht stand, um Sie großzuziehen. Jetzt gibt es nichts, was Sie bereuen müssten.

Ludwig Marcuse

Was ist Glück?

Es gibt Sehnsüchte, die nicht altern. Sie werden höchstens einmal, von Zeit zu Zeit, unmodern – und dann wieder, von Zeit zu Zeit, modern.

Zu diesen ewig jungen Uralten gehört das Glück. Babylonier, Juden, Inder, Griechen, Chinesen, Römer, Araber, Perser, Byzantiner und viele Glückliche und viele Unglückliche im Jahrtausend danach haben über das Glücklichsein nachgedacht. Und heute denkt wieder einer nach. Und morgen wird wieder einer nachdenken. Und nur die Gedankenlosen sagen: Glück – ist nichts als eine Vokabel.

Da war zum Beispiel der biblische Hiob. Dreitausend Jahre bevor ›das Streben nach dem Glück‹ als ein Recht in die Konstitution des jungen Staates Amerika aufgenommen wurde, stritt Hiob für das Recht auf Glück, das von der Sinai-Konstitution garantiert worden war. Das ist der große Auftakt gewesen. Und noch Kant, Zerstörer aller Gottes-Beweise, konstruierte im achtzehnten Jahrhundert einen Gott – aus der Voraussetzung heraus, dass da jemand existieren müsse, der dem Tugendhaften sein Glück verbürgt.

Als man dann – irgendwann nach Hiob – entdeckte, dass keine Macht des Himmels und der Erden für das Glück eines Menschen sorgt, kam man auf die Idee, dieses Glück unabhängig zu machen, sowohl vom Himmel als auch vom Lauf der Welt. Das deutsche Märchen *Hans im Glück* schildert einen sehr jungen Mann, der die ungeheure Entdeckung machte: das Glück liegt in dir. Diese Einsicht hatte sehr große Folgen, die Hans allerdings noch nicht aussprach. Liegt das Glück in mir, so liegt es im Bezirk meiner Macht. Ergo: Jeder ist seines Glückes Schmied.

Dieser Märchen-Hans war also der Erste, der das Glück in die Reichweite des Einzelnen brachte. Das war sein Schritt über Hiob hinaus. Hans war nicht gerade der erste Ratgeber in der Angelegenheit: wie werde ich glücklich? – aber doch gewissermaßen der Ahnherr aller Ratgeber. Erst nach seiner Erfahrung: dieses Glück ist nicht ein Schatz irgendwo draußen, abhängig von einem himmlischen oder irdischen Mächtigen irgendwo draußen – dieses Glück wächst vielmehr in meiner eigenen Seele ... wurde es sinnvoll, Anweisungen zum glücklichen Leben zu geben.

Der Klassiker des Glücks lebte dann in Griechenland, um dreihundert vor Christi Geburt. Es war der Grieche Epikur. In Leidenschaft entbrannt für das Glücklichsein, lehrte er seinen Freunden, was für ein großes Glück dieses Glück ist und aus wie viel verschiedenen Quellen man es schöpfen kann. Zugleich errichtete er einen hohen philosophischen Zaun um den Garten dieses Glücks. Denn er war sich bewusst, wie gefährdet es ist. Seit jener Zeit gibt es Epikuräer. Epikuräer sind Leute, welche einen unbändigen Enthusiasmus fürs Glück haben – und außerdem noch sehr auf der Hut sind gegen alle Gefahren, die ihnen drohen.

Der Größte unter den Epikuräern war nicht der berühmte Römer Horaz, der Wein und Weib in Oden und Episteln besang und sich zum Meister bekannte. Der Größte war jener mysteriöse Mann, den man Ecclesiastes zu nennen – und als den trübsten Griesgram der Weltgeschichte zu zitieren pflegt: »Alles ist eitel!« Er lebte, wahrscheinlich, einige Generationen nach Epikur, in Judäa – zur Zeit, da dieses Land überflutet wurde mit griechischen Ideen. Er war erfüllt vom Gedanken an die Nichtigkeit des Daseins – und pries daneben das unermessliche Glück, da zu sein, pries es umso leidenschaftlicher, je deprimierter er in die Abgründe starrte, an deren Hängen es blüht. Seit Ecclesiastes sind die leidenschaftlichsten Epikuräer jene glückseligen Tragiker, die ›Trotzdem‹ sagten. Nietzsche war einer von ihnen. Seine Autobiographie mit dem bleichen Titel *Ecce Homo* beginnt mit den strahlenden Worten: »Das Glück meines Lebens ...«

Dies also sind die ersten Etappen gewesen: Hiob verkündete, dass Gott, der göttlichen Konstitution gemäß, unter bestimmten Bedingungen den Menschen glücklich zu machen habe. Hans im Glück machte in einer gottlosen Zeit den Menschen unabhängig sowohl vom Schöpfer als auch von den Zufällen der Schöpfung – und verlegte das Glück in den Bereich des Innern; also in den Bereich des menschlichen Willens. Dies Innere erforschte Epikur, betete das Glück an als Quelle alles Guten – und suchte sorgsam, sie einzuhegen. Und der Epikuräer Ecclesiastes fand sogar noch in der düstersten Region der Seele – den Feuer-Strom des Glücks.

Aber der philosophische Zaun um den Garten des Epikur machte aus diesem Garten noch nicht eine uneinnehmbare Festung. Das epikuräische Glück war doch recht anfällig. So versuchte man, sich zu helfen, indem man aus dem glücklichen Alltag ausbrach – nicht in eine Garten-Oase, sondern in viel sicherere Regionen jenseits des Alltags. Man brach aus der Welt der Gebundenheit, wo man gebunden war an den Nexus von Wunsch und Befriedigung, aus in das Reich der Freiheit, wo man frei war, nichts mehr wünschen zu müssen. Da lebte im ersten Jahrhundert nach Christi Geburt der Stoiker Seneca. Er fragte: »Hat der Mensch nicht die Kraft, sich unabhängig zu machen von allem, was ihn feindlich treffen kann? Er braucht doch nur in Gleichgültigkeit, in Kälte gegen die Welt – nichts an sich kommen zu lassen.« Dies Erlebnis der Unabhängigkeit, der Freiheit, des Mir-kann-nichts-geschehen gab Seneca und den Seinen ihr Glück, dieses Stoiker-Glück: ein ungefährdeteres Glück, als Epikur es genossen hatte.

Auch ein römischer Schriftsteller aus Afrika, Augustinus, versuchte es im Vierten Jahrhundert nach Christi Geburt mit dem stoischen Glück. Er wurde aber nicht glücklich damit. Er fand, nach vielen Abenteuern, sein Glück erst – im Glauben an seinen Erlöser. Der schenkte ihm das Vertrauen, das er brauchte, um glücklich zu sein. Im Schutze Christi blühte in ihm jenes so sinnlich blühende Glück auf, das er dann aufzeichnete unter dem Titel *Der Gottes-Staat.* Jedoch ist eine solche Antizipation des Glücks nur für die ein Glück, die fähig sind, in einer vergegenwärtigten Zukunft zu leben.

Mancher – in jener Aera, in der man auf den Gottes-Staat wartete – wollte nicht verzichten auf diese Vor-Freude, doch ebenso wenig auf das weniger große, aber realere Glück, welches die Gegenwart bisweilen und dann sofort zu vergeben hat. Es gab Menschen, die sich im Palast sehnten nach dem glücklichen Frieden des Klosters und im Kloster nach den gar nicht friedlichen Freuden des Palastes. Ein solcher Mann war um das Jahr Elfhundert der glückliche Höfling und glückliche Mönch Psellus, den man wegen seiner enormen Gelehrsamkeit den Aristoteles von Byzanz nannte. Er näherte sich in seinem Leben auf zwei geradezu entgegengesetzten Wegen dem Glück – fand es hier und fand es da, fand es hier nicht ganz und fand es da nicht ganz.

Und gehörte zu jenen, deren Leben uns lehrt, dass es einen Plural von Glück gibt – und dass diese Mehrzahl, die nach den Gesetzen der Logik bisweilen widerspruchsvoll ist, in Wirklichkeit ausgezeichnet zusammengehen kann.

Die großen Glücks-Chausseen sind allerdings schnurgerade. Schnurgerade sind die Bahnen des glücklichen Stoikers und des glücklichen Heiligen – und schnurgerade ist die Bahn des glücklichen Denkers. Niemand aber hat so vollendet wie Spinoza das Glücklichsein im Denken beschrieben. Niemand hat so klar wie er ausgesprochen, dass er nachdachte, um glücklich zu werden – und im Erkennen sein Glück fand. Und niemand hat dieses besondere Glücklichsein so klassisch vorgelebt: kein griechischer Denker und kein mittelalterlicher.

Im achtzehnten Jahrhundert war dann – unter den englischen Moralisten, den französischen Enzyklopädisten, den deutschen Aufklärern, den amerikanischen Gründern der Republik – sehr viel die Rede vom Glücklichsein; fast ebenso viel, wie im neunzehnten vom Unglücklichsein. Aber erst dem neunzehnten Jahrhundert gehören jene zwei Männer an, welche im Zeitalter des Kapitalismus, der Technik, der Massen-Kultur und der ungestillten religiösen Sehnsucht riesenhafte Anstrengungen machten, glücklich zu werden und Glück zu verbreiten: der englische Fabrikant Robert Owen und der russische Glücks-Sucher Leo Tolstoi. Sie haben zwei große Möglichkeiten, zum Glück zu gelangen, exemplarisch vorgelebt: die politische, in der Etablierung einer Glücklichen Gesellschaft; und die moralische, in der Etablierung des inneren Reichs eines glücklichen Heiligen.

Am Anfang des neunzehnten Jahrhunderts suchte der englische Fabrikant Robert Owen die Glückliche Gesell-

DURCH EUPHORYL
IN FORM!
HOP!

Jean-Jacques Sempé

»Wir haben doch alles, Martha, um glücklich zu sein.«

schaft zu gründen: zuerst in Schottland und dann in Amerika. Seine Experimente sind charakteristisch geworden für viele Versuche zur Verwirklichung des Glücks in den letzten hundertundfünfzig Jahren. Für Epikur, für Seneca, auch noch für Augustin ist das Glück sozusagen Privatsache gewesen; die eigenste Aufgabe und das eigenste Werk. Im neunzehnten Jahrhundert wurde es öffentlichste Angelegenheit. Der Einzelne, fand man, kann nur im Schoß einer Glücklichen Gesellschaft zu seinem Glück gelangen. Owen war allerdings noch individualistisch genug zu glauben: ein Einzelner könne diese Gesellschaft mit einem Handstreich in die Welt setzen.

Am Ende jenes Jahrhunderts jagte dann Tolstoi dem Glück nach – sowohl auf den gebahnten Wegen als auch durch viele dunkle Gründe. Das Wort Glück ist in seinen Werken, Tagebüchern, Briefen auf vielen, vielen Seiten. Er hielt nichts von der Glücklichen Gesellschaft, weil sie höchstens durch Gewalt herzustellen sei. Auch hielt er, der größte Künstler seiner Zeit, nichts von der Diktatur des Schönen Scheins, dem Wagner in Bayreuth gerade den üppigsten Tempel errichtet hatte. Der große Epiker konnte nicht glücklich werden im Schönen Schein, den er schuf. Er suchte das Glück im radikalen Gutsein. Der glückliche Heilige, der auf keinen Himmel wartete, war sein Ziel.

Auf so vielen Wegen und Umwegen suchten sie, glücklich zu werden.

Welchen Gewinn aber haben wir davon, diesen Wegen und Umwegen nachzugehen? Diese Trunkenen des Glücks, diese Propheten des Glücks, diese Pioniere zum Glück geben Schutz gegen die beiden berühmten Irrlehren, die seit je dem Menschen das Glück auszureden suchten. Die eine sagte immer: Das Unglück ist das entscheidende Ereignis des

Daseins. Das sogenannte Glück ist nichts als Eindämmung, vielleicht sogar Aufhebung des Unglücks. Schon der Platonische Sokrates entwickelte diese Theorie. Wer auf ein anderes Glück aus ist, sagten sie, wer die Illusion hegt, dass es ein positives Glück gibt, öffnet nur Tür und Tor dem Unglück. Ein glückliches Leben ist ein Leben, das frei ist – von dem hoffnungslosen Streben nach Glück.

Die Glücks-Rezepte, die auf diesem Boden wachsen, rangieren von der milden Mahnung, nicht so viel vom Leben zu wollen – bis zum radikalen Befehl: die Beziehung zum Leben auf ein Minimum herabzusetzen. Vom indischen Dhammpada und einigen christlichen Kirchenvätern bis zu den englischen, deutschen, französischen Pessimisten des neunzehnten und zwanzigsten Jahrhunderts scheint dies Rezept in immer neuen Formeln verkündet worden zu sein.

Die andere, gemäßigtere Lehre gegen das Glück sagt immer: Glück und Unglück werden sehr überschätzt in ihrer Bedeutung für das Leben des Menschen ... Vor allem waren es die idealistischen Philosophen, denen es nicht so sehr um Glück und Unglück zu tun war als: um die Erfüllung der sogenannten Bestimmung des Menschen. Nicht dass sie leugneten, es gäbe auch so etwas wie Glück. Aber sie hielten es für übertrieben, so viel davon herzumachen. Es gehöre nicht zu den ganz großen Dingen des Daseins, sagten sie. Empfinde man, sagten sie, beim Essen oder bei der Lösung eines Problems oder bei der Durchsetzung eines Gesetzes auch noch nebenbei Glück – umso besser. Man ist kein Kostverächter. Es ist eine ganz hübsche Beigabe, dieses Glück. Es ist eine freundliche Laune des Geschicks, uns auch noch Glück empfinden zu lassen – anlässlich der ernsten Unternehmungen, die wir als nahrungssuchende Wesen oder als Förderer der Wissenschaft oder als Wähler des Bezirks XVI in die Wege leiten. Aber dieses Glück ist eben nur, wie man sich im Zeitalter der Industrie am besten ausdrücken mag, ein Nebenprodukt.

Die Enthusiasten des Glücks sind Zeugen gegen diese Irrlehren. Und nicht nur mit ihren Argumenten; vor allem mit ihrem Leben. Denn sie philosophieren über das Glück im Überschwang des Glücks – oder des Unglücks. Es kam ihnen nicht auf eine wissenschaftliche Untersuchung an. Es kam ihnen darauf an, ihr Glück herauszusingen oder ihr nach Glück sehnsüchtiges Herz zu befriedigen. Dabei kamen sie, in vielen verschiedenen Prägungen, zur Ablehnung aller anderen Götter neben dem Glück. Der englische Philosoph Priestley drückte dies einmal so aus, im Jahre 1768: Gerechtigkeit und Wahrhaftigkeit hätten in sich nichts Herrliches – wenn man von ihrer Beziehung zum Glück des Menschen absäh ... Man kann hinzufügen: Auch die Vernunft und die Freiheit und der Fortschritt und die Kultur haben in sich nichts Herrliches, wenn man von ihrer Beziehung zum Glück des Menschen absieht. Es ist erst dieses Glück, das allem Schönen und Guten seinen Wert verleiht.

Der römische Denker Seneca, der Lehrer des Kaisers Nero, schrieb im ersten Jahrhundert nach Christi Geburt an seinen Bruder einen dreißig Druckseiten langen Brief über *Das Leben im Glück*. Das Schreiben begann mit dem Satz: »Glücklich zu leben, Bruder Gallio, ist der Wunsch aller Menschen.« Seneca hielt diesen Wunsch geradezu für ein ›natürliches Verlangen‹.

Zugleich sah er aber auch, dass die Befriedigung dieses natürlichen Verlangens höchst problematisch ist. Denn es »fehlt die Einsicht, wodurch man glücklich wird«. Das ist die Meinung vieler Doktoren des Glücks gewesen. Sie hielten die Unwissenheit über den Weg zum Glück für fast ebenso verbreitet wie den Wunsch, glücklich zu werden.

So schrieb zum Beispiel (sechzehnhundert Jahre nach Seneca) der Denker Spinoza am Ende seines Hauptwerks, der *Ethik*, einen Absatz, in dem wieder von dieser Unwissenheit der Menge über den rechten Zugang zum Glück die Rede ist. »Wie wäre es möglich«, heißt es dort, »dass das Glück von allen vernachlässigt wird, wenn es offen vor uns läge und ohne Mühe gefunden werden könnte.« Natürlich möchten alle glücklich leben. Nur sind sie nicht fähig oder machen sich nicht die Mühe, das Glück zu finden. Spinoza hingegen bemühte sich sehr.

Diese Mühe ist seit je die eigentliche Mission der Philosophen gewesen – auch wenn sie das nicht immer anerkannt haben. Ja, oft haben sie diesen Anspruch ganz ausdrücklich abgewiesen. Und viele, die heute den erlauchten Namen ›Philosoph‹ tragen, halten es geradezu für unseriös, jenen vagen Begriff Glück, wie sie sagen, jene sentimentale Überschwenglichkeit Glück, wie sie sagen, ernst zu nehmen. Aber die Umwandlung der Philosophie in Geschichte der Philosophie oder Erkenntnistheorie oder Soziologie ist nichts als ein Zeichen für die Abwesenheit von Philosophie.

Wo es Philosophen gab, gab es auch das rätselhafte Glück. Oft genug versicherten sie allerdings: die Frage, die es stellt, sei bereits gelöst; und es läge nur an den unbelehrbaren Menschen, dass sie noch nicht glücklich seien. Die Menge, hieß es, ist nicht nur zu dumm, das Glück zu finden. Sie ist sogar zu dumm, das von den Philosophen Gefundene in Empfang zu nehmen. Deshalb ermahnte Seneca seine Mitmenschen immer wieder: sich doch auf der Reise zum Glück »nicht ohne Kundigen« zu entscheiden, »wohin man wolle – und auf welchem Wege«.

Aber wie, wenn jeder ›Kundige‹ etwas anderes kündet? Die Unphilosophischen können sich gegen den Vorwurf der Philosophen sehr leicht verteidigen – mit dem Hinweis auf jedes Lexikon der Philosophie. Dort ist nachzulesen, was alles schon einmal als ›Glück‹ definiert worden ist. Der gebildete Römer Marcus Terentius Varro rechnete aus, dass zu seiner Zeit 288 verschiedene Lehrmeinungen über das Glück existierten. Und das ist bereits zweitausend Jahre her. Es liegt also ganz gewiss nicht an der sogenannten blöden Masse, dass man das Glück nicht zu finden weiß.

Liegt es an den Philosophen, die sich nie einigen konnten? Das Wort Glück hat in allen Sprachen etwas Vieldeutiges. Es ist wie eine Sonne, die eine Schar von Wort-Trabanten um sich herum hat: Behagen, Vergnügen, Lust, Zufriedenheit, Freude, Seligkeit, Heil. Jede dieser und ähnlicher Vokabeln hat dann und wann schon einmal die Sonne gespielt, das Wort Glück vertreten – stand aber auch dann und wann schon einmal im heftigsten Gegensatz zum Glück. So ist das ›Glück‹ mit Bedeutungen schwer beladen. Propheten, Poeten, Denker haben ihre Theorien und Visionen vom Menschen und seinem Glück diesem Wort aufgeprägt – bisweilen auch noch den Widerspruch gegen die Glücks-Theorie ihrer Gegner. Manchmal versteht man dies Wort überhaupt nur, wenn man weiß, gegen wen es gemünzt worden ist. Ich kannte einen alten Gelehrten, der den griechischen Ausdruck für Glück (Hedone) nicht aussprechen konnte, ohne dass sich sein Gesicht vor Ekel verzerrte.

So ist das Wort Glück ein Ablade-Platz für die Ideen und Wertungen von Jahrhunderten geworden. Man vergleicht solch ein Wort am besten uraltem, verwittertem und bemoostem Gestein – diesem Ablade-Platz für tausendjährige chemische Prozesse. Zwar wird an jedem Tag von neuem und leichtsinnig der Versuch gemacht, es säuberlich zu definieren. Doch diese kleinen definitorischen Sätzchen, die so duftig und adrett antworten auf die Frage: Was ist Glück?, decken sie nur mit ärmlichen Antworten zu. Sie setzen hinter eine lange Geschichte des Nachdenkens – eine kurze Gedankenlosigkeit. Weshalb aber hat niemand die große, abschließende Antwort gegeben – obwohl es so viele Antworten gibt?

Man kann mit dem Finger hinweisen auf dieses Glück. Es ist nicht nur zu fühlen, es ist auch zu sehen und zu hören. Es erscheint in den Augen eines Menschen, in seiner Stimme, an der Nasenspitze, um den Mund herum, in der Haltung. So haben es die Künstler aller Zeiten beschrieben, abgebildet, in Musik gesetzt. Weshalb ist es nicht zu definieren, wo es doch mit den Händen zu greifen, mit den Augen zu sehen, mit den Ohren zu hören ist?

Aus demselben Grund, aus dem (zum Beispiel) das ›Christentum‹ nicht zu definieren ist. Man lese nacheinander: Franciscus, die Exercitien des Loyola, die Schriften des Meister Eckhardt, die Traktate Kierkegaards, die Aphorismen Nietzsches – und mache den Versuch, alle diese hervorragenden Äußerungen in eine Definition zu pressen: Christentum ist …

Ganz ebenso ist es mit der langen Reihe der Definitionen: Glück ist… Sie zeigt: was alles schon einmal Glück gewesen ist, was alles schon einmal jemand glücklich gemacht hat; wie vielfältig der Mensch Glück hervorgebracht hat. Das eine Glück erhält seine vielen Gesichter von den zahllosen Ursprüngen, aus denen es wuchs. Das große Glück ist wahrscheinlich kein Plural; aber seine Herkunft ist plural. Und alle herrischen, beschränkenden, beschränkten Definitionen: ›Glück ist …‹, stammten aus dem Irrtum, dass Glück nur auf einem einzigen Wege entstehen kann. Dieser Irrtum aber geht darauf zurück, dass der oder jener wirklich nur auf diesem oder jenem Wege Glück produzieren konnte. Ein Einzelner hatte infolge seiner begrenzten Anlagen fürs Glücklichsein (seine körperliche, charakterliche, soziale, weltgeschichtliche Beschränktheit begrenzte ihn) nur diesen einen Weg, glücklich zu werden. So definierte er das Glück auf der Grundlage seiner spezifischen Möglichkeit, es zu erlangen. Jeder Einzelne ist ein spezifisches Glücks-Potential.

Einer ist besonders begabt für körperliches Glück, ein anderer für geistiges. Einer hat Talent nur für das Glück, das der Gaumen und das Geschlecht gibt; ein Talentierterer entdeckt, dass selbst die traditionellen fünf Sinne nur eine winzige Auswahl der Pforten sind, durch die das Glück in einen einziehen kann. Einer fand im Denken alles Glück und einer im Weg-Denken. Die Geschichte des Glücklichseins ist lang und reich. Nur die ganze Geschichte, nicht eine ihrer Episoden kann das Glück definieren.

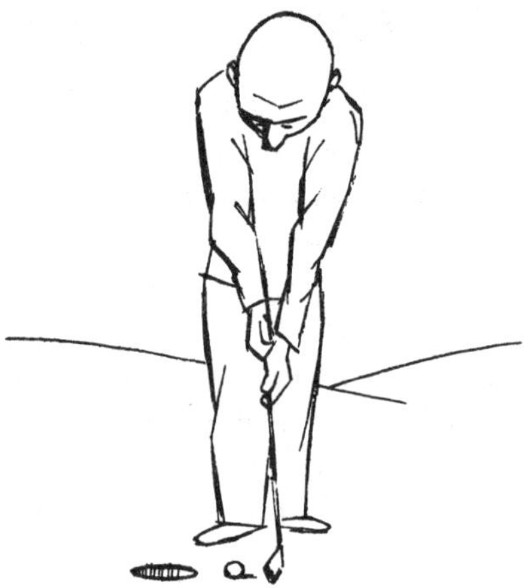

Das Glück war nicht fertig am siebenten Tage – ebenso wenig wie der Himalaya und das Mittelmeer. Adam und Eva im Paradies erlebten wahrscheinlich noch nicht das Glück eines Sonnen-Aufgangs in der Wüste. Epikur erlebte wahrscheinlich noch nicht das Liebes-Glück Romeos und Julias – und Seneca noch nicht das Spinozasche Glück der intellektuellen Liebe zu Gott. Die Geschichte der Kultur ist ganz gewiss auch eine Geschichte des immer differenzierteren und abgründigeren Unglücklichseins. Sie ist aber daneben ebenso eine Geschichte des immer umfänglicheren Glücklichseins. Und diese Geschichte hat noch eine Zukunft. Man kann die Vergangenheit nicht aufsummieren in ein: ›Glück ist …‹ Und man kann die Zukunft nicht abschneiden mit einem: ›Glück ist …‹

Definitionen des Glücks waren also stets: kleine Gedankenlosigkeiten oder große Konfessionen. Einer bekannte, was ihn glücklich machte. Wenn er sagte: »Glück ist …«, so meinte er (auch wenn er es nicht wusste): ›Mein Glück ist …‹ Die

Chaval

Geschichte des Glücklichseins ist die Geschichte jener Menschen, die ihr Glück suchten und fanden. Deshalb geben wir dem Leser, der eine Definition will, nicht, was er will. Ja, er sei ausdrücklich davor gewarnt, sich mit einem Vorbild zu identifizieren. Das ist meist Selbst-Betrug. Man lebt sich ein in fremdes Glück – und versäumt dabei sein eigenes.

Doch ist dies vorbildliche Glück nicht gleichgültig. Die Menschheit hat, im Lauf eines langen und breiten Lebens, viel Glück durchlebt und durchdacht. Das geschah auch für Dich und für Mich. Was da in mehreren tausend Jahren an den verschiedensten Punkten der Erde – in Jerusalem und Athen und Rom und Byzanz und Amsterdam und Moskau – erarbeitet worden ist, kann nicht schlicht übersehen werden. Der Blick auf jene große leuchtende Reihe von Epikur bis Nietzsche schenkt zwar kein Rezept, nicht einmal eine Definition. Aber macht Mut zum eigenen Glück; nährt das eigene Talent zum Glück. Und belehrt mich über die Wege, die gangbar, und die Wege, die nicht gangbar sind – zu meinem Glück.

Mein Glück – das kann nur meine Schöpfung sein, die niemand mir abnehmen kann. Glücklichsein ist eine Kunst, wie man seit je weiß. Um ein Künstler zu werden, braucht man Begabung, Fleiß und Vorbilder. Um ein Glücklicher zu werden, braucht man dasselbe. Wer ein Glücks-Rezept verlangt, ähnelt einem Mann, der ein Dicht-Rezept verlangt. Begabung und Bemühung muss jeder von sich aus beibringen. Doch kann er deshalb noch nicht auf die Vorbilder verzichten. Wer aber auf das Glücklichsein verzichtet, erfüllt sein Dasein nicht. Denn Jeder ist – der Anlage nach: eine neue Variante des Glücks.

Brüder Grimm

Hans im Glück

Hans hatte sieben Jahre bei seinem Herrn gedient, da sprach er zu ihm: »Herr, meine Zeit ist herum, nun möchte ich gerne wieder heim zu meiner Mutter, gebt mir meinen Lohn.« Der Herr antwortete: »Du hast mir treu und ehrlich gedient, wie der Dienst war, so soll der Lohn sein«, und gab ihm ein Stück Gold, das so groß als Hansens Kopf war. Hans zog sein Tüchlein aus der Tasche, wickelte den Klumpen hinein, setzte ihn auf die Schulter und machte sich auf den Weg nach Haus. Wie er so dahinging und immer ein Bein vor das andere setzte, kam ihm ein Reiter in die Augen, der frisch und fröhlich auf einem munteren Pferd vorbeitrabte. »Ach«, sprach Hans ganz laut, »was ist das Reiten ein schönes Ding! Da sitzt einer wie auf einem Stuhl, stößt sich an keinem Stein, spart die Schuh und kommt fort, er weiß nicht, wie.« Der Reiter, der das gehört hatte, hielt an und rief: »Ei, Hans, warum läufst du auch zu Fuß?« – »Ich muss ja wohl«, antwortete er, »da habe ich einen Klumpen heimzutragen: es ist zwar Gold, aber ich kann den Kopf dabei nicht gerade halten, auch drückt mir's auf die Schulter.« – »Weißt du was«, sagte der Reiter, »wir wollen tauschen: Ich gebe dir mein Pferd, und du gibst mir deinen Klumpen.« – »Von Herzen gern«, sprach Hans, »aber ich sage Euch, Ihr müsst Euch damit schleppen.« Der Reiter stieg ab, nahm das Gold und half dem Hans hinauf, gab ihm die Zügel fest in die Hände und sprach: »Wenn's nun recht geschwind soll gehen, so musst du mit der Zunge schnalzen und hopp hopp rufen.«

Hans war seelenfroh, als er auf dem Pferde saß und so frank und frei dahinritt. Über ein Weilchen fiel's ihm ein, es sollte noch schneller gehen, und fing an mit der Zunge zu schnalzen und hopp hopp zu rufen. Das Pferd setzte sich in starken Trab, und ehe sich's Hans versah, war er abgeworfen und lag in einem Graben, der die Äcker von der Landstraße trennte. Das Pferd wäre auch durchgegangen, wenn es nicht ein Bauer aufgehalten hätte, der des Weges kam und eine Kuh vor sich hertrieb. Hans suchte seine Glieder zusammen und machte sich wieder auf die Beine. Er war aber verdrießlich und sprach zu dem Bauer: »Es ist ein schlechter Spaß, das Reiten, zumal, wenn man auf so eine Mähre gerät wie diese, die stößt und einen herabwirft, dass man den Hals brechen kann; ich setze mich nun und nimmermehr wieder auf. Da lob ich mir Eure Kuh, da kann einer mit Gemächlichkeit hinterhergehen, und hat obendrein seine Milch, Butter und Käse jeden Tag gewiss. Was gäb ich darum, wenn ich so eine Kuh hätte!« – »Nun«, sprach der Bauer, »geschieht Euch so ein großer Gefallen, so will ich Euch wohl die Kuh für das Pferd vertauschen.« Hans willigte mit tausend Freuden ein; der Bauer schwang sich aufs Pferd und ritt eilig davon.

Hans trieb seine Kuh ruhig vor sich her und bedachte den glücklichen Handel. ›Hab ich nur ein Stück Brot, und daran wird mir's noch nicht fehlen, so kann ich, sooft mir's beliebt, Butter und Käse dazu essen; hab ich Durst, so melk ich meine Kuh und trinke Milch. Herz, was verlangst du mehr?‹ Als er zu einem Wirtshaus kam, machte er halt, aß in der großen Freude alles, was er bei sich hatte, sein Mittags- und Abendbrot, rein auf und ließ sich für seine letzten paar Heller ein halbes Glas Bier einschenken. Dann trieb er seine

Kuh weiter, immer nach dem Dorfe seiner Mutter zu. Die Hitze ward drückender, je näher der Mittag kam, und Hans befand sich in einer Heide, die wohl noch eine Stunde dauerte. Da ward es ihm ganz heiß, so dass ihm vor Durst die Zunge am Gaumen klebte. ›Dem Ding ist zu helfen‹, dachte Hans, ›jetzt will ich meine Kuh melken und mich an der Milch laben.‹ Er band sie an einen dürren Baum, und da er keinen Eimer hatte, so stellte er seine Ledermütze unter, aber wie er sich auch bemühte, es kam kein Tropfen Milch zum Vorschein. Und weil er sich ungeschickt dabei anstellte, so gab ihm das ungeduldige Tier endlich mit einem der Hinterfüße einen solchen Schlag vor den Kopf, dass er zu Boden taumelte und eine Zeitlang sich gar nicht besinnen konnte, wo er war. Glücklicherweise kam gerade ein Metzger des Weges, der auf einem Schubkarren ein junges Schwein liegen hatte. »Was sind das für Streiche!«, rief er und half dem guten Hans auf. Hans erzählte, was vorgefallen war. Der Metzger reichte ihm seine Flasche und sprach: »Da trinkt einmal und erholt Euch. Die Kuh will wohl keine Milch geben, das ist ein altes Tier, das höchstens noch zum Ziehen taugt oder zum Schlachten.« – »Ei, ei«, sprach Hans und strich sich die Haare über den Kopf, »wer hätte das gedacht! Es ist freilich gut, wenn man so ein Tier ins Haus abschlachten kann, was gibt's für Fleisch! Aber ich mache mir aus dem Kuhfleisch nicht viel, es ist mir nicht saftig genug. Ja, wer so ein junges Schwein hätte! Das schmeckt anders, dabei noch die Würste.« – »Hört, Hans«, sprach da der Metzger, »Euch zuliebe will ich tauschen und will Euch das Schwein für die Kuh lassen.« – »Gott lohn Euch Eure Freundschaft«, sprach Hans, übergab ihm die Kuh, ließ sich das Schweinchen vom Karren losmachen und den Strick, woran es gebunden war, in die Hand geben.

Hans zog weiter und überdachte, wie ihm doch alles

nach Wunsch ginge, begegnete ihm ja eine Verdrießlichkeit, so wurde sie doch gleich wieder gutgemacht. Es gesellte sich danach ein Bursch zu ihm, der trug eine schöne weiße Gans unter dem Arm. Sie boten einander die Zeit, und Hans fing an, von seinem Glück zu erzählen, und wie er immer so vorteilhaft getauscht hätte. Der Bursch erzählte ihm, dass er die Gans zu einem Kindtaufschmaus brächte. »Hebt einmal«, fuhr er fort und packte sie bei den Flügeln, »wie schwer sie ist, die ist aber auch acht Wochen lang genudelt worden. Wer in den Braten beißt, muss sich das Fett von beiden Seiten abwischen.« – »Ja«, sprach Hans, und wog sie mit der einen Hand, »die hat ihr Gewicht, aber mein Schwein ist auch keine Sau.« Indessen sah sich der Bursch nach allen Seiten ganz bedenklich um, schüttelte auch wohl den Kopf. »Hört«, fing er darauf an, »mit Eurem Schweine mag's nicht ganz richtig sein. In dem Dorfe, durch das ich gekommen bin, ist eben dem Schulzen eins aus dem Stall gestohlen worden. Ich fürchte, ich fürchte, Ihr habt es da in der Hand. Sie haben Leute ausgeschickt, und es wäre ein schlimmer Handel, wenn sie Euch mit dem Schwein erwischten: das Geringste ist, dass Ihr ins finstere Loch gesteckt werdet.« Dem guten Hans ward bang: »Ach Gott«, sprach er, »helft mir aus der Not, Ihr wisst hier herum besser Bescheid, nehmt mein Schwein da und lasst mir Eure Gans.« – »Ich muss schon etwas aufs Spiel setzen«, antwortete der Bursche, »aber ich will doch nicht schuld sein, dass Ihr ins Unglück geratet.« Er nahm also das Seil in die Hand und trieb das Schwein schnell auf einen Seitenweg fort; der gute Hans aber ging, seiner Sorgen entledigt, mit der Gans unter dem Arme der Heimat zu. »Wenn ich's recht überlege«, sprach er mit sich selbst, »habe ich noch Vorteil bei dem Tausch: erstlich den guten Braten, hernach die Menge von Fett, die herausträufeln wird, das gibt Gänsefettbrot auf ein Vierteljahr, und endlich die schönen weißen Federn, die lass ich mir in mein Kopfkissen stopfen, und darauf will ich wohl ungewiegt einschlafen. Was wird meine Mutter eine Freude haben!«

Als er durch das letzte Dorf gekommen war, stand da ein Scherenschleifer mit seinem Karren, sein Rad schnurrte, und er sang dazu: »Ich schleife die Schere und drehe geschwind, und hänge mein Mäntelchen nach dem Wind.«

Hans blieb stehen und sah ihm zu; endlich redete er ihn an und sprach: »Euch geht's wohl, weil Ihr so lustig bei Eurem Schleifen seid.« – »Ja«, antwortete der Scherenschleifer, »das Handwerk hat einen güldenen Boden. Ein rechter Schleifer ist ein Mann, der, so oft er in die Tasche greift, auch Geld darin findet. Aber wo habt Ihr die schöne Gans gekauft?« – »Die hab ich nicht gekauft, sondern für mein Schwein eingetauscht.« – »Und das Schwein?« – »Das hab ich für eine Kuh gekriegt.« – »Und die Kuh?« – »Die hab ich für ein Pferd bekommen.« – »Und das Pferd?« – »Dafür hab ich einen Klumpen Gold, so groß als mein Kopf, gegeben.« – »Und das Gold?« – »Ei, das war mein Lohn für sieben Jahre Dienst.« – »Ihr habt Euch jederzeit zu helfen gewusst«, sprach der Schleifer, »könnt Ihr's nun dahin bringen, dass Ihr das Geld in der Tasche springen hört, wenn Ihr aufsteht, so habt Ihr Euer Glück gemacht.« – »Wie soll ich das anfangen?«, sprach Hans. »Ihr müsst ein Schleifer werden wie ich; dazu gehört eigentlich nichts als ein Wetzstein, das andere findet sich schon von selbst. Da hab ich einen, der ist zwar ein wenig schadhaft, dafür sollt Ihr mir aber auch weiter nichts als Eure Gans geben; wollt Ihr das?« – »Wie könnt Ihr noch fragen«, antwortete Hans, »ich werde ja zum glücklichsten Menschen auf Erden; habe ich Geld, so oft ich in die Tasche greife, was brauche ich da länger zu sorgen?«, reichte ihm die Gans hin und nahm den Wetzstein in Empfang. »Nun«, sprach der Schleifer und hob einen gewöhnlichen schweren Feldstein, der neben ihm lag, auf, »da habt Ihr noch einen tüchtigen Stein dazu, auf dem sich's gut schlagen lässt und Ihr Eure alten Nägel geradeklopfen könnt. Nehmt ihn und hebt ihn ordentlich auf.«

Hans lud den Stein auf und ging mit vergnügtem Herzen weiter; seine Augen leuchteten vor Freude: »Ich muss in einer Glückshaut geboren sein«, rief er aus, »alles, was ich wünsche, trifft mir ein, wie einem Sonntagskind.« Indessen, weil er seit Tagesanbruch auf den Beinen gewesen war, begann er müde zu werden; auch plagte ihn der Hunger, da er allen Vorrat auf einmal in der Freude über die erhandelte Kuh aufgezehrt hatte. Er konnte endlich nur mit Mühe weitergehen und musste jeden Augenblick haltmachen; dabei drückten ihn die Steine ganz erbärmlich. Da konnte er sich des Gedankens nicht erwehren, wie gut es wäre, wenn er sie gerade jetzt nicht zu tragen brauchte. Wie eine Schnecke kam er zu einem Feldbrunnen geschlichen, wollte da ruhen und sich mit einem frischen Trunk laben, damit er aber die Steine im Niedersitzen nicht beschädigte, legte er sie bedächtig neben sich auf den Rand des Brunnens. Darauf setzte er sich nieder und wollte sich zum Trinken bücken, da versah er's, stieß ein klein wenig an, und beide Steine plumpsten hinab. Hans, als er sie mit seinen Augen in die Tiefe hatte versinken sehen, sprang vor Freuden auf, kniete dann nieder und dankte Gott mit Tränen in den Augen, dass er ihm auch diese Gnade noch erwiesen und ihn auf eine so gute Art, und ohne dass er sich einen Vorwurf zu machen brauchte, von den schweren Steinen befreit hätte, die ihm allein noch hinderlich gewesen wären. »So glücklich wie ich«, rief er aus, »gibt es keinen Menschen unter der Sonne.« Mit leichtem Herzen und frei von aller Last sprang er nun fort, bis er daheim bei seiner Mutter war.

Heinrich Heine

Das Glück ist eine leichte Dirne

Das Glück ist eine leichte Dirne,
Und weilt nicht gern am selben Ort;
Sie streicht das Haar dir von der Stirne
Und küsst dich rasch und flattert fort.

Frau Unglück hat im Gegenteile
Dich liebefest ans Herz gedrückt;
Sie sagt, sie habe keine Eile,
Setzt sich zu dir ans Bett und strickt.

Epikur

Über das Glück

Weder soll ein junger Mensch zögern, sich mit Philosophie zu befassen, noch soll ein alter Mensch damit aufhören. Denn niemand ist zu jung oder zu alt für das, was der Seele guttut. Wer aber behauptet, die Zeit zum Philosophieren sei noch nicht gekommen oder bereits verstrichen, gleicht dem, der sagt, die rechte Zeit für das Glück sei nicht oder nicht mehr da. Mit Philosophie müssen sich also Junge und Alte befassen, die einen, damit sie auch im Alter dank ihrer erworbenen Güter jung bleiben, dankbar gegenüber der Vergangenheit, die anderen, damit sie gleichzeitig jung und weise seien und keine Angst vor der Zukunft haben. Es ist folglich nötig, viel Sorgfalt auf das Glück zu verwenden, weil wir ja alles haben, wenn es da ist, und alles tun, um es zu haben, wenn es fehlt.

Was ich Dir ständig geraten habe, tu es und beachte es, da Du ja verstehst, dass es sich um die Grundsätze des guten Lebens handelt. Glaube als Erstes, dass ein Gott ein unvergängliches und glückseliges Lebewesen ist – eine Gottesauffassung, die sich den Menschen gemeinhin eingeprägt hat. Füge dem nichts hinzu, was der Unvergänglichkeit fremd oder der Glückseligkeit unangemessen ist. Glaube alles, was geeignet ist, die Unvergänglichkeit samt der Glückseligkeit des Gottes zu bewahren. Götter gibt es, ganz offensichtlich können wir sie erkennen. Nur sind sie nicht so, wie die Mehrheit meint, die ihnen Eigenschaften zuschreibt, die dem Göttlichen nicht entsprechen. Ungläubig ist nicht, wer die Götter der Mehrheit abschafft, sondern wer den Ansichten der Mehrheit über die Götter anhängt. Denn die Meinungen der Mehrheit über die Götter sind keine Einsichten, sondern bloß trügerische Vermutungen, gemäß welchen den schlechten Menschen von den Göttern die größten Schäden zugefügt würden, den guten aber Wohltaten. Denn die Mehrheit ist bloß mit den eigenen Eigenschaften vertraut und hält nur diese für denkbar, alles andere kommt ihr fremdartig vor. Gewöhne Dich an den Gedanken, dass der Tod für uns keine Bedeutung hat, da ja alles Gute und Schlechte eine Frage der Wahrnehmung ist. Der Tod aber ist die Beraubung der Wahrnehmung. Diese richtige Erkenntnis, nämlich dass der Tod für uns keine Bedeutung hat, macht die Vergänglichkeit des Lebens zu einem Genuss, nicht etwa weil diese Erkenntnis dem Leben unendliche Zeit hinzufügen würde, sondern weil sie das Verlangen nach Unsterblichkeit beseitigt. Es gibt nichts Schreckliches im Leben für jemanden, der wirklich weiß, dass nichts Schreckliches daran ist, nicht zu leben. Wer aber erklärt, er fürchte den Tod, nicht weil er schmerzen wird, wenn er eintritt, sondern weil er dadurch schmerzt, dass er eintreten wird, der redet Unsinn. Denn was nicht belastend ist, wenn es eintritt, schmerzt grundlos, wenn es erwartet wird. So hat also das schauderhafteste Übel, der Tod, für uns keine Bedeutung, da ja, solange wir leben, der Tod nicht anwesend ist, sobald aber der Tod eintritt, wir nicht mehr leben werden. Er hat folglich weder für die Lebenden noch für die Verstorbenen eine Bedeutung, da er die einen nicht betrifft, die anderen aber nicht mehr leben. Die Mehrheit aber flieht bald den Tod wie das größte aller Übel, bald sehnt sie sich nach ihm wie nach einer Erholung vom beschwerlichen Leben. Der Weise dagegen fleht nicht um

Leben und fürchtet sich ebenso wenig, nicht zu leben. Denn für ihn ist das Leben nicht voller Hindernisse, und er glaubt auch nicht, nicht zu leben sei etwas Schlimmes. Wie er beim Brot nicht das allergrößte, sondern das süßeste auswählt, so entscheidet er sich auch bei der Zeit nicht für die längste, sondern für die angenehmste. Wer aber predigt, der junge Mensch müsse gut leben, der alte seinerseits gut sterben, ist einfältig, und zwar nicht nur, weil das Leben angenehm ist, sondern auch, weil es das Gleiche ist, sich um ein gutes Leben und ein gutes Sterben zu bemühen. Noch schlimmer ist der, der sagt, schön wäre es, nicht geboren zu sein, doch ›lebt man, so wünscht man, die Tore des Hades zu durchschreiten‹.

Wenn jemand das im Ernst sagt, warum geht er dann nicht aus dem Leben? Das wäre für ihn machbar, wenn denn sein Beschluss für ihn feststeht. Sagt er das aber im Scherz, so redet er frivol, wo es nicht ansteht.

Man sollte immer daran denken, dass die Zukunft weder ganz noch gar nicht in unserer Hand liegt, damit wir nicht ständig erwarten, was geschehen wird, und nicht verzweifeln an dem, was nicht geschehen wird.

Weiter muss man bedenken, dass manche der Triebe natürlich sind, andere nichtig; manche der natürlichen notwendig, andere nur natürlich. Manche der notwendigen sind für das Glück notwendig, andere für das Wohlbefinden des Körpers, noch andere für das Leben selbst. Bei ruhiger Betrachtung dieser Dinge ist jede Neigung und Abneigung auf die Gesundheit des Körpers und die Ungetrübtheit der Seele zurückführbar, da ja dies das Ziel eines glücklichen Lebens ist. Für dieses Ziel tun wir alles, damit wir weder leiden noch aufgewühlt sind. Sobald uns das einmal völlig klar ist, legt sich der ganze Sturm in der Seele, und das Lebewesen muss nicht mehr umherirren und nach etwas suchen, was das Gute der

Seele und des Körpers ergänzen würde. Wir brauchen immer dann eine Freude, wenn sie fehlt und wir darob leiden. ›Wenn wir aber nicht leiden‹, bedürfen wir ihrer nicht.

Deswegen sagen wir auch, die Freude sei der Anfang und das Ziel eines glücklichen Lebens. Wir haben die Freude als erstes Gut und als angeboren erkannt, von ihr lassen wir jede Neigung und Abneigung ausgehen, und sie ist das Ziel, an dem wir jedes Gut messen.

Und da die Freude das erste und angeborene Gut ist, wählen wir nicht einfach jede Freude, sondern es gibt auch Freuden, die wir übergehen, wenn sich für uns eine größere Unannehmlichkeit aus ihnen ergeben würde. Andererseits gibt es zahlreiche Schmerzen, die wir vorziehen, weil für uns eine größere Freude folgen wird, nachdem wir die Schmerzen eine lange Zeit ertragen haben. Zwar ist jede Freude ihrer eigenen Natur nach etwas Gutes, trotzdem soll man sich nicht für jede Freude entscheiden. Genauso ist auch jeder Schmerz ein Übel, das aber nicht in jedem Fall vermieden werden soll. Es ist also nötig, durch Vergleichen und Abwägen der Vor- und Nachteile all das zu entscheiden. Denn etwas Gutes verwenden wir manchmal wie etwas Schlechtes, etwas Schlechtes umgekehrt wie etwas Gutes.

Wir halten auch die Selbstgenügsamkeit für ein großes Gut, nicht, damit wir uns einfach mit wenigem begnügen, sondern damit wir uns, sollte das Viele mal fehlen, auch am wenigen freuen können, weil wir in unserem Innersten überzeugt sind, dass diejenigen den Luxus am besten genießen, die ihn am wenigsten nötig haben, und dass das Natürliche bequem zu beschaffen ist, das Überflüssige aber schwer. Wenn das schmerzhafte Hungergefühl erst einmal beseitigt ist, gewähren die einfachen Suppen die gleiche Freude wie ein üppiges Mahl. Und Gerstenbrot und Wasser sind der Gipfel der Freude, wenn ein Hungriger sie genießt. Die Gewöhnung an einfache und nicht üppige Mahlzeiten trägt zur Gesundheit bei, stärkt den Menschen für die Anforderungen des Lebens, macht uns aufnahmefähiger für den Luxus, der in Abständen auf uns zukommt, und furchtlos gegenüber dem Schicksal.

Wenn wir sagen, die Freude sei das Ziel, so meinen wir nicht die ungezügelten Freuden, die im Genuss liegen – das meinen manche, die entweder unwissend sind oder nicht mit uns übereinstimmen oder schlecht informiert sind –, sondern wir sprechen von der Schmerzlosigkeit am Körper und der Ungetrübtheit der Seele. Denn nicht Trinkgelage und ununterbrochene Bankette, nicht der Genuss von Knaben und Frauen und Fischen und allem anderen, was ein reich gedeckter Tisch bietet, sind die Basis für ein angenehmes Leben, sondern nüchterne Überlegung, die die Ursache jeder Neigung und Abneigung zu ergründen sucht und Irrmeinungen aus dem Weg räumt, aus denen die meisten Unannehmlichkeiten für die Seele entstehen.

Der Anfang von allem und das größte Gut aber ist die Vernunft. Die Vernunft ist deshalb noch wertvoller als die Philosophie, weil aus ihr alle übrigen Tugenden erwachsen. Die Vernunft lehrt nämlich, dass es kein angenehmes Leben gibt, wenn es nicht vernünftig und gut und gerecht ist, und auch kein vernünftiges und gutes und gerechtes, das nicht angenehm ist. Die Tugenden fügen sich zum angenehmen Leben zusammen, das angenehme Leben gehört untrennbar zu ihnen.

Denn wen hältst Du für besser als den, der recht von den Göttern denkt, den Tod nicht fürchtet und das Ziel des Lebens erkannt hat, der außerdem begriffen hat, dass die erstrebenswerten Güter bequem zu erreichen sind, dass die Übel entweder von kurzer Dauer sind oder wenig schmerzhaft, und der über das Schicksal, das manche als Herrin über alles eingeführt haben, lacht? Es ist sogar besser, dem Mythos über die Götter zu folgen, als ein Sklave des Schicksals der Naturphilosophen zu sein. Der Mythos nämlich lässt auf Erhörung hoffen, wenn man die Götter ehrt, das Schicksal aber hält nur die unerbittliche Notwendigkeit bereit. Wer nicht, wie die Mehrheit, den Zufall für einen Gott hält – nichts Ungeordnetes wird von einem Gott gemacht! – und auch nicht für eine unbeständige Ursache, der glaubt auch nicht, dass Gutes und Schlechtes für das glückliche Leben den Menschen vom Schicksal gegeben wird, vielmehr dass die Gelegenheiten für großes Glück und Übel vom Schicksal geliefert werden. Er zieht es vor, mit Verstand unglücklich zu sein als unverständig glücklich; denn es ist besser, wenn bei Handlungen richtig Gewähltes nicht gelingt, als wenn etwas schlecht Gewähltes zufällig gelingt.

Das alles und mehr in der Art sollst Du Tag und Nacht bedenken, für Dich allein und zusammen mit jemandem, der Dir ähnlich ist, und nie wirst Du im Schlaf oder im Traum gestört sein, und Du wirst leben wie ein Gott unter den Menschen. Denn ein Mensch, der in unsterblichen Gütern lebt, gleicht ganz und gar nicht einem sterblichen Lebewesen.

Jean-Jacques Sempé

Wenn ich einmal mein Potential an Freude einsetze, dann knallt's.

André Comte-Sponville

Der Geschmack des Lebens

Wie die Erdbeere nach Erdbeere schmeckt«, sagt Alain, »so schmeckt das Leben nach Glück.« Ich kenne wenige Sätze, bei denen ich einen solchen Beigeschmack des Glücks habe, gewiss, aber auch des Neids und – wegen des Neids – der Bitterkeit.

Wir müssen den Meister ausführlicher zitieren: »Es gibt nichts Besseres als das Leben; es ist gut durch sich selbst; das bedarf keiner Begründungen. Es sind nicht Reisen, Reichtum, Erfolg, Vergnügen, die uns glücklich machen. Wir sind glücklich, weil wir glücklich sind. Das Glück ist der ureigene Geschmack des Lebens. Wie die Erdbeere nach Erdbeere schmeckt, so schmeckt das Leben nach Glück. Die Sonne ist gut; der Regen ist gut; jedes Geräusch ist Musik. Sehen, hören, riechen, schmecken, berühren – eine einzige Parade von Glücksmomenten. Selbst Leid, Schmerz, Erschöpfung – alles hat den Geschmack des Lebens. Zu existieren ist gut. Nicht etwa besser als anderes, denn zu existieren ist alles, und nicht zu existieren ist nichts. Andernfalls würde nichts Lebendiges von Dauer sein, nichts Lebendiges entstehen. Wenn man bedenkt: Farbe ist eine Freude für die Augen. Handeln ist eine Freude. Wahrnehmen ist eine Freude, und zwar gleichermaßen. Wir sind keineswegs zum Leben verdammt, sondern begierig zu leben. Wir wollen sehen, berühren, urteilen; wir wollen die Welt auffächern. Alles, was lebt, ist wie ein Spaziergänger am Morgen ... Sehen heißt, sehen zu wollen. Leben heißt, leben zu wollen. Alles Leben ist ein Jubelgesang.« Nur ein kleiner Artikel, einer dieser zahllosen Propos, wie Alain sie nannte, die er im Laufe der Jahre (täglich und unentgeltlich) in einem kleinen Provinzblatt in Rouen veröffentlichte. Dieser hier ist vom Mai 1909. Ich beneide die Leser, die diese Mitteilungen zum Frühstück lasen, die vom Glück zur gleichen Zeit erfuhren wie von der Welt, von der Magie des Lebens zur gleichen Zeit wie von den Unglücksfällen der Geschichte und den Launen der Wirtschaft. Einige werden diesen Artikel ausgeschnitten, ihn sorgsam zu den anderen gelegt haben, in ein Schubfach, ein Heft, plötzlich etwas glücklicher, etwas freier, etwas stolzer darauf, Mensch zu sein, etwas weiser, und dann haben sie sich auf den Weg zur Arbeit gemacht, mit festerem Schritt, vielleicht vor sich hin trällernd, vielleicht mit frischen Kräften, wie neugeboren, mit einer Spur mehr Frohsinn und Mut, einem Gedanken im Herzen. Billiger, naiver, blinder Optimismus? Das glaube ich keinesfalls. Ich vergaß zu erwähnen, dass dieser Artikel anlässlich einer Meldung in den Lokalnachrichten entstand – des Selbstmords eines Jugendlichen – und dass es darum ging, dieses Ereignis, dieses Entsetzliche zu denken, zu verstehen, zu überwinden. »Das Leben schmeckt nicht mehr nach Leben. Lust und Schmerz, alles scheint vermischt; das Handeln versiegt wie eine Quelle.« Und der Leser nahm diese beiden Schätze mit; ein wenig Licht und ein wenig Nacht, der Tod eines Gymnasiasten, die Liebe zum Leben, eins unauflöslich mit dem anderen verflochten, da jeder Tod nur so traurig sein kann, wie das Leben liebenswert ist. Ich lese diese Worte immer wieder und finde sie immer wieder schön, schön auf eine Weise, die nicht lügt. »Wie die Erdbeere ...« Nein, Alain hat gewiss nicht nur das erlebt, diesen Geschmack des Glücks, dieses fröhliche, köstliche Leben. Er hatte seine Momente der Erschöpfung, des Zorns, des Überdrusses. Aber er muss auch dieses glückhafte Lebensgefühl, diese Freude alles Seins empfunden haben, wozu sicherlich jeder fähig ist, zumindest ein bisschen, wenigstens gelegentlich. Wer hat nicht seine Momente der Gnade, des Überschwangs? Seine triumphalen Morgenstunden? Seine strahlenden Abende? Schließlich leben wir und zeugen Kinder, und das setzt die Nörgler ins Unrecht. Der Selbstmord bleibt die Ausnahme, die kaum etwas beweist. Mit ihm wird nicht das Leben verworfen, sondern das Leiden, das Alter, die Krankheit, die Einsamkeit ... Der Selbstmörder verachtet nicht das Glück, sondern flieht das Unglück. »Alle Menschen suchen nach dem Glück«, sagt Pascal. »Das gilt ... selbst bei jenen, die sich erhängen wollen.« Sie töten sich, um nicht mehr zu leiden, nicht mehr unglücklich zu sein. Damit suchen sie noch immer das Glück, denn sie fliehen das Unglück. Auch der Selbstmord ist vom Lustprinzip nicht ausgenommen, das möchte uns Alain in einer anderen Sprache zu verstehen geben. Sein Leben beendet man nur aus Leid oder Traurigkeit: Niemand wird freiwillig aus einem leidlich annehmbaren Leben scheiden, und das sagt alles über den Selbstmord und das Leben. Sollen wir mit Spinoza behaupten, Selbstmord werde nur aus äußeren Gründen begangen, mögen sie auch verinnerlicht sein? Ich weiß es nicht. Fest steht jedenfalls, dass es starker Gründe bedarf, um sterben zu wollen. Guter oder schlechter, innerer oder äußerer – das steht auf einem anderen Blatt. Aber stärker als das Leben, stärker als der Leib, der sich sträubt, stärker als die Seele, die nichts anderes ist als dieses Sträuben selbst. Wer brächte sich grundlos um? Es sei denn, er wäre krank, und das wäre ein sehr starker Grund. Die Depression ist eine Krankheit, die, wie jeder weiß, tödlich enden kann. Doch welchen

Beweis liefert sie gegen die Gesundheit? Gegen das Leben? Gegen das Glück? Und was den philosophischen Selbstmord angeht: Camus, der ihn zu seinem Ausgangspunkt macht (»Es gibt nur ein wirklich ernstes philosophisches Problem«, so der Beginn seines Mythos von Sisyphos), gibt sich damit nicht zufrieden und tut gut daran. Das Absurde führt vielmehr zu einer Abhandlung über das Glück, wie die letzten Seiten seines Buchs zeigen, zu einer Begegnung mit der Wirklichkeit, einer einfachen Bejahung der Existenz. Warum leben wir? Das ist nicht die Frage. Ebenso gut könnten wir fragen, warum wir glücklich sind, warum wir genießen und uns freuen. Das Leben antwortet für uns, die Lust antwortet für uns, oder vielmehr, es gibt keine Frage, keine Antwort, nur das Leben selbst. Alogos, sagt Epikur: Grund-los, Wort-los, beider nicht bedürfend. Weisheit des Leibes: Weisheit der Lust. Wir brauchen starke Gründe, um den Tod zu wollen, da der Leib ihn ablehnt. Dagegen brauchen wir zum Leben keine Gründe – ein einziger genügt uns, obwohl er eigentlich keiner ist: Wir leben für die Lust, und weil das Leben eine ist.

Aber warum leben wir dann so wenig, so schlecht? Warum so häufig dieser Überdruss, diese Traurigkeit, Erschöpfung, Bitterkeit? Das kann von Mensch zu Mensch verschieden sein, und ist es auch wirklich. Geschmack und Farbe … Ich will aus meiner Gemütsart kein System machen. Wer erwählt sich selbst? Und welchen Sinn hätte es, in diesen Fragen zu behaupten, man hätte recht? Der Leib bestimmt, vielleicht, oder die Kindheit oder das Unbewusste oder die Zufälligkeit von Begegnungen und Trauerfällen … Doch müssen wir deswegen auf das Denken verzichten? Der Zufall will, dass ich Erdbeeren nicht besonders mag, dafür aber weit mehr Geschmack am Bier finde. Gar nicht so sehr wegen des Alkohols:

Heute werden annehmbare alkoholfreie Biere gebraut, deren herber Geschmack mir fast genauso zusagt. Das Bier, das nach Tod, das nach Wirklichkeit schmeckt. Ich mochte auch den Tabak, mag ihn wohl noch immer, wegen des beißenden Geschmacks im Mund oder in der Lunge. Bei diesen Beispielen geht es mir um mehr als banale Geschmacksnuancen. Vielleicht liegt oder offenbart sich in diesen bitteren Aromen eine Wahrheit. Hat nicht schon Lukrez die Wahrheit mit einem allzu bitteren Trank verglichen, den es zunächst zu versüßen gelte, um den Unwissenden nicht zu erschrecken, indem man den Rand des Pokals mit »goldgelbem und zuckersüßem Honig bestreicht«? So hielten es die Ärzte, erläutert Lukrez, um ihre Arzneien Kindern schmackhaft zu machen – und so verfährt er selbst, indem er die bittere Lehre des Epikur »mit dem süßen Honig der Poesie« verbrämt. Ist das so zu verstehen, dass wir lediglich Kinder sind und dass die Bitterkeit für den Weisen schwindet? Mag sein. Doch für den Dichter trifft es nicht zu und für den Philosophen nur bedingt. Ich nehme an, dass Lukrez (einer der wenigen Philosophen unter den Dichtern, vielleicht der einzige Philosoph unter den Dichtern) den Honig verschmähte und am Ende die Bitterkeit liebte, durch die die Wahrheit für den, der weder unwissend noch weise ist, zu erkennen, zu begreifen, zu schmecken ist. Die Wahrheit? Welche Wahrheit? Die des Lebens und Sterbens. Welche ein und dieselbe ist, da nur die Lebenden, diese aber alle sterben. Das Denken ändert nichts daran. Wir sterben nicht an Unfällen, Krankheiten, dem Alter, wir sterben, weil wir sterblich sind, weil wir leben, weil wir gelebt haben. Der Tod, die Angst vor dem Tod oder die Gewissheit des Todes gibt dem Leben seinen Geschmack, seine unverzichtbare Bitternis. Wie das Bier nach Bier schmeckt, so schmeckt das Leben nach Tod.

Also? Erdbeeren oder Bier? Glück oder Bitterkeit?

Müssen wir wählen? Können wir es? Sollen wir es? Mir scheint, wir müssen viel eher lernen, beide in ihrer Verschiedenheit, ihrer Gegensätzlichkeit zu lieben. Alain würde mir sicherlich nicht widersprechen. Ein tragischer Philosoph? Welcher wäre es nicht – ohne Gott und ohne Illusionen? So schreibt er über George Sand, die er bewundert: »George Sand, ihr Leben bedenkend: mittelmäßig, verunstaltet, verfehlt, wie jedes Leben ...« Dieser Geschmack des Scheiterns in allem Leben. Dieser Geschmack des Todes in allem Lebenden. Sie könnten mir Spinoza entgegenhalten: »Ein freier Mensch denkt an nichts weniger als an den Tod; und seine Weisheit ist ein Nachdenken über das Leben, nicht über den Tod.« Wären wir frei, oder könnten wir es werden, würde sich die Frage in der Tat nicht stellen. Aber wir sind es nicht, und das zeigt Spinoza. Wer kann es gänzlich werden? Und was sollten wir dann mit unserem Leben anfangen? Ich jedenfalls bin nie Spinozist oder derart weise gewesen, noch habe ich die Absicht, es zu werden oder werden zu wollen. Wie können wir an das Leben denken, ohne an den Tod zu denken? An das Glück, ohne das Unglück zu akzeptieren? An die Weisheit, ohne ihre Narrheit gelten zu lassen? Vielleicht stoße ich hier an meine Grenzen, aber vielleicht hat Spinoza auch die seinen – will sagen, die der Allgemeinheit – überschritten, übertreten. Sei's drum. Woher kommt dieser bittere Nachgeschmack, den das Leben sogar mitten im Vergnügen, im Glück selbst, bei uns hinterlässt? Wie ein Wasser- oder Weinverkoster versuche ich, sein Bukett zu analysieren, seine verschiedenen Ingredienzen zu erkennen, seine Aromen, Nuancen ... Ein Anflug von Tod, Einsamkeit, Wahrheit, eine Spur Eitelkeit, Enttäuschung, Müdigkeit, Erschöpfung ... Ja, all das mischt sich in die Freuden, umhüllt sie, begleitet sie, um sie je nach dem Augenblick, je nach Umstand zu verschleiern oder zu unterstreichen, zu dämpfen oder zu steigern. Die Mischung ist zugleich zart und stark, fremd und vertraut, mal ein bisschen widerlich, mal berauschend, oft schal oder brackig …

Bei den Sinnesfreuden will ich nicht verweilen. Im Einzelnen auf die meinen einzugehen wäre indiskret, noch dazu völlig überflüssig. Da weiß jeder hinlänglich Bescheid. Der Leib ist ein unbestechlicher Richter – der einzige. Essen ist gut, Trinken ist gut, Sex ist gut. Wer will schon sterben, wenn er eine Erektion hat? Hedonismus ist das Gegenteil von Nihilismus. Trotzdem bleibt der Geschmack des Todes, selbst im Verlangen; aber vielleicht wird er nicht so deutlich wahrgenommen wie der kräftigere, unmittelbarere, berauschendere der Lust. Manchmal schaue ich in einer Menge den Leuten prüfend ins Gesicht. Weiß der da, dass er sterben wird? Und dieser andere, der so ernsthaft, so vertieft ist? Die beiden Liebenden? Und der Alte? Die Gesichter antworten kaum; schließlich können wir Unbekannte schlecht nach einer solchen Sache fragen. Einige meiner Freunde, selbst intelligente, versichern mir, dass sie nie oder höchstens ein paarmal pro Jahr an den Tod denken, geschweige denn ihn schmecken. Andere wie ich denken täglich, fast stündlich daran. Nichts ist uns vertrauter als der Geschmack des Todes. Wie exotisch erscheinen uns daneben die Erdbeeren! Angst? Nicht sonderlich, denke ich. Dieser Geschmack des Nichts in allen Dingen, dieser Schlagschatten der Vergänglichkeit … Letztlich sterben wir nicht nur einmal. Wir sterben jeden Tag, jeden Augenblick. Das Kind, das ich war, ist in dem Erwachsenen gestorben, der ich bin; der ich gestern war, ist heute tot, oder wenn sie in mir überleben, dann nur, insoweit ich sie überlebe, jeder trägt seinen Leichnam mit sich herum, und die alten Lieben kehren niemals wieder. Das Leben ist so herzzerreißend, weil es stirbt, weil es unaufhörlich stirbt, direkt vor unseren Augen, in uns; die Zeit ist dieser Riss, dieser Tod in uns, der fortschreitet, zermürbt, wartet, droht … Müssen wir an ihn denken? Ihn vergessen? Ich glaube, das ist mehr eine Frage der Empfindsamkeit als der Lehre. Einige halten sich lieber an das Hohelied Salomos, da fühlen sie sich zu Hause, darin erkennen und entfalten sie sich. Andere ziehen wie ich den Prediger Salomo vor, zu denen ich natürlich gehöre. Daraus zieht jeder die Lehre, die er braucht. Der Prediger sei ein epikureisches Buch, sagt Marcel Conche im Scherz. Ich finde das gar nicht so falsch. Deshalb gefiel er Montaigne so gut. Deshalb gefällt er wohl auch mir so gut. Allerdings hatte Epikur ihn nicht gelesen, so wenig, wie sein Verfasser Epikur kannte. Der Tod regiert. Das Leben regiert – und genügt. »Man muss das Leben leben, bevor man es denkt«, sagt Delbos, und man denkt immer nur das Leben, das man schon gelebt hat. Regiert die Welt? Gewiss, aber jeder hat seine eigene, zumindest seine ganz besondere Art, sie zu bewohnen. Welch strahlende Frische des Morgens, dieses Morgens, da ein Freund, der singt, ein Kind, das spielt, diese Wärme in der Brust – Glück könnte man sie nennen, diese Liebe, diese Süße, diese Langsamkeit. Wir wissen nicht, ob wir lachen oder weinen sollen oder ob beides fehl am Platze wäre, und deshalb schweigen wir, aber das Leben ist da, einfach und schwierig, und es dauert, und es stirbt, und das Leben ist dieser Tod von Augenblick zu Augenblick, der sich verleugnet und fortsetzt, der sich übersteht, der sich erfindet und vergisst, der uns trägt und fortreißt. Es lasse sich kaum sagen, dass wir sind, sagt Montaigne, denn wir verändern uns unaufhörlich, sind nicht mehr, sind noch nicht, »so sehr ist unsre Befindlichkeit dem Stillstand feind«, wir »rollen und fließen … ohne Unterlass dahin«, wir sind nur ein Blitz zwischen zwei Nächten: Wir werden, wir halten stand, wir vergehen, mit einem Wort, wir leben. Daran erinnert uns dieser Geschmack des Nichts im Mund oder in der Seele, dieser Geschmack unserer Sterblichkeit. Alain hat recht, womit er übrigens nur Montaigne folgt: »Das Leben ist köstlich an sich und über alle Widrigkeiten erhaben.« Selbstverständlich, da jede Widrigkeit das Leben voraussetzt und es nur dann verderben kann, wenn es kein gutes ist. Wer wüsste besser als Montaigne das Leben zu lieben, wie es ist, und es mit all seinen Schwierigkeiten, seinen Widersprüchen, seinem Ungefähr gutzuheißen? »Das Leben«, schreibt er, »ist jedoch eine stoffliche und körperliche Bewegung, seinem ganzen Wesen nach unberechenbar und nie vollendet; demgemäß suche ich ihm zu dienen.« Trotzdem müssen wir sterben, und die süßeste Lust gewinnt dank dieser Bitternis und Flüchtigkeit noch an Tiefe. Das Leben selbst und sein Geschmack sind stets gefährdet und vergänglich. »Der desperate Drang zu dauern« – *le dur désir de durer* (Paul Élouard). Immer zufrieden, da wir leben, immer frustriert, da wir sterben. Was wäre das für ein Glück ohne Gefährdung? Was für eine Liebe ohne Angst? Hören wir noch einmal Montaigne: »Das Leben ist ein empfindlich Ding und leicht aus dem Gleichgewicht zu bringen. Aber wer würde deshalb verzichten auf das Glück, die Liebe, das Leben?« Eher umgekehrt verhält es sich, wie uns Gide, dieser eifrige Montaigne-Leser, ins Gedächtnis ruft: »War dein Gedanke an den Tod nicht beständig genug, hast du dem kürzesten Augenblick deines Lebens nicht genügend Wert zugemessen.« Diesen Satz habe ich in seiner gewollten oder vorgetäuschten Unbeholfenheit, in seiner Einfachheit und Wahrheit wohl als ersten uneingeschränkt bewundert. Er begleitet mich seit meiner Jugend, bringt mir Klarheit und stärkt mich.

Ja, diese Bitternis ... Leben heißt sterben. Und das Leben wird nur schöner dadurch, dass es diesen bitteren Tod in sich trägt.

Dann ist da noch die Einsamkeit. Das ist der natürliche Geschmack der Lust, da meine Lust nie die des anderen ist. Gefängnis des Leibes: Gefängnis der Lust und des Leidens. Dass es überhaupt keine sexuellen Beziehungen gebe, wie Lacan meint, ist sicherlich übertrieben, aber jeder ist, dem anderen gegenüber, allein, und keine Lust, mag sie auch gleichzeitig sein, ist gemeinsam. Einsamkeit der Liebenden. Auch Einsamkeit der Freunde. Sie gehen gemeinsam spazieren, und genau das Universum, das sie umfängt, trennt sie auch. »Siehst du dieses Licht, diese Klarheit, diesen goldenen Abglanz in der Ferne?« Ja. Aber es ist ein anderer Blick, eine andere Empfindung, eine andere Sehnsucht. Und diese plötzliche Betroffenheit, wenn Mozart erklingt. Einsamkeit der Kunst. Es gibt auch eine Einsamkeit des Schmerzes, die nichts anderes ist. Einsamkeit des Lebens. Einsamkeit des Sterbens. Einsamkeit – Endlichkeit. Die Freundschaft vermag nichts dagegen, und wie viele Freunde haben wir schon? Wir möchten mehr geliebt werden, was lediglich unterstreicht, wie wenig wir selbst zur Liebe, zur reinen Liebe, fähig sind. Einsamkeit der Liebe, der ungeheuren Liebe, die wir erwarten, aber auch der – manchmal nicht weniger ungeheuren – Liebe, die wir schenken möchten. Doch Liebe lässt sich weder verschenken noch besitzen. Liebe ist reiner Verlust (»ihren Reichtum verschmähend«, sagt der Dichter Christian Bobin, »sich selbst entsagend, ihres Reiches enthoben«). Dieser Verlust, dieser unsagbar reine Verlust des Liebens ist unvergleichlicher Reichtum, wie ein Licht in der Welt, wie strahlende Armut, wie ein Juwel der Freude und des Trostes in der unendlichen Einsamkeit der Lebenden.

Was die Enttäuschung angeht, die mein Ausgangspunkt

war, so mag man meine Bücher zu Rate ziehen. Nichts lehrt uns das Leben deutlicher, als dass es enttäuschend ist, stets enttäuschend. Nicht, weil es uns keine Freuden oder Vergnügen brächte – das tut es wohl, aber nicht die, die wir erwartet haben, nicht auf die Weise, wie wir sie erwartet haben, oder wenn doch, so verschaffen sie uns nicht das Glück, das wir von ihnen erhofft haben, als sie nicht da waren, als sie uns fehlten. »Wie glücklich wäre ich, wenn ...«, haben wir gesagt. Aber kein Wenn ist wirklich, noch ist es ein Glück. Daher oft dieser saure Beigeschmack, diese Blähungen des Herzens oder der Seele, wie ein unbestimmter Ekel. Lesen Sie die Liebesgedichte noch einmal, die Sie einst geschrieben haben oder die man an Sie gerichtet hat. Und lesen Sie die Reden unserer Politiker noch einmal oder sogar die Meisterwerke unserer Schriftsteller. Oder denken Sie an Ihre hoffnungsfrohe Jugend, an all diese Träume und Pläne! Selbst wenn sie sich verwirklichen lassen, sind sie nicht mehr das, was sie einst zu sein versprachen. Der Erfolg ist fast genauso bitter wie das Scheitern. Die Nichtigkeit von allem ist die Wahrheit von allem. Wie sollten wir nicht enttäuscht sein, da wir doch verlangten, ohne zu wissen, da wir unser Verlangen für Wissen hielten? Enttäuschung ist Ernüchterung. Sie sind ein und dasselbe und der Geschmack der Wahrheit. Liebe enttäuscht. Arbeit enttäuscht. Politik enttäuscht. Kunst enttäuscht. Philosophie enttäuscht. Zumindest enttäuschen sie zunächst und lange Zeit – bis zu dem Tag, da wir sie um dessentwillen lieben, was sie sind, wirklich sind, um dessentwillen, was sie trotz allem sind, und nicht um dessentwillen, was wir von ihnen erträumt oder erhofft haben. Trauerarbeit ist Ernüchterungsarbeit. Es geht nicht darum zu glauben, es geht darum, zu erkennen und zu lieben. Was kann uns ein Schriftsteller, der noch an die Literatur glaubt, Wichtiges über sie oder über das Leben mitteilen? Und ein Philosoph, wenn er an die Philosophie glaubt, ein Musiker oder ein Maler, der an seine Kunst glaubt? Und wie kann jemand wahrhaft lieben, der an die Liebe glaubt, der aus ihr eine Religion, etwas Absolutes, einen Traum macht? Jede Hoffnung wird enttäuscht, selbst wenn sie in Erfüllung geht. Deshalb ist die Befriedigung so oft süßlich und fad – abgestanden wie ein gestilltes Verlangen. Viele Menschen, die feststellen, dass das Leben ihren Hoffnungen nicht gerecht wird, klagen daraufhin das Leben an; absurderweise werfen sie ihm vor, dass es ist, was es ist (wie könnte es etwas anderes sein?), bis sie sich schließlich in Groll und Verbitterung lebendig begraben. Ich ziehe die fröhliche Bitterkeit der Liebe vor, des Leidens, der Ernüchterung, des Kampfes, der Siege und Niederlagen, des Widerstands, der Hellsichtigkeit, des tätigen und wahrhaftigen Lebens. Ich ziehe die Wirklichkeit vor, die Strenge der Wirklichkeit. Wenn das Leben unseren Hoffnungen nicht gerecht wird, ist nicht unbedingt das Leben daran schuld. Möglicherweise haben uns unsere Hoffnungen von Anfang an getrogen (seit der ersten Sehnsucht, die sie nährte), so dass das Leben nun nicht anders kann, als uns eines Besseren zu belehren. Der widerwärtige Geschmack der Enttäuschung, von dem uns allenfalls die Hoffnungslosigkeit heilen kann, die überaus heilsame Schärfe der Hoffnungslosigkeit. Alle Hoffnung wird enttäuscht. Das Glück kommt immer unverhofft.

Mit dazu gehört die Erschöpfung, die uns so sehr gleicht, uns begleitet, die vielleicht nur der Tod selbst ist, der quält, der uns quält, oder das Leben, das sich langsam verschleißt und das standhält – und wie viel Mut haben wir trotzdem aufgebracht! Ebenso die Angst, die Lüsternheit (dieser Geschmack am Obszönen und Obskuren), die Gewalt, die Eigenliebe. So viele Geschmäcke und Geschmacklosigkeiten. Ich komme ans Ende dieser Seiten und habe das Gefühl, das Wesentliche kaum angedeutet zu haben. Was? Bitterkeit und Vergänglichkeit – die Quintessenz des Lebens. Alles, was nicht tragisch ist, ist lächerlich; insofern ist Leben tragisch und lächerlich zugleich, und diese beiden Geschmäcke mischen sich unaufhörlich, verbinden sich, so dass mal der eine, dann der andere vorherrscht oder der eine mit dem anderen zu einem einzigen Geschmack verschmilzt. Leben ist eine Tragödie, Leben ist eine Komödie, es ist dasselbe Stück, und es ist schön und gut, jedenfalls kann es das sein, wenn wir es leben, es lieben können, wie es ist. Im Übrigen haben wir keine Wahl. Wir müssen das Leben lieben, wie es ist, oder können es nicht lieben. Damit bin ich wieder bei Alain, Montaigne, Lukrez, Spinoza … Lieben heißt akzeptieren. Ertragen, wenn es sein muss; sich freuen, so man kann. Die tragische Weisheit ist die einzige, die nicht lügt. Im Grunde ist das die Trauerarbeit, von der Freud spricht, und die taugt mehr als Religion oder Lüge. Lieber die bittere Wahrheit als die klebrig-süße Illusion!

Erdbeeren oder Bier? Erdbeeren und Bier. Glück und Unglück. Leben und Tod. Lust und Leid. Tragische Weisheit, das ist die Weisheit des Heraklit. Wir haben keine Wahl, so lautet die Maxime unseres Daseins. Nimm die Wirklichkeit, wie sie ist, oder lass es. Nimm das Leben, wie es ist, oder lass es. Und es zu lassen heißt, es noch einmal zu nehmen, ein letztes Mal zumindest, weil es zu nehmen nur eine andere Art ist, es zu lassen. Wer nur das Glück liebt, liebt das Leben nicht und versagt sich, glücklich zu sein. Der Irrtum liegt darin, wählen zu wollen wie in einem bunten Warenangebot. Das Leben ist kein Selbstbedienungsladen, und wir sind nicht die Kunden. Das Universum hat uns nichts zu verkaufen, nichts, was es uns anbieten könnte, außer sich selbst - nichts außer allem.

Und wozu das Ganze? Darauf gibt es keine Antwort, und das hebt die Frage auf – aber nicht das Leben, nicht die Lust, nicht das Glück, wenn es da ist. Welches Glück? Das einzige, das neben dem Glauben bleibt. Das Glück, das wir finden, wenn wir darauf verzichten. Dasjenige, das sich nicht besitzen lässt, das sich nur in seinem Verlust offenbart, wie eine von der Liebe befreite Liebe, wie eine von der Furcht befreite Freude, befreit – sagt Spinoza – von der Hoffnung und der Angst. Das ist das einzige Glück, das ich kenne, das einzige, das ich gelegentlich erlebt habe, hin und wieder, aber oft genug, um seinen Geschmack nicht vergessen zu haben, diesen bittersüßen Geschmack, der mir wie der des Lebens erschien und ihn mir gab.

Wie das Leben nach Glück schmeckt, so schmeckt das Glück nach Verzweiflung.

Yael Hedaya

Die Glücksnummer

Ein paar Minuten nachdem er gegangen war, geschah etwas Merkwürdiges: Hunderte schwarzer Vögel flogen aus dem Nirgendwo herbei, stürzten sich auf die alte Palme vor meinem Haus und vertilgten die Datteln, die in Büscheln herabhingen – die Datteln, von denen er gesagt hatte, man müsse sie herunterholen, weil das dem Baum nicht guttue, sie würden ihn überlasten, ihn erdrücken und langsam, aber sicher umbringen.

Wir standen, an die steinerne Brüstung gelehnt, auf dem Balkon und beobachteten die Passanten. Wir beobachteten die Autos, die in die Straße einbogen und dann hinter der Kurve verschwanden, warfen einen Blick auf das gegenüberliegende Gebäude, auf die offenen Fenster und Balkone, und wir betrachteten die Palme. Wir sahen uns alles an, was man sich ansehen konnte, um nur einander nicht anzusehen.

Wir hatten soeben aufgehört zu streiten. Es war unser erster Streit gewesen. Ich hatte ihn begonnen und ihn zum größten Teil allein ausgefochten. Nathan hatte geschwiegen und nur dann etwas gemurmelt, wenn ich etwas sagte, was in seinen Augen nicht den Tatsachen entsprach oder besonders beleidigend war. Aber es war mehr ein Vor-sich-hin-Brummeln als ein Murmeln, etwas Dumpfes, das er zum Fußboden sagte, den Mund voller Speichelbläschen und stiller Tatsachen.

Ich hätte nie gedacht, dass aus mir einmal eine solche

Frau werden würde, eine anklagende und hysterische Frau, die die Hände in die Hüften stemmt, wenn sie sich in Vorwürfen ergeht, aber als ich vor Nathan gestanden hatte, der auf dem Sofa saß und die Steinplatten anbrummelte, waren meine Hände plötzlich auf meinen Hüften gelandet und wie Saugnäpfe an ihnen haftengeblieben. Es fühlte sich an, als wären mir kleine Flügel gewachsen, die mir helfen würden, abzuheben und mit dem Streit an einen anderen, einen höheren und kultivierteren Ort zu gelangen. So jedenfalls war mir zumute, als ich, die Hände in die Hüften gestemmt, mitten im Raum stand und versuchte, unsere Beziehung zu retten.

Jetzt standen wir auf dem Balkon und schauten auf die Straße hinunter. Ich fragte, ob ich eine Wassermelone aufschneiden solle, und Nathan nickte. Ich ging in die Küche und holte die Wassermelone aus dem Kühlschrank. Ich halbierte sie, schnitt eine der Hälften in große Würfel, richtete diese auf einem Teller an und steckte in die obersten beiden Würfel je eine Gabel. Diesmal hatte ich eine süße Wassermelone erwischt, was ich als gutes Zeichen wertete. Ich wusste nicht so recht, wie man sich nach einem Streit fühlen sollte; für uns war es der erste gewesen und zugleich auch der letzte. Ich stellte den Teller zwischen uns auf die Brüstung, und wir aßen schweigend und fuhren fort, hinunter auf die Straße zu schauen, bis er meine Aufmerksamkeit auf die überfrachtete Palme lenkte.

Mit der Gabel auf den Baum deutend, sagte er, den Mund voller Saft: »Wird langsam Zeit, diese Datteln runterzuholen.«

Ich fragte, weshalb, und er erklärte, sie würden den Baum überlasten.

Ich wollte nicht über den Baum reden. Ich wollte über unsere Beziehung reden. Aber alles, was ich dazu zu sagen hatte, hatte ich vor einigen Minuten bereits gesagt, und da stand ich nun auf dem Balkon, aß Wassermelone, führte eine höfliche

Unterhaltung und bedauerte den Baum und wusste, es war aussichtslos.

»Wenn man die Datteln nicht runterholt, stirbt der Baum«, erklärte er.

»Was sollen wir jetzt tun?«, fragte ich, und er antwortete: »Nichts. Es ist aussichtslos.«

Der Teller war inzwischen leer gegessen, und ich brachte ihn in die Küche. Ich stellte ihn in die Spüle, drehte den Wasserhahn auf und ließ Wasser darüberlaufen, und in der Zwischenzeit versuchte ich, mir schnell etwas auszudenken, vielleicht gab es ja doch noch etwas, das ich tun konnte. Als ich wieder auf den Balkon hinaustrat, hatte Nathan der Straße bereits den Rücken zugekehrt. Er zerbröselte vertrocknete Geranienblätter, die er aus einem der Blumenkästen abgezupft hatte.

Ich fragte, ob ich noch mehr Wassermelone aufschneiden solle. Er lehnte ab. Ich wusste, dass dies unsere letzten gemeinsamen Minuten waren, und wollte Zeit gewinnen. Ich erklärte, das sei ein Problem, es sei noch viel davon da, noch eine ganze Hälfte, und er gab zurück, er habe sowieso schon zu viel gegessen, er denke, er werde gehen. Ich fragte, ob es das jetzt gewesen sei. Er sagte: »Ja.« Er blieb noch einen Moment lang dort stehen, dann erklärte er: »Also, ich denke, ich werde jetzt mal gehen.« Ich sagte: »Ja.« Daraufhin warf er eine Handvoll zerbröselter Geranienblätter auf die Straße, rieb die Handflächen aneinander und verkündete: »Ich gehe.« Ich dachte: Das Letzte, was wir zusammen gemacht haben, war, Wassermelone zu essen.

An der Tür erklärte er, es tue ihm leid.

»Es tut mir leid, dass es so sein muss«, meinte er, und ich erklärte, er lasse mir keine andere Wahl. Er legte mir eine Hand auf die Schulter und sagte, er verstehe nicht, weshalb es so sein müsse, und ich sagte: »Es geht nicht anders.« Er wiederholte noch einmal, wie leid es ihm tue, nahm die Hand von meiner Schulter, fuhr mit den Fingern über meinen Arm und sah mich mit traurigen Augen an. Ich schloss die Tür hinter ihm, und als ich den Schlüssel im Schloss umdrehte, hörte ich ihn mit schweren Schritten die Treppe hinuntergehen und danach die Hauseingangstür ins Schloss fallen. Ich ging in die Küche und sah die halbe Wassermelone auf der Arbeitsplatte liegen. Ich packte sie in eine Plastiktüte, legte sie in den Kühlschrank und wusste, dass ich sie in ein paar Tagen herausnehmen und mitsamt der Tüte in den Mülleimer werfen würde.

Dann ging ich wieder hinaus auf den Balkon. Ich lehnte mich an die Brüstung und schaute hinunter auf die Straße, die völlig anders aussah als vor ein paar Minuten, obwohl sich nichts an ihr geändert hatte. Ich beobachtete die Autos, die in die Straße einbogen und hinter der Kurve verschwanden, ich warf einen Blick auf das gegenüberliegende Gebäude mit den offenen Fenstern und Balkonen und betrachtete anschließend noch einmal die Palme – und da kamen die Vögel angeflogen. Sie schwärzten den Himmel, ließen sich aufgeregt kreischend auf Antennen und Baumwipfeln nieder und sandten einander Befehle, und dann scharten sie sich in schwarzen Massen auf der Palme und hackten und hämmerten auf den Datteln herum, bis sie sie vertilgt hatten.

Urplötzlich verschwanden sie wieder, und man konnte unmöglich wissen, ob die Palme jetzt erleichtert war. Die trockenen, gelben Wedel hoben sich nicht in Dankbarkeit und Freiheit, und der gebogene Stamm wurde nicht wieder gerade, nachdem die Vögel ihn, hysterisch mit den Flügeln schlagend, massenvergewaltigt hatten. Ich dachte: Schade, dass Nathan das nicht miterlebt hat. Ich fand es bedauerlich, dass sich das Ganze erst einige Minuten, nachdem er gegangen war, ereignet hatte. Ich ging wieder hinein, schloss die Balkontür, die Fenster und die Rollläden und sagte mir: Es ist aus. Ich habe einen Schnitt gemacht. Jetzt fängt das Leben wieder von vorne an. Dann legte ich mich auf das Sofa und fing an zu heulen. Das Telefon klingelte, aber ich nahm nicht ab. Ich zählte vier Klingeltöne, dann sprang der Anrufbeantworter an. Meine Eltern luden mich für Samstag zum Mittagessen ein.

*

Ich hatte Nathan letztes Jahr auf einer Purim-Party kennengelernt. Seine Kopfbedeckung wies ihn als Narren aus. Er trug nicht etwa so einen bunten Kartonkonus, wie er in Spielwarengeschäften erhältlich ist, sondern eine richtige Narrenkappe aus verschiedenfarbigen Stoffen mit weich gefüllten, ebenfalls aus Stoff gearbeiteten Hörnern, an deren Enden silberne Glöckchen hingen. Irgendwie war es rührend und kindisch zugleich.

Ich hatte mich nicht verkleidet, weil ich mir nichts vorstellen konnte, das ich an jenem Abend wirklich hätte sein wollen – außer glücklicher. Ich war dreißig, und ich wollte verliebt sein, ich wollte Selbstvertrauen besitzen und innere Ruhe. Ich ging davon aus, dass die perfekte Kostümierung für eine Frau, die all diese Dinge in sich vereinigte, darin bestand zu kommen, wie sie war, so dass man irgendwo behaupten konnte, dass ich mich doch verkleidet hatte.

Mein letztes Kostüm war ein Fiasko gewesen. Damals war ich fünf Jahre alt und als Königin Esther verkleidet. Es gab Gestalten, die mir besser gefielen als die Königin Esther; sie kam mir immer ein wenig zu biblisch und zu langweilig vor, aber andererseits wollte ich so sein wie alle Mädchen.

Das Kleid war nicht schlecht – übereinanderliegende

Schichten aus weißem raschelnden Taft, die ich über einer weißen Wollstrumpfhose trug –, aber ich hatte ein Problem mit den königlichen Schuhen. Ich wollte gläserne Schuhe haben, doch meine Mutter, die es wie ein altgedienter Verkehrspolizist verstand, meine Phantasien auf Bahnen umzuleiten, die an jenem Morgen frei waren, erklärte mir, dass ich da etwas verwechselt hätte. Die gläsernen Schuhe stammten aus dem Märchen von Aschenputtel, sagte sie. Die Königin Esther habe ganz gewöhnliche Königinnenschuhe getragen. Ich fragte: »Wieso können wir denn nicht eine Limoflasche in zwei Hälften schneiden, und dann gehe ich damit zum Kindergarten?« Und sie antwortete: »Weil es gefährlich wäre und außerdem unmöglich.« Ich sagte: »Aber ich bin dann bestimmt die Einzige mit solchen Schuhen.« Sie erklärte: »Wenn du die Einzige bist, dann brauchst du das erst recht nicht. Du brauchst etwas, was alle haben.« Ich schmollte: »Aber dann bin ich nicht die Schönste.« Und sie meinte: »Die Königin Esther war nicht schön. Aschenputtel war schön.« Und auf mein schlechtes Gedächtnis bauend, versprach sie: »Nächstes Jahr darfst du dich als Aschenputtel verkleiden.«

Was sie gesagt hatte, klang einleuchtend, und weil ich das letzte Mädchen war, das seine Märchen durcheinanderbringen wollte, zog ich voller Stolz die Sandalen an, deren Riemchen meine Mutter mit Alufolie umwickelt hatte. An jenem Morgen regnete es in Strömen – eine der üblichen Katastrophen, die Kinder an Purim heimsuchen. Meine Mutter führte mich an der Hand zum Kindergarten, und als sie mich gerade ermutigte, es würde bestimmt ganz toll werden – ich sei doch noch viel zu jung, um so tieftraurig zu sein, fand sie und war ungehalten wie mein Vater –, trat ich in eine Pfütze, und das Silber löste sich von meiner linken Sandale. In meinem Fotoalbum habe ich eine Schwarzweißaufnahme, auf der ich, den

Saum des Kleides anhebend, posiere; die eine Sandale ist königlich und die andere nicht, und entsprechend steht nur ein halbes Lächeln in meinem Gesicht.

Letztes Jahr an Purim hatte es nicht geregnet. Es war eine kalte und helle Nacht gewesen, und ich war mit dem Auto zu der Party gefahren. Ich trug einen schwarzen Pullover, Jeans und Stiefel. Ich liebte das selbstsichere Aufschlagen der Absätze.

Ich betrat die laute Wohnung und suchte meine Freundin, die mit den Gastgebern bekannt war. Wir hatten verabredet, uns dort zu treffen, und sie hatte angekündigt, sie würde sich als Fee verkleiden. Feen sah ich einige, aber meine Freundin war nicht unter ihnen. Ich begab mich in die Küche und warf einen Blick auf die Bierflaschen, die schwitzend in Reih und Glied auf der Arbeitsplatte standen. Inmitten der Musik, die im Wohnzimmer spielte, vernahm ich hin und wieder sanftes Glockengebimmel. Ich nahm mir eine Flasche und öffnete sie mit dem Flaschenöffner, der an einer langen rosa Schnur aus Geschenkband vom Griff der Kühlschranktür herabbaumelte. Es war ein verkleideter Flaschenöffner: Jemand hatte ihn mit phosphoreszierenden Sternen und Mondsicheln beklebt.

In der Küche drängten sich zwei Feen, ein Superman, eine Königin Esther und ein großer, glatzköpfiger Mann mit einer Katzenmaske. Ich sagte mir, wenn meine Fee nicht in einer Viertelstunde käme, würde ich nach Hause gehen. Ich verabscheute Partys. Sie verstärkten in mir all die Gefühle, die Partys angeblich vertreiben sollen. Ich wollte gerade das restliche Bier in die Spüle kippen und gehen, da hörte ich den Klang der Glöckchen näherkommen. Der Narr kam in die Küche und suchte nach dem Flaschenöffner.

Er war sehr groß und behäbig und hatte blaue Augen,

und jedes Mal, wenn er den Kopf bewegte, bimmelte es sanft. Er machte sein Bier auf, lehnte sich neben mich an die Arbeitsplatte und trank, gelangweilt in das dunkle Wohnzimmer starrend, in großen Schlucken. Ich musterte seine Kappe, die Hörner, die sich über der Stirn und den Augen krümmten, und die Glöckchen, die leise klingelten. Er wirkte, als hätte er die Kappe vor vielen Jahren aufgesetzt und, weil sie ihm so bequem war, irgendwann vergessen, dass er sie auf dem Kopf hatte.

Plötzlich wurde die laute Musik von einem Kinderlied abgelöst. Die Gastgeber hatten *Der kleine, nette Clown, der tanzt mit jedermann* aufgelegt, und die Tänzer passten sich der einfachen Melodie an und nahmen mit ihren Gesten die simplen Worte auf. Sie hüpften, gestikulierten mit den Händen und legten jedes Mal fragend den Kopf schief, wenn das ›Vielleicht‹ aus dem Refrain »Vielleicht – vielleicht – vielleicht tanzt du mit mir?« ertönte.

»Magst du tanzen?«, fragte der Narr.

Ich nickte, stellte das Bier auf die Arbeitsplatte und folgte ihm ins Wohnzimmer, zu einer kleinen Lichtung, die er in der Menge fand. Ich hatte Mühe, die kindlichen Bewegungen vor einem Fremden auszuführen, aber der Narr hüpfte und hampelte mit einer Natürlichkeit vor mir herum, die beinahe zynisch wirkte. Er drehte seine Handflächen in Schraubbewegungen hin und her, legte den Kopf von einer Seite zur anderen und zuckte mit jedem ›Vielleicht‹ trotzig mit den Schultern. Die anderen Tänzer beobachteten uns – den hüpfenden, schulterzuckenden und klingelnden Narren und mich, die ich auf der Stelle trat und ein halbes Lächeln im Gesicht hatte. Er gab nicht etwa vor, wie ein kleiner Junge zu tanzen. Er tanzte so.

Ich fühlte mich sofort zu ihm hingezogen. Noch bevor

Jean-Jacques Sempé

Unser Glück war grenzenlos, geradezu kosmisch. Wir hatten beide das Bedürfnis, es mitzuteilen, wir wollten irgendjemandem zuschreien, wie glücklich wir waren. Aber wem? Wer unter unseren Freunden hätte diese Tiefe verstehen, wer diese Höhenflüge nachempfinden können? Und dennoch drängte unser Glück nach Ausdruck. Ich brachte einige Gedanken darüber zu Papier, Laura verstand sie nicht. Sie malte ein Bild, das mich völlig aus der Fassung brachte. Seither begegnen wir uns mit dem größten Misstrauen.

ich ihn gesehen hatte, hatte ich mich von ihm angezogen gefühlt – erst von dem Gebimmel der Glöckchen und dann von dem Lied und dem Tanz, die mich um fünfundzwanzig Jahre zurückversetzten, zu jenem verregneten Purim, in ein großes Zimmer voller Kinder, in dem Gerüche von Schlamm, feuchten Hamman-Taschen und Pipi hingen, dazu die Klänge desselben Liedes und der Nachhall einer großen Enttäuschung.

»Sie hat den ganzen Tag geweint«, hatte die Kindergärtnerin damals meiner Mutter erzählt, als sie mich am Mittag abholen kam. »Ich war völlig ratlos, Frau Lieberman. Sie hat sich die Sandalen ausgezogen und sich in die Ecke gehockt. Ich habe sie so gebeten, dass sie sie wieder anzieht und mit den Kindern mittanzt, aber sie hat immer nur mit den Schultern gezuckt. Ich habe sie natürlich nicht auf Strümpfen rumlaufen lassen. Es ist kalt heute, Frau Lieberman, was hätte ich tun sollen?«

Das Lied war jetzt zu Ende, und wir standen einander einen Moment lang ratlos gegenüber. Der Narr wirkte verraten und verlassen, und auch die Kappe sah aus, als wäre sie plötzlich verblüht. Ohne ein Wort zu sagen, kehrte er mir den Rücken und stapfte mit schweren Schritten in die Küche zurück. Ich lief hinterher.

Abermals standen wir da und lehnten uns an die Arbeitsplatte. Er stellte sich vor: »Nathan.« Ich sagte: »Maja«, und er fand, das sei ein schöner Name. »Nathan auch«, meinte ich. Er fragte: »Ja? Ich mag meinen Namen überhaupt nicht.« Ich erkundigte mich, weshalb, aber er zuckte nur mit den Schultern. Meine Augen suchten noch immer nach der Feenfreundin, aber es war mir inzwischen egal, dass sie nicht gekommen war. Dafür erschienen eine weitere Königin Esther und eine Tigerin mit einem langen, wippenden Schwanz und rotem Haar, das wunderbar zu der Farbe der Streifen in ihrem Kostüm passte. Die beiden umarmten Nathan, er machte mit dem verkleideten Öffner zwei Bierflaschen für sie auf und ging dann mit ihnen tanzen. Zu mir sagte er weder ›Entschuldigung‹ noch ›Bin gleich wieder da‹, noch ›Tschüss‹.

Ich beobachtete ihn beim Tanz mit der Tigerin und der Königin Esther und fand, es sei Zeit, nach Hause zu gehen. Ich dachte an mein Bett und an die darüber verstreuten Wochenendzeitungen. Ich dachte an meine Wohnung, an das Badezimmer, an die feuchten Handtücher und an den Geruch von Moder, der im Winter, wenn das Fenster geschlossen war, darin stand; ich dachte an meine Zahnbürste, dass sie schon alt sei und es langsam Zeit werde, sie durch eine neue zu ersetzen, und an den Spiegel über dem Waschbecken, der vor lauter Zahnpasta und Seifenspritzern trüb war; und ich dachte an den Weg vom Badezimmer ins Schlafzimmer, die Füße in Socken, die Hände an der Wand entlangtastend und die Lichter löschend: das Licht auf der Toilette, das Licht im Badezimmer, das Neonlicht in der Küche und schließlich das Licht im Flur, bis nur noch ein Licht anblieb – die Leselampe neben dem Bett, die immer einen gelben Lichtkegel auf mein Kissen warf.

Ich ging hinunter auf die Straße und stieg in mein Auto. Ich ließ den Motor warmlaufen und schaltete die Lüftung ein, um die beschlagene Windschutzscheibe zu trocknen. Beim Ausparken warf ich einen kurzen Blick in den Rückspiegel und sah Nathan aus dem Gebäude kommen. Ich wartete, bis sein überdimensionaler Körper, der in einem Parka steckte, in irgendeinen Wagen einsteigen würde, doch der Narr ging an meinem und auch an den anderen parkenden Autos vorbei und stapfte mit großen Schritten weiter in Richtung Hauptstraße. Dort blieb er, die Kappe auf dem Kopf und die Hände in den Taschen, einen Moment lang stehen, und meine

Scheinwerfer strahlten ihn an. Ich hupte kurz, ein krächzender Ton, und er wandte sich überrascht um. Trotz der geschlossenen Fenster und des leerlaufenden Motors und meines Herzens, das erwartungsvoll und tadelnd pochte, konnte ich hören, dass die Glöckchen sich näherten.

Er trat an meinen Wagen, beugte sich vor und spähte ins Innere, um nachzusehen, wer der Unbekannte war, der ihn da angehupt hatte. Ich kurbelte das Fenster herunter und fragte, ob er kein Auto habe.

»Nein«, antwortete er.

»Willst du dir hier ein Taxi schnappen?«

»Ich weiß nicht«, erwiderte er.

»Soll ich dich mitnehmen?«, fragte ich.

Es war das erste Mal in meinem Leben, dass ich einem fremden Mann eine Mitfahrgelegenheit anbot, aber ich dachte, jemand, der als Narr verkleidet war, konnte nicht gefährlich sein. Wortlos stapfte er hinüber zur Beifahrertür, öffnete sie und zwängte sich auf den Sitz neben mir. Seine Kappe drückte gegen die Wagendecke, und er nahm sie ab und hielt sie zusammengeknüllt in den Händen. Ich sah, dass sein Haar sich lichtete, und als hätte auch er dies zum ersten Mal bemerkt, strich er sich entschuldigend über den Kopf.

Mein Auto war zu klein für ihn. Er grätschte seine langen angewinkelten Beine – ein Knie berührte die Tür, und das andere drückte gegen das Handschuhfach – und lehnte sich in seinem Sitz, den er bis zum Anschlag nach hinten geschoben hatte, zurück, so weit er konnte. Dennoch stieß er beinahe an die Decke. Er murmelte seine Adresse, und auf dem ganzen Weg dorthin wechselten wir kein Wort. Er hatte den Geruch von nassem Pelz und zermatschten Blättern an sich, und dieser Geruch erfüllte das Wageninnere, in dem sonst die üblichen Gerüche von Skai und Plastik standen, vermischt mit einem grässlichen Geruch, der sich ›Dschungel‹ nannte und von einem Duftbäumchen abgegeben wurde, das am Rückspiegel hing. Ich hatte es an einer Tankstelle geschenkt bekommen, und obwohl ich den scharfen, synthetischen Geruch nicht ausstehen konnte, war ich immer zu faul, das Bäumchen abzunehmen, und wartete darauf, dass der Geruch von allein nachlassen würde. Jetzt wurde der Wagen von einem anderen Geruch erfüllt; vielleicht war das der Geruch, den der Luftverbesserer zu imitieren versuchte.

Ich beobachtete Nathan aus dem Augenwinkel. Er starrte durch das Seitenfenster nach draußen. Seine riesigen Hände ruhten auf der zerknüllten Mütze, und ich sah, dass er Schmutz unter den Fingernägeln hatte, etwas Rötlichbraunes, das wie Erde aussah. Sein Anblick hatte etwas Rührendes, er war so behäbig und phlegmatisch und von einer feindseligen Gleichgültigkeit, und dann dieser Geruch, und die Haarbüschel in seinem Nacken. Er blickte in derselben kindlich-unbewussten Weise, in der er getanzt hatte, nach draußen und musterte die leeren Straßen, die Häuser, die Bushaltestellen und die Reklamewände, wobei er geistesabwesend seine Kappe knetete und schwer atmete. Ich fuhr langsam, gewollt vorsichtig, wie eine Försterin, die einen verirrten Bären zurück zu seiner Höhle bringt.

Ich war enttäuscht, als ich Nathan vor seinem Haus absetzte und er mich nicht einlud, mit zu ihm nach oben zu kommen, und auch nicht um meine Telefonnummer bat. Ich beobachtete, wie er seine Kappe in die eine Jackentasche stopfte und aus der anderen Tasche seine Schlüssel holte und im Treppenhaus verschwand.

Eine gute Freundin hat mir einmal gesagt, dass ich Männern Angst mache.

»Du machst Männern Angst«, sagte Nogga, zündete sich eine Zigarette an und blies den Rauch weit von sich. Sie gehörte zu jenen Rauchern, die Zigaretten widerlich fanden, aber die Angewohnheit als solche liebten.

»Das ist so ein Muster bei dir«, fuhr sie fort, mein Problem zu analysieren, während sie mit der linken Hand – die Hand, an der sie an jedem Finger einen großen Ring trug – geistesabwesend ihren Hals berührte und über den riesigen Knutschfleck strich, den sie mir, kaum dass wir uns begrüßt hatten, sofort gezeigt hatte.

»Begreif das doch«, erklärte sie. »Erst finden sie dich total süß, und dann kriegen sie einen Mordsschreck.«

»Dann ist es ja vielleicht ihr Muster«, sagte ich.

»Nein«, sagte Nogga entschieden. »Ich weiß, wovon ich rede. Ich habe dich schon *in action* erlebt. Ich habe dich an der Uni erlebt. Habe dich auf Partys erlebt. Ich kenne dich nicht erst seit gestern. Du hast diese Nummer einfach nicht drauf.«

»Welche Nummer?«, wollte ich wissen.

»Da gibt es einige«, erklärte sie und schnippte mit der Zigarette nervös auf den Rand des Aschenbechers, »aber in deinem spezifischen Fall spreche ich von der ›Glücksnummer‹.«

»Was ist das – die ›Glücksnummer‹?«, fragte ich.

»Du musst ausstrahlen, dass es dir gutgeht im Leben, selbst wenn wir beide wissen, dass das nicht der Fall ist. Und erst später, im passenden Moment – und das ist ein Moment, für den es keine Regeln gibt, also frag mich nicht, wie man weiß, wann er gekommen ist –, erst da darfst du anfangen, deinen Katzenjammer auf den Tisch zu packen. Aber in kleinen Häppchen. Nicht alles auf einmal.«

Nogga und ich saßen in dem neuen Café, das bei ihr im Nachbarhaus aufgemacht hatte. Sie liebte es, neue Cafés einzuweihen und ihnen dann den Rücken zu kehren. Immer schäumte sie förmlich über vor Energie, diese Nogga, und sie hatte eine tolle Ausstrahlung. Sie war keine Schönheit im üblichen Sinne; sie war klein und pummelig und hatte krauses, strohtrockenes Haar, mit dem sie ein Leben lang kämpfte. Sie verschwendete viel Geld und Hoffnung auf Friseure, deren Pflegekuren ihr Haar nur noch widerspenstiger und krauser machten. Aber Nogga mochte sich, wie sie war, und das auf eine so absolute und neiderweckende Weise, dass niemand sich ihrem Charme entziehen konnte. Man musste sie einfach lieben. Ich behauptete immer, dass sie sich mochte, weil die Männer sie immer mochten, aber Nogga sagte, es verhalte sich genau umgekehrt. Wir einigten uns darauf, dass es sich hier um den klassischen Fall vom Huhn und vom Ei handle.

»Dieses Café ist ganz nett«, meinte sie und sah sich gelangweilt um. »Lass es uns als Stammcafé adoptieren.« Ich sagte: »Okay«, obwohl ich wusste, dass sie für unsere nächste Verabredung wieder ein anderes Café vorschlagen würde.

»Begreif das doch«, fuhr sie fort. »Sie machen die Fliege, weil sie merken, dass du wahnsinnig klug und wahnsinnig traurig bist. Diese Kombination aus Grips und Weltschmerz ist für Männer tödlich.«

Und im selben Atemzug, die halbgerauchte Zigarette ungeduldig im Aschenbecher ausdrückend, umklammerte sie mit ihrer Hand die meine – ich bekam das Nebeneinander von Warm und Kalt, der Wärme von ihrer Hand und der Kälte von ihren Ringen zu spüren – und sagte: »Maja, ich verspreche dir: Eines Tages wirst du erleben, wie toll das ist, wenn du nach einem miesen Tag, dem beschissensten Tag deines Lebens, nach Hause kommst, und dann jemand da ist, der mit einer großen Umarmung und dem Abendessen auf dich wartet.«

Von allem, was sie gesagt hatte, war dies der Satz, der mich am traurigsten stimmte, weil ich ihn als Klischee erachtete, aber Nogga fand das ganz und gar nicht, und sie drückte meine Hand und wiederholte: »Das verspreche ich dir.«

Nogga hatte immer Freunde, die ihr ein oder zwei Monate, nachdem sie sich kennengelernt hatten, anboten, doch bei ihnen einzuziehen – vielleicht weil sie in ihren Augen bedürftig wirkten, als ob jeder Tag in ihrem Leben der beschissenste Tag ihres Lebens wäre, vielleicht aber auch, weil sie eine wunderbare Köchin war. Im letzten Jahr war Nogga allein gewesen, weil sie in jemanden verliebt war, der eine Freundin hatte. Für jemanden, der in jemanden verliebt war, der seinerseits in eine andere verliebt war, wirkte sie äußerst gelassen. Sie hegte diese Gewissheit, dass es schon noch klappen würde, und übte sich in Geduld.

Es war meine Freundin Nogga gewesen, die sich als Fee hatte verkleiden wollen. Am Ende war sie überhaupt nicht zu der Party gekommen. Wie sie mir einige Tage später mit einer Kombination aus Leidenschaft und siegesbewusster Gleichgültigkeit erzählte, war Folgendes passiert: Sie war kurz davor gewesen, die Wohnung zu verlassen, in einem selbstgenähten weißen Satinkleid mit Rüschen aus Tüll und Krinoline und weißen Ballerinaschuhen, die sie sich vor Jahren anlässlich der Hochzeit einer unserer Freundinnen aus Kindertagen gekauft hatte – Schuhe, die man außer zu Hochzeiten oder Purim-Partys nie tragen konnte. Sogar kleine Flügel hatte sie sich angesteckt, an denen sie eine geschlagene Woche gearbeitet hatte – zurechtgebogener Draht, überspannt mit schimmernder Fallschirmseide –, und in der Hand hatte sie einen kleinen Zauberstab gehabt, den sie sich in einem Spielwarengeschäft besorgt hatte.

Und als sie sich gerade den Mantel überziehen und aus der Tür gehen wollte, kam Amir vorbei. Er stand in der Tür und erzählte ihr, dass er sich von seiner Freundin getrennt habe. Er war den Tränen nahe. Mit dem Zauberstab in der Hand stellte sich Nogga in ihrem Feenkostüm in die Küche und kochte ihm einen Tee. Einen Tag später fragte er sie, ob sie bei ihm einziehen wolle.

Sie sagte: »Begreif das doch. Du musst weicher sein, ein bisschen hilfloser. Ich weiß, dass das nicht deine Art ist, aber du solltest es wenigstens mal versuchen. Du darfst nicht traurig sein, ich habe dir schon mal gesagt: Blanker Weltschmerz ist nicht gut. Es macht ihnen Angst. Zu viel Stärke ist auch nicht angebracht. Ein bisschen Stärke ist okay, das ist sogar sexy. Aber es darf nicht zu viel sein. Man muss das richtige Maß finden, es muss ausgewogen sein. Versuch mal, ein kleines bisschen das arme Würstchen zu spielen, wenn du kannst, und du wirst sehen, das funktioniert. Wie ein Zauber.«

»Aber Amir ist gekommen, um sich an deiner Schulter auszuweinen. Er war das arme Würstchen. Wo genau liegt in diesem Fall der Zauber?«

Sie lächelte geheimnisvoll und erwiderte: »Du hast noch immer nicht begriffen, wie es funktioniert.«

Ich sagte: »Nein. Wie funktioniert es denn? Gerade eben hast du mir gesagt, ich soll die Glückliche spielen.«

»Natürlich«, gab sie zurück, »aber auch das darf man keinesfalls übertreiben, dann denken sie nämlich, dass du sie nicht brauchst. Natürlich habe ich ihm meine Schulter angeboten, damit er sich erst mal ausheulen kann. Ich habe ihm einen Tee gemacht und ihn ein bisschen gestreichelt, ganz sanft, nicht, um ihn anzumachen, bloß so. Ich habe meine Hand auf seine Hand gelegt und ihm zugehört – eine geschlagene Dreiviertelstunde hat er über seine blöde Ex geredet, ohne Punkt und Komma –, und du wirst nicht glauben, was ich dann getan habe.«

»Was denn?«, fragte ich.

»Ich bin in Tränen ausgebrochen!«, prustete Nogga.

»Du bist in Tränen ausgebrochen?«

»Ja«, sagte sie, »du kennst mich doch, ich kann den Hahn auf- und zudrehen, wie ich gerade lustig bin. Also: Wir sitzen so im Wohnzimmer, und er erzählt mir, wie schlecht es ihm geht, und fragt, wie es jetzt weitergehen soll, da habe ich plötzlich den Hahn geöffnet, und die Tränen sind mir nur so runtergelaufen. Erst hat er es gar nicht mitgekriegt, so beschäftigt war er mit sich, aber dann hat er mich plötzlich angeschaut und gefragt: ›Was ist denn mit dir?‹ Er war total fertig. Du hättest ihn sehen sollen. ›Bloß so‹, habe ich geantwortet. ›Ich finde es traurig für dich. Ich finde es traurig, dich so zu sehen. Ich finde es traurig, wie einsam wir alle sind auf dieser Welt.‹«

»Das hast du gesagt?«, fragte ich. »Ist das dein Ernst?«

»Ja«, erwiderte sie, »so ungefähr.«

»Aber das ist doch ein schreckliches Klischee!«, rief ich.

»Klischees sind eine feine Sache«, gab sie zurück, »und schreckliche Klischees sind große Klasse. Vor allem aber muss

man lernen, sie nicht nur auszusprechen, ohne dabei rot zu werden, sondern sie auch hemmungslos auszuleben.«

Sie winkte der Kellnerin und erklärte mir, sie habe es eilig. Sie müsse gleich zu Amir. Sie hätten vereinbart, sich am Mittag zu treffen, um zusammen seine Küche zu renovieren.

*

Der vorige Mann, mit dem ich geschlafen hatte, war groß und dünn gewesen und schöner als Nathan. Micki hatte ebenfalls blaue Augen gehabt, aber sein schwarzes, lockiges Haar war füllig gewesen. Und er hatte miserable Gedichte geschrieben.

Wir saßen in meiner Wohnung auf dem Sofa, und er reichte sie mir, eines nach dem anderen, wobei er die Seiten zwischen den Fingerspitzen hielt, als wären sie zerbrechlich oder die Tinte noch feucht. Auf einige der Seiten hatte er kleine Zeichnungen gekritzelt, meistens Musiknoten und Vögel. Als ich seine Gedichte gelesen hatte, tat er mir nur leid.

Ich hatte ihn an der Universität kennengelernt. Ich arbeitete an meinem Doktorat in Vergleichender Literaturwissenschaft und teilte mir einen kleinen Raum mit einem Assistenten, der unser Zimmer immer nur aufsuchte, um eine Runde zu schlafen oder sich mit seiner Freundin am Telefon zu streiten. Micki studierte Betriebswirtschaft und Management. Er begegnete mir eines Abends, als er gerade die Flure der Fakultät für Geisteswissenschaften nach einem öffentlichen Telefon abklapperte. Seine Batterie sei leer, erklärte er, er müsse einen Abschleppdienst rufen. Er sei extrem genervt, weil die Karre neu sei. Ich bot ihm an, von meinem Raum aus zu telefonieren. Zwei Stunden lang saßen wir dort und warteten auf den Mann vom Abschleppdienst. Wir redeten über Autos und Lyrik. Mit derselben Wut, mit der Micki über die Batterie sprach, die ihn im Stich gelassen hatte, sprach er auch über die Frau, in die er einmal verliebt gewesen war. Dann fragte er, ob ich Lust hätte, irgendwann mal seine Gedichte zu lesen.

Als ich sie gelesen hatte, sagte ich zu ihm, seine Gedichte

seien rührend. Hier und dort ließ ich mich sogar über eine Metapher aus, und als ich sah, wie geschmeichelt er sich fühlte, tat er mir noch mehr leid. Tief im Sofa versunken saß er da, den Stapel Seiten im Schoß. Er schrieb über verregnete Straßen und über enttäuschte Liebe. In jeder Zeile kam eine gewisse Rinat vor, umgeben von Vögeln, Musiknoten und Fingerabdrücken. Sie war einmal seine Freundin gewesen, auf dem Gymnasium, seine erste Liebe und die Inspiration für diesen ganzen unverarbeiteten Weltschmerz.

Meine Eltern hatten sich an jenem Morgen scheiden lassen, und ich war froh gewesen, als Micki anrief und fragte, ob ich noch wisse, wer er sei – »der Typ mit der Batterie«. Ich hatte erwidert: »Ja, klar weiß ich das noch. Wie geht's dir? Was ist mit deinem Auto?«

»Alles bestens«, hatte er geantwortet, »ich habe die Batterie auswechseln lassen.«

Dann hatte er gefragt, ob er am Abend vielleicht mit seinen Gedichten vorbeikommen könne.

Nun saßen wir Schulter an Schulter auf dem Sofa, und zwischen uns lagen die miserablen Gedichte. Als wir sie zu Ende analysiert hatten, stapelte er sie auf dem Fußboden und seufzte. Er beugte sich über die Seiten, starrte sie noch eine Weile lang an und las sie verkehrt herum, obwohl er sie auswendig kannte. Dann legte er seine Hand auf meinen Arm. Selbst durch den Pullover hindurch konnte ich seine kalten Finger spüren und dass sie so gut wie kein Gewicht hatten. Ich war enttäuscht über seine leichten Hände.

»Sie fehlt mir noch immer«, erklärte er. »Komisch. Seit fünfzehn Jahren habe ich sie nicht gesehen, aber ich empfinde noch immer etwas für sie.«

»Was denn?«, fragte ich.

»Schmerz«, antwortete er, »und das Gefühl, etwas verpasst zu haben.«

»Aber ihr wart damals ganze siebzehn Jahre alt«, meinte ich. »Es war eine erste Liebe.«

»Und für mich anscheinend die letzte«, sagte er und lachte verlegen, und seine dünnen Finger kitzelten mich am Hals. »Ich hatte schon ein paar Freundinnen seit damals. Mit einer habe ich sogar ein Jahr lang zusammengelebt. Ich weiß nicht, vielleicht passiert ja eines Tages etwas.«

»Was soll denn noch passieren?«, fragte ich.

»Du würdest es doch nur kindisch finden.«

»Nein«, meinte ich. »Sag's mir.«

»Ich warte auf eine Frau, die so radikal anders ist als sie, so absolut nicht wie sie, das heißt dermaßen das krasse Gegenteil von Rinat, dass ich es eventuell genau deshalb schaffen könnte, mich in sie zu verlieben. Verstehst du?«

»Ich verstehe«, erwiderte ich.

»Ich würde mich rasend gern verlieben. Das würde jetzt wirklich gut passen, wenn ich mich verlieben würde.«

»Was ist denn jetzt mit ihr?«, wollte ich wissen. »Habt ihr noch Kontakt zueinander?«

»Null«, entgegnete er. »Ab und zu kriege ich von Freun-

den mit, was sie so treibt. Inzwischen hat sie geheiratet. Und sie hat ein Kind.«

»Und du bist traurig, dass es nicht dein Kind ist.«

»Ja«, sagte er. »Woher weißt du das?«

»Weil ich schlau bin«, gab ich zurück.

»Du bist wirklich schlau«, meinte er. »Und ich rechne es dir hoch an, dass du bereit warst, dir meine Gedichte anzusehen. Es ist mir wichtig zu wissen, was du denkst. Es ist alles andere als einfach, Leute zu finden, die auf einen eingehen, und zwar so richtig auf einen eingehen. Und an die man sich auch manchmal ein bisschen anlehnen kann. Alle meine Freunde studieren BWL und Management. Verstehst du?«

»Ja«, sagte ich und legte vorsichtig meinen Kopf an seine Schulter. »Ich verstehe. Man kann sich nicht an sie anlehnen.«

»Ich hoffe, du findest es nicht schlimm, dass ich mich heute Abend so aufgedrängt habe«, fuhr er fort und trommelte mit den Fingern im Rhythmus einer Melodie, die er in seinem Kopf trällerte, auf meine Schulter. Ich fragte mich, was

das wohl für eine Melodie sein mochte, vielleicht ein Lied, das er auf dem Gymnasium gern gehört hatte. Er räusperte sich und meinte: »Weißt du, was? Manchmal fühle ich mich brutal einsam –«, und genau da klingelte das Telefon, und ich stand auf, um abzunehmen.

Es war mein Vater. Er hatte sich vertan. Eigentlich hatte er meine Mutter anrufen wollen und aus Versehen meine Nummer gewählt. Er entschuldigte sich: »Ach, du bist es, Maja? Eigentlich wollte ich deine Mutter anrufen –«

Es war das erste Mal, dass er meine Mutter ›deine Mutter‹ genannt hatte.

»Weißt du vielleicht, wo sie ist?«

Ich antwortete, sie sei jetzt wahrscheinlich in ihrer Vorlesung an der Uni. Monatelang war sie mir mit der Frage in den Ohren gelegen, was sie am besten studieren sollte und was meiner Meinung nach zu ihr passen könnte. Sie hatte in den Vorlesungsverzeichnissen herumgeblättert wie in Modejournalen und mit dem Nagel ihres Zeigefingers auf alle möglichen skurrilen Kurse gedeutet. Am heutigen Abend war sie endlich Gasthörerin geworden.

»Sie wollte zu einer Vorlesung gehen«, erklärte ich.

»Aber so spät noch?«, fragte er.

»Keine Ahnung, Papa«, gab ich zurück. »Manchmal ziehen sich diese Vorlesungen eben etwas hin.«

Er sagte: »Aha. Gut.« Dann legten wir auf. Während unseres Telefonats konnte ich hören, wie er in der möbellosen Wohnung auf und ab ging. Ich fragte mich, ob er jetzt wohl auf einem der Stühle saß, die ich ihm geliehen hatte – die Stühle, die ich vor zehn Jahren bei meinem Auszug aus der elterlichen Wohnung mitgenommen hatte. Ich fragte mich, ob er jetzt in seinem kleinen Transistorradio seinen Lieblingssender hörte. Und ich fragte mich, ob er weinte.

Ich hatte nur einmal im Leben gesehen, wie die Schultern meines Vaters zitterten, weil er weinte – ein paar Tage, nachdem meine Mutter sich mit mir wegen des Rechtsanwalts beraten hatte. Ich war zu ihnen in die Wohnung gegangen und hatte mit meinem Schlüssel aufgesperrt. Ich hatte nicht damit gerechnet, meinen Vater um diese Uhrzeit zu Hause vorzufinden. Es waren die Stunden, in denen er gewöhnlich seine Besorgungen machte, die Stunden, die er am meisten liebte. Jeden Morgen von Sonntag bis Freitag zwischen acht und zwölf Uhr war mein Vater unterwegs, bestieg diverse Busse und suchte diverse Ämter auf, immer mit einem abgenutzten Aktenordner unter der Achsel. Er hielt ein Schwätzchen mit Busfahrern, Behördenangestellten und Wachmännern, riss Witze und saß gut gelaunt und geduldig die langen Wartezeiten ab.

Zwei Jahre davor war er in Rente gegangen. Seine Kollegen vom Steuerberaterbüro, in dem er fünfundvierzig Jahre gearbeitet hatte, richteten eine Abschiedsfeier für ihn aus. Monate vor seinem Ausscheiden aus der Firma hatte mein Vater bereits angefangen, sich für die Beleidigung zu wappnen, mit einer goldenen Armbanduhr bedacht zu werden.

»Was soll ich mit einer Golduhr?«, hatte er immer wieder gemurrt, aber im Laufe der Zeit konnte er sich zu der Einsicht durchringen, dass er mit einer goldenen Armbanduhr doch etwas anfangen könnte. Am Morgen vor der Abschiedsfeier hatte er erklärt: »Na gut, dann gibt's eben eine goldene Armbanduhr«, und hatte, ehe er ins Büro gegangen war, seine alte Uhr vom Handgelenk abgenommen und sie in die Schublade seines Nachttischs gelegt. Aber dann hatte er doch keine goldene Armbanduhr bekommen.

Einer der beiden Büroinhaber, Offer Horowitz – ein Mann etwa meines Alters –, überreichte ihm feierlich einen luxuriösen Terminkalender mit Kunstledereinband und einen Umschlag mit Einkaufsgutscheinen über zweihundert Schekel von einem Geschäft für Haushaltsgegenstände und Geschenkartikel. Die drei Buchhalterinnen aus der Abteilung meines Vaters hatten Geld gesammelt und ihm Blumen gekauft. Und es gab auch Kuchen aus der Konditorei von gegenüber. Mit den Gutscheinen kaufte meine Mutter einen Wok und fing an, sich in chinesischen Kochkünsten zu üben, doch der luxuriöse Terminkalender blieb geschlossen und ohne Einträge und lag, noch halb in Geschenkpapier eingewickelt, auf dem Berg alter Anzüge meines Vaters, der sich während der Sommer- und Herbstmonate auf meinem Jugendbett auftürmte.

An jenem Morgen war mein Vater nicht losgezogen, um seine Erledigungen abzuarbeiten. Vielleicht erachtete er das Weinen ebenfalls als Erledigung – etwas, was man tun musste, um es hinter sich zu bringen. Meine Mutter war beim Friseur; Donnerstag war ihr Friseurtag. Er saß mit dem Gesicht zum Balkon auf einem Stuhl im Wohnzimmer. Die Jalousien waren geschlossen, aber ein einzelner Sonnenstrahl drang herein und erhellte die Stelle, an der in einem Quadrat aus Licht mein Vater saß. Ich weiß nicht, ob er mich überhaupt hat hereinkommen hören. Er gab keinen Laut von sich, und seine Schultern bebten, und ich wollte zu ihm hingehen und ihm eine Hand auf die Schulter legen, aber ich wusste, das wäre wie ihm den Mund verbieten. Ich stellte mich abwartend hinter ihn, und als ich hörte, wie er die Nase hochzog, fragte ich, ob er wegen der Scheidung weine. Er zuckte mit den Schultern und gab keine Antwort.

»Es ist schon traurig«, meinte ich.

»Ich bin müde«, meinte er. »Verstehst du? Ich bin nicht so traurig, wie ich müde bin. Diese ganze Rennerei zum Rabbinat, jetzt, in meinem Alter. Wer hat die Energie dafür?«

»Dann gehe ich«, erbot ich mich. »Ich werde versuchen, euch von dieser Rennerei so viel wie möglich abzunehmen.« Aber ich wusste, dass er etwas anderes gemeint hatte. Er liebte Rennereien und Erledigungen, aber er liebte Erledigungen, die einen Sinn hatten, Erledigungen, die er angekurbelt hatte, und in dieser Scheidung sah er keinen Sinn; er hatte sie nicht angekurbelt, und er hatte Angst vor dem Alleinsein.

Er war ein großer Anhänger der Zweisamkeit, mein Vater. Er kannte nichts anderes. Bevor er meine Mutter kennenlernte, die einige Jahre als Telefonistin im Steuerberaterbüro Horowitz–Ammit arbeitete, hatte er eine andere Frau gehabt, Violette. Wir haben nie auch nur ein Foto von ihr gesehen, weil er sie allesamt verbrannt hat. Violette war überfahren worden. Mein Vater war zehn Jahre in kinderloser Ehe mit Violette verheiratet gewesen. Violette, so hatte meine Mutter mir erzählt, hatte es nie gern eilig gehabt.

Meine Mutter war diejenige gewesen, die Wasser über

meinen Vater geschüttet hatte, als er an dem Morgen, an dem man ihm mitteilte, Violette sei tödlich verunglückt, ohnmächtig geworden war. Violette, die es nie und nirgendwohin gern eilig gehabt hatte, wollte unbedingt ihren Bus noch erwischen. Sie war über die Straße gerannt und von einem Bus, der aus der Gegenrichtung kam, überfahren worden. ›Linie 4‹ war alles, was mein Vater freiwillig verriet, als Talli und ich mit der gesunden Neugier heranwachsender Mädchen mehr darüber erfahren wollten, und bis heute wissen wir nicht, ob Linie 4 der Bus war, der sie überfahren hatte, oder der Bus, den sie hatte erwischen wollen. Meine Mutter behauptet: »Sowohl als auch.« Auch sie redet nicht gerne über Violette.

Meine Mutter hatte in der Telefonzentrale gesessen, als es passierte. Sie sah meinen Vater die Treppe herunterkommen; er ging an ihrem Glaskasten vorüber, stand einen Moment lang unschlüssig am Eingang, tastete nach der Wand und brach zusammen. Sie war diejenige gewesen, die ihm einige Minuten davor den Anruf der Polizei durchgestellt hatte, und sie hatte Schlimmes geahnt. Als sie meinen Vater zusammenbrechen sah, nahm sie das Marmeladenglas mit den Blumen – sie kaufte sich jeden Morgen Blumen auf dem Weg zum Steuerberaterbüro Horowitz-Ammit, um in ihrem Glaskasten eine häusliche Atmosphäre zu schaffen – und eilte zu ihm hin. In ihren Armen kam er, klitschnass und umringt von Nelken, wieder zu sich und blieb dort.

Ich versprach meinem Vater, auf dem Rabbinat erste Informationen einzuholen. Gleich am nächsten Tag fuhr ich hin, doch man erklärte mir, die Eltern müssten selbst vorsprechen. Ich fragte den Rabbinatsangestellten, ob er mir keine Auskunft erteilen wolle, weil ich eine Frau sei.

»Nein«, erwiderte der Rabbinatsangestellte, »so ein Unsinn – Frau. Das tut hier nichts zur Sache. Der Vater und die

Mutter müssen selbst vorsprechen, und wenn es ihnen Mühe bereitet, kann die Tochter mitkommen.«

Er sagte ›Tochter‹, als ginge es um eine Tochter im übertragenen Sinne. Anschließend erklärte er mir noch, wo man immer einen Parkplatz kriegen konnte, und verkündete wie ein Herold: »Die Eltern müssen persönlich bei uns vorsprechen!«, als wollte er sagen: Möge das königliche Elternpaar sich die Ehre geben und uns mit seiner Anwesenheit beglücken. Und nachdem ich mich für die Information bedankt hatte und schon auf der Treppe war, rief er mir noch nach: »Die beiden Eheleute müssen sich schon selbst herbemühen!«

»Wer war das?«, fragte Micki, als ich mich wieder neben ihn auf das Sofa setzte und versuchte zu rekapitulieren, wo ich in meinen Gedanken stehengeblieben war. Micki legte das Gedicht, das er gerade durchlas, wieder auf den Stapel zurück.

»Mein Vater«, antwortete ich. »Er hat sich verwählt. Eigentlich wollte er meine Mutter anrufen.«

»Wie – leben sie nicht zusammen?«, fragte er.

»Sie haben sich heute früh scheiden lassen«, erwiderte ich.

»Oh, Mann. Ich habe auch Wahnsinnsprobleme mit meinen Eltern«, stöhnte er.

»Ach ja?«

»Mein Vater hat sich letzte Woche beim Skifahren das Bein gebrochen. In der Schweiz. Sie fahren jeden Winter in die Schweiz.«

»Wie alt sind sie?«, fragte ich.

»Weiß ich nicht genau. Etwas über fünfzig … Fünfundfünfzig vielleicht? So was in der Richtung, glaube ich. Warte. Mein Vater ist genau fünfundfünfzig, er hatte kürzlich Geburtstag. Und meine Mutter ist etwas jünger, vielleicht dreiundfünfzig … Eventuell aber auch erst zweiundfünfzig.«

Plötzlich beneidete ich ihn. Nicht, weil seine Eltern noch so jung waren, sondern weil er nicht einmal ihr genaues Alter im Kopf hatte.

»Und deine Eltern haben sich also heute scheiden lassen«, nahm er den Faden wieder auf.

»Ja«, erwiderte ich und legte wieder meinen Kopf an seine Schulter. »Ich war mit ihnen auf dem Rabbinat. Es war ein Alptraum.«

»Hm«, murmelte er. »Weißt du was? Ich glaube, sie ist auch gerade dort, mit ihrem Mann und dem Kind.«

»Von wem redest du?«, fragte ich.

»Von Rinat. Sie hat einen Anwalt geheiratet. Sie sind auch jedes Jahr in Sankt Moritz beim Skifahren. Ich glaube, sie fahren ins selbe Hotel wie meine Eltern. Meine Mutter hat gesagt, sie hätte sie dort vor zwei Jahren gesehen, mit dem Kind. Aber – egal«, seufzte er. »Jedenfalls ist mein Vater jetzt den ganzen Tag zu Hause und treibt meine Mutter in den Wahnsinn. Er ist unglaublich anspruchsvoll. Mein großer Bruder und ich, wir müssen ständig vorbeikommen und ihn unterhalten und Schach und Tetris mit ihm spielen. Der Gips kommt erst in fünf Wochen ab. Ein Alptraum.«

»Ein Alptraum«, wiederholte ich.

Wir trieben es auf dem Sofa. Es war zu schmal für uns beide, so dass wir irgendwann zu Boden glitten, erregt, aber nicht erregt genug, um nicht zu merken, dass wir die Gedichtseiten zerknitterten, und auch nicht erregt genug, um den Gedichten ernsthaften Schaden zuzufügen. Als ich aufstand, klebte mir ein Gedicht am Hintern. Ich schälte es vorsichtig ab, entschuldigte mich und übergab es Micki, der im Schneidersitz auf dem Fußboden saß und völlig verstört registrierte, was seinen Gedichten da zugestoßen war. Dann krabbelte er auf allen vieren herum, um sie einzusammeln, strich die Ecken glatt und blies den Staub von den Seiten. Wir tranken Tee, und ich bemerkte, wie er sich mit der Entscheidung quälte, ob er bei mir übernachten solle. Ich erklärte ihm, dass ich gerne alleine schlafe, und er wirkte erleichtert. Als er gegangen war, bekam ich plötzlich auch Lust, ein miserables Gedicht zu schreiben – ich wusste, dass ich dazu fähig war –, aber noch ehe ich es niederschreiben konnte, war ich eingeschlafen.

Bernhard Schlink

Der letzte Sommer

Er erinnerte sich an sein erstes Semester als Professor in New York. Wie hatte er sich gefreut: als die Einladung kam, als er das Visum im Pass hatte, als er in Frankfurt ins Flugzeug stieg und in JFK mit dem Gepäck in die Wärme des Abends trat und eine Taxe in die Stadt nahm. Auch den Flug hatte er genossen, obwohl die Reihen eng und die Sitze schmal waren; als sie über den Atlantik flogen, sah er in der Ferne ein anderes Flugzeug, und ihm war, als sitze er auf dem Deck eines Schiffs, dem auf dem weiten Meer ein anderes Schiff begegnet.

Er war schon oft in New York gewesen, als Tourist, zu Besuch bei Freunden, als Gast auf Konferenzen. Jetzt lebte er im Rhythmus der Stadt. Er gehörte dazu. Er hatte eine eigene Wohnung, wie alle; sie war zentral gelegen und nicht weit vom Park und vom Fluss. Wie alle nahm er morgens die U-Bahn, zog die Fahrkarte durch den Schlitz, ging durchs Drehkreuz und über die Treppe auf den Bahnsteig, drängte sich in einen Wagen, konnte sich nicht rühren und die Zeitung nicht umblättern und drängte sich nach zwanzig Minuten aus dem Wagen. Am Abend fand er in der U-Bahn einen Sitzplatz, las die Zeitung zu Ende und erledigte in der Nachbarschaft seiner Wohnung Besorgungen. Er konnte zu Fuß ins Kino und in die Oper gehen.

Dass er in der Universität nicht ganz dazugehörte, störte

Jean-Jacques Sempé

ihn nicht. Die Kollegen hatten mit ihm nicht zu besprechen, was sie untereinander zu besprechen hatten, und die Studenten nahmen ihn, dem sie nur ein Semester lang begegneten, nicht so ernst wie die Professoren, mit denen sie Jahr um Jahr zu tun hatten. Aber die Kollegen waren freundlich und die Studenten aufmerksam, sein Unterricht war ein Erfolg, und aus dem Fenster seines Büros hatte er den Blick auf eine gotische Kirche aus rotem Sandstein.

Ja, er hatte sich gefreut, schon vor dem Aufbruch und auch noch nach der Rückkehr. Aber eigentlich war er dort unglücklich. Sein erstes Semester in New York war das erste Semester, in dem er an seiner deutschen Universität nicht unterrichten musste – er hätte gerne diese Freiheit genossen, statt wieder zu unterrichten. Seine Wohnung in New York war düster, und im Hof lärmte die Klimaanlage so laut, dass er sich Stöpsel in die Ohren stecken musste, um schlafen zu können. An vielen Abenden, an denen er alleine in billigen Restaurants aß oder schlechte Filme sah, fühlte er sich einsam. In seinem Büro blies die Klimaanlage trockene Luft in sein Gesicht, bis seine Nebenhöhlen eiterten und er sich operieren lassen musste. Die Operation war furchtbar, und als er aus der Narkose aufwachte, fand er sich nicht in einem Krankenbett, sondern auf einem Liegestuhl in einem Raum mit anderen Patienten in Liegestühlen und wurde wenig später mit schmerzendem Kopf und blutender Nase nach Hause entlassen.

Er hatte sich das Unglück nicht eingestanden. Er wollte glücklich sein. Er wollte glücklich sein, weil er es aus der kleinen deutschen Universitätsstadt ins große New York geschafft hatte und dort dazugehörte. Er wollte glücklich sein, weil er sich dieses Glück so sehr gewünscht hatte und es jetzt da war – oder doch alles, was er sich als dessen Zutaten immer vorgestellt hatte. Manchmal ließ sich leise eine innere Stimme vernehmen, die Zweifel am Glück anmeldete. Aber er brachte sie zum Verstummen. Schon als Kind, Schüler und Student litt er, wenn er zu einer Reise aufbrach und seine Welt und seine Freunde verlassen musste. Was hätte er versäumt, wenn er damals immer zu Hause geblieben wäre! Also sagte er sich in New York, es sei eben sein Schicksal, Zweifel überwinden zu müssen, um das Glück da zu finden, wo es zunächst nicht zu sein schien.

2

Auch in diesem Sommer kam wieder eine Einladung nach New York. Er nahm den Umschlag aus dem Briefkasten und öffnete ihn auf dem Weg zu der Bank, auf der er morgens seine Post las. Die New Yorker Universität, der er jetzt seit fünfundzwanzig Jahren verbunden war, lud ihn zur Veranstaltung eines Seminars im nächsten Frühling ein.

Die Bank stand am See, auf dem Teil des Grundstücks, der durch eine kleine Straße vom Rest des Grundstücks und dem Haus getrennt war. Als sie das Haus gekauft hatten, hatten seine Frau und die Kinder die Straße als störend empfunden. Sie hatten sich daran gewöhnt. Er hatte von Anfang an gemocht, dass da ein eigenes kleines Reich war, zu dem er eine Tür auf- und zumachen konnte. Als er erbte, ließ er das alte Bootshaus herrichten und den Dachstuhl ausbauen. In vielen Sommern hatte er dort gearbeitet. Aber in diesem Sommer saß er lieber auf der Bank. Sie war sein Versteck, vom Bootshaus und -steg, wo sich die Enkel gerne tummelten, nicht zu sehen. Wenn sie weit hinausschwammen, sahen sie ihn und sah er sie, und sie winkten einander.

Er würde im nächsten Frühling nicht in New York lehren. Er würde nie mehr in New York lehren. Sein Leben in New York, über die Jahre ein so selbstverständlicher Bestandteil seines Lebens geworden, dass er sich schon lange nicht mehr fragte, ob er dort glücklich oder unglücklich sei, war vorbei. Weil es vorbei war, gingen seine Gedanken zum ersten Semester dort zurück.

Sich einzugestehen, dass er damals in New York unglücklich war, wäre nicht schlimm, wenn es nicht zum nächsten Eingeständnis führte. Als er aus New York zurückkam, lernte er bei einem Unfall eine Frau kennen; sie stießen mit den Fahrrädern zusammen, als sie beide fuhren, wie sie nicht hätten fahren dürfen – er fand es eine hübsche Art, einander kennenzulernen. Zwei Jahre lang trafen sie sich, gingen in die Oper und ins Theater und zum Essen, ein paar Mal verreisten sie für ein paar Tage, und immer wieder verbrachte sie die Nacht bei ihm oder er bei ihr. Er fand sie hinreichend schön und hinreichend klug, fasste sie gerne an und ließ sich gerne von ihr anfassen und dachte, er sei endlich angekommen. Aber als sie wegen ihres Berufs wegzog, wurde die Beziehung rasch mühsam und erlosch. Erst jetzt gestand er sich ein, dass er erleichtert war. Dass er schon die beiden Jahre mühsam gefunden hatte. Dass er oft glücklicher gewesen wäre, wenn er zu Hause geblieben und gelesen und Musik gehört hätte, statt sie zu treffen. Er hatte sie getroffen, weil er wieder dachte, alle Zutaten des Glücks seien da, und er müsse glücklich sein.

Wie war das mit den anderen Frauen in seinem Leben? Mit seiner ersten Liebe? Er war glücklich, als Barbara, das schönste Mädchen in der Klasse, mit ihm ins Kino ging, sich von ihm auf ein Eis einladen, nach Hause bringen und unter der Tür küssen ließ. Er war fünfzehn, es war sein erster Kuss. Ein paar Jahre später nahm Helena ihn mit ins Bett, und es klappte schon beim ersten Mal, er kam nicht zu früh, und sie kam auch, und bis zum Morgen gab er ihr, was ein Mann einer Frau geben kann, er, der Neunzehnjährige, der Zweiunddreißigjährigen. Sie blieben zusammen, bis sie mit fünfunddreißig einen Rechtsanwalt in London heiratete, mit dem sie, wie er schließlich erfuhr, seit Jahren verlobt war. Er machte damals Examen, ein besseres Examen, als er erwartet hatte, wurde Assistent, schrieb Aufsätze und Bücher und wurde Professor. Er war glücklich – oder wollte er wieder nur glücklich sein? Dachte er wieder, er müsse glücklich sein, weil alles stimmte? War das Glück, das er empfand, wieder nur das Zutaten-Glück? Er hatte sich manchmal gefragt, ob das Leben nicht anderswo sei, und die Frage verdrängt. Wie er verdrängt hatte, dass es Eitelkeit war, was ihn Barbara umwerben und Helena bedienen ließ, und dass er den Einsatz im Dienst der Eitelkeit oft anstrengend fand.

Er scheute sich, über sein Glück in der Ehe und mit der Familie nachzudenken.

Er wollte sich über den blauen Himmel und den blauen See und das Grün der Wiesen und des Walds freuen. Er liebte die Landschaft nicht wegen der Alpen in der Ferne, sondern wegen des sanften Schwungs, mit dem die nahen Berge sich hoben und der See sich zwischen sie bettete. Draußen saßen ein Mädchen und ein Junge im Boot; er ruderte, und sie ließ die Beine ins Wasser hängen. Die Tropfen, die vom Ruderblatt fielen, glitzerten in der Sonne, und die leichten Wellen, die das Boot und die Füße des Mädchens zogen, liefen weit über die glatte Oberfläche. Die beiden Kinder, es mussten Meike, die älteste Tochter seines Sohns, und David, der älteste Sohn seiner Tochter, sein, redeten nicht. Seit das Postauto vorbeigekommen war, hatte nichts mehr die Stille des Morgens gestört. Seine Frau bereitete im Haus das Frühstück vor; bald würde ein Enkelkind kommen und ihn holen.

Dann dachte er, dass er die Einsicht, wie trügerisch sein Glück gewesen war, nicht negativ, sondern positiv nehmen sollte. Was konnte es für einen, der aus dem Leben gehen will, Besseres geben als diese Einsicht? Er wollte gehen, weil die letzten Monate, die ihm bevorstanden, entsetzlich würden. Nicht dass er keine Schmerzen ertragen konnte. Erst wenn die Schmerzen unerträglich würden, würde er gehen.

Aber ihm gelang nicht, die Einsicht positiv zu nehmen. Die Idee des gemeinsamen Sommers, seines letzten Sommers, war die Idee eines letzten gemeinsamen Glücks. Es hatte nicht viel Überredung gebraucht, dass seine beiden Kinder mit ihren Familien für vier Wochen ins Haus an den See kamen, aber doch ein bisschen. Er hatte auch seine Frau ein bisschen überreden müssen; sie wäre lieber mit ihm nach Norwegen gefahren, von wo ihre Großmutter stammte und wo sie noch nie gewesen waren. Jetzt hatte er seine Familie beisammen, und auch sein alter Freund würde für ein paar Tage zu Besuch kommen. Er hatte gedacht, er hätte das letzte gemeinsame Glück gut vorbereitet. Jetzt fragte er sich, ob er wieder nur die Zutaten für ein Zutaten-Glück versammelt hatte.

3

»Großvater!« Er hörte eine Kinderstimme und schnelle Kinderfüße, die über die Straße und die Wiese zum See liefen. Es war Matthias, der jüngste Sohn seiner Tochter, der jüngste seiner fünf Enkel, ein stämmiger Fünfjähriger mit blondem Schopf und blauen Augen. »Das Frühstück ist fertig.« Als Matthias das Boot mit seinem Bruder und seiner Cousine sah, rief er sie wieder und wieder und hüpfte auf dem Steg hin und her, bis sie anlegten. »Machen wir ein Wettrennen?« Die Kinder rannten los, und er folgte ihnen langsam. Vor einem Jahr hätte er noch mitgemacht, vor ein paar Jahren noch gewonnen. Aber sie vor sich den Hang hinaufrennen und dann die großen Kinder zurückfallen sehen, weil sie das kleine gewinnen lassen wollten, war schöner als mitmachen. Ja, so hatte er sich den letzten gemeinsamen Sommer vorgestellt.

Er hatte sich auch vorgestellt, wie er gehen würde. Ein befreundeter Arzt und Kollege hatte ihm den Cocktail besorgt, den die Organisationen der Sterbehilfe ihren Mitgliedern geben. Cocktail – ihm gefiel die Bezeichnung. Er hatte nie Lust auf Cocktails gehabt und nie einen versucht; sein erster würde auch sein letzter sein. Ihm gefiel auch die Bezeichnung »Sterbeengel« für das Mitglied der Organisation, das dem sterbebereiten Mitglied den Cocktail bringt; er würde sein eigener Sterbeengel sein. Ohne jedes Aufheben würde er, wenn es so weit war, beim abendlichen Zusammensein im Wohnzimmer aufstehen, rausgehen, den Cocktail trinken, die Flasche auswaschen und wegräumen und sich im Wohnzimmer wieder dazusetzen. Er würde zuhören, einschlafen und sterben, man würde ihn schlafen lassen und am nächsten Morgen tot finden, und der Arzt würde Herzversagen feststellen. Ein schmerzloser und friedlicher Tod für ihn, ein schmerzloser und friedlicher Abschied für die anderen.

Noch war es nicht so weit. Im Esszimmer war gedeckt. Er hatte zu Beginn des Sommers den Tisch ausgezogen und sich vorgestellt, am Kopf würden er und seine Frau sitzen, neben ihm die Tochter mit Mann, neben seiner Frau der Sohn mit Frau und am Ende die fünf Enkel und Enkelinnen. Aber die anderen gewannen dieser Ordnung nichts ab und setzten sich, wie es sich gerade ergab. Heute war nur noch der Platz zwischen seiner Schwiegertochter und ihrem sechsjährigen Sohn frei, Ferdinand, der sichtbar schmollend von seiner Mutter weggerückt war. »Was ist los?« Aber Ferdinand schüttelte wortlos den Kopf.

Er liebte seine Kinder, Schwiegerkinder und Enkelkinder. Er hatte sie gerne um sich, ihre Geschäftigkeit, ihr Reden und Spielen, sogar ihr Lärmen und Streiten. Am liebsten saß er in der Ecke des Sofas und hing seinen Gedanken nach, unter ihnen und zugleich für sich. Er arbeitete auch gerne in Bibliotheken und Cafés; er konnte sich gut konzentrieren, wenn um ihn herum mit Papier geraschelt, geredet und gelaufen wurde. Manchmal spielte er mit, wenn die anderen Boccia spielten, gesellte sich mit der Flöte dazu, wenn sie musizierten, nahm mit einer Bemerkung an ihrem Gespräch teil. Sie reagierten überrascht, und er war selbst überrascht, wenn er sich mit ihnen beim Spiel, bei der Musik oder im Gespräch fand.

Er liebte auch seine Frau. »Natürlich liebe ich meine Frau«, hätte er gesagt, wenn jemand ihn gefragt hätte. Es war schön, wenn er in der Ecke des Sofas saß und sie sich zu ihm setzte. Noch schöner fand er, sie im Kreis der anderen zu sehen. Unter den Jungen wurde sie jung, als sei sie wieder die Studentin aus dem ersten Semester, die er kennenlernte, als er bereits Examen machte. Sie war ohne Raffinement und ohne Arg, sie hatte nichts von dem, was an Helena begehrenswert und abstoßend war. Ihm war damals, als reinige ihn die Liebe zu ihr von der Erfahrung des Benutzens und Benutzt-Werdens, die von der Beziehung mit Helena geblieben war. Sie heirateten, als auch sie die Ausbildung abgeschlossen hatte und Lehrerin wurde. Die beiden Kinder kamen schnell, und seine Frau ging bald mit halbem Deputat wieder in die Schule. Sie schaffte alles mit leichter Hand: die Kinder, die Schule, die Wohnung in der Stadt und das Haus auf dem Land, gelegentlich ein Semester mit ihm und den Kindern in New York.

Nein, sagte er sich, er musste sich nicht scheuen, über das Glück seiner Ehe und seiner Familie nachzudenken. Es stimmte. Auch die ersten Tage des gemeinsamen Sommers hatten gestimmt; die Enkelkinder beschäftigten sich miteinander, die Kinder und Schwiegerkinder genossen die Zeit für sich, und seine Frau arbeitete glücklich im Garten. Der vierzehnjährige David war in die dreizehnjährige Meike verliebt – er sah es, die anderen schienen es nicht zu sehen. Das Wetter war schön, Tag um Tag, Kaiserwetter, sagte seine Frau lächelnd, und das Gewitter am zweiten Abend war ein Kaisergewitter; er saß auf der Veranda und war überwältigt vom Schwarz der Wolken, den Blitzen und dem Donner und schließlich dem befreienden Regenguss.

Selbst wenn er wieder nur die Zutaten für ein Zutaten-Glück versammelt hatte, selbst wenn das Glück dieses letzten gemeinsamen Sommers ein Unglück verbarg – was machte es? Er würde es nicht mehr erfahren.

4

Als Nacht war und sie im Bett lagen, fragte er seine Frau: »Warst du mit mir glücklich?«

»Ich bin froh, dass wir hier sind. Wir könnten in Norwegen nicht glücklicher sein.«

»Nein, ich meine, ob du mit mir glücklich warst.«

Sie richtete sich auf und sah ihn an. »Die ganzen Jahre, die wir verheiratet waren?«

»Ja.«

Sie legte sich wieder zurück. »Ich bin schlecht damit zurechtgekommen, dass du so viel weg warst. Dass ich oft alleine war. Dass ich die Kinder alleine aufziehen musste. Als Dagmar mit fünfzehn ausgerissen ist und ein halbes Jahr wegblieb, warst du zwar da, hast dich aber in deine Verzweiflung verkrochen und mich alleingelassen. Als Helmut … Aber was rede ich? Du weißt selbst, wann es mir besser und wann schlechter ging. Ich weiß es doch auch über dich. Als die Kinder klein waren und ich wieder in der Schule angefangen habe, bist du zu kurz gekommen. Du hättest gerne gehabt, wenn ich mehr Anteil an deinem Beruf genommen hätte. Wenn ich gelesen hätte, was du geschrieben hast. Du hättest auch gerne öfter mit mir geschlafen.« Sie drehte sich auf die Seite und kehrte ihm den Rücken. »Ich hätte gerne mehr mit dir gekuschelt.«

Nach einer Weile hörte er ihren ruhigen Atem. Hieß das, dass es mehr nicht zu sagen gab?

Ihm tat die linke Hüfte weh. Der Schmerz war nicht stark, aber gleichmäßig und beständig und fühlte sich an, als wolle er sich einnisten. Oder hatte er sich schon eingenistet? Taten sich seine linke Hüfte und sein linkes Bein nicht seit Tagen, nein, seit Wochen beim Treppensteigen schwer? War da nicht schon lange eine Schwäche, die er nur mit zusätzlicher Kraft und mit stechendem Schmerz überwand? Er hatte sich nicht darum gekümmert. Wenn er die Treppe geschafft hatte, war die Schwäche vorbei. Aber darum konnte der stechende Schmerz beim Treppensteigen doch der Bote des Schmerzes gewesen sein, den er jetzt spürte und der ihm

Jean-Jacques Sempé

Mir geht's gut. Aber es ginge mir noch viel besser, wenn ich wüsste, dass es dir auch gutgeht. Wenn ich frage, sagst du natürlich, es geht dir gut. Weil ich aber nicht weiß, ob du meinst, was du sagst, geht's mir nicht so gut, wie's mir gehen könnte.

Angst machte. Hatte das Skelettszintigramm nicht Herde in der linken Hüfte gezeigt?

Er erinnerte sich nicht mehr. Er wollte keiner der Kranken sein, die alles über ihre Krankheit wissen, die sich im Internet und mit Büchern und in Gesprächen schlaumachen und ihre Ärzte in Verlegenheit bringen. Linke Hüfte, rechte Hüfte – er hatte nicht aufgepasst, als der Arzt ihm erklärte, welche Knochen schon befallen waren. Er hatte sich gesagt, er werde es schon merken.

Auch er drehte sich auf die Seite. Tat die linke Hüfte noch weh? War es jetzt die rechte? Er hörte in sich hinein. Zugleich hörte er durch das offene Fenster den Wind in den Bäumen und das Bellen der Frösche am See. Er sah Sterne am Himmel und dachte, dass sie nicht golden sind und nicht prangen, sondern hart und kalt wie kleine, ferne Neonpunkte leuchten.

Doch, die linke Hüfte tat weiter weh. Aber auch die rechte. Wenn er in seine Beine fühlte, war der Schmerz da, und ebenso wenn er seinen Rücken hinauf und in den Nacken und in die Arme fühlte. Wo immer er hinfühlte, wartete der Schmerz auf ihn und sagte ihm, er wohne jetzt hier. Er sei jetzt hier zu Hause.

5

Er schlief schlecht und stand früh auf. Auf Zehenspitzen ging er zur Tür, öffnete sie behutsam und schloss sie behutsam. Die Böden, die Treppen, die Türen, alles knarrte. Er machte in der Küche Tee und nahm die Tasse mit auf die Veranda. Es wurde hell. Die Vögel lärmten.

Gelegentlich ging er seiner Frau beim Kochen oder Tischdecken oder Abwaschen zur Hand. Alleine hatte er noch keine Mahlzeit auf den Tisch gebracht. Früher fiel, wenn seine Frau verreisen musste, das Frühstück aus und ging er zum Mittag- und Abendessen mit den Kindern ins Restaurant. Früher hatte er aber auch keine Zeit. Jetzt hatte er Zeit.

Er fand in der Küche Dr. Oetkers Schulkochbuch und brachte es auf die Veranda. Mit Hilfe eines Kochbuchs musste sogar er, der Philosoph und Spezialist für analytische Philosophie, Pfannkuchen zum Frühstück backen können. Sogar er? Gerade er! »Was sich beschreiben lässt, das kann auch geschehen«, lehrt Wittgenstein im *Tractatus logico-philosophicus*.

Aber es gab im Schulkochbuch keinen Pfannkuchen. Hatte der Pfannkuchen noch einen anderen Namen? Was sich nicht benennen lässt, lässt sich auch nicht finden. Was sich nicht finden lässt, lässt sich auch nicht backen.

Er fand den Eierkuchen, las, was er zu tun hatte, und rechnete die Zutaten auf 11 Personen hoch. Dann machte er sich in der Küche an die Arbeit. Er musste lange suchen, bis er 688 Gramm Mehl, 11 Eier, einen reichlichen Liter Milch, einen reichlichen Drittelliter Mineralwasser, ein knappes Pfund Margarine, Zucker und Salz beisammenhatte. Er ärgerte sich, dass für Zucker und Salz keine Mengen angegeben waren. Wie sollte er Zucker, wie sollte er Salz an sich durch vier dividieren und mit elf multiplizieren? Er ärgerte sich auch, dass er keine Anweisung fand, wie das Eiweiß vom Eigelb zu trennen und steifzuschlagen sei. Er hätte die Pfann- oder Eierkuchen gerne zart und locker gemacht. Aber er schaffte das Sieben, Verschlagen und Verrühren, ohne dass Klümpchen entstanden.

Als er die Pfanne aus dem Schrank nahm, rutschte sie ihm aus der Hand und fiel scheppernd auf den steinernen Boden. Er hob sie auf und lauschte ins Haus. Nach wenigen Sekunden hörte er die Schritte seiner Frau auf der Treppe. Sie kam im Nachthemd in die Küche und sah sich um.

Jetzt, dachte er. Er nahm sie in die Arme. Sie fühlte sich sperrig an. Ich, dachte er, fühle mich vermutlich auch sperrig an. Wie lange ist es her, dass wir uns das letzte Mal in die Arme genommen haben? Er hielt sie fest, und sie ergab sich zwar nicht in die Umarmung, legte aber die Arme um ihn. »Was machst du in der Küche?«

»Pfannkuchen – ich will gerade die Nullnummer backen. Die anderen backe ich, wenn alle am Frühstückstisch sitzen. Es tut mir leid, dass ich dich geweckt habe.«

Sie sah auf den Tisch, auf dem noch Mehl, Eier und Margarine lagen und die Schüssel mit dem Teig stand. »Du hast das gemacht?«

»Willst du die Nullnummer versuchen?« Er ließ seine Frau los, schaltete den Herd ein und setzte die Pfanne auf die Flamme, sah ins Kochbuch, erhitzte 150 Gramm Margarine, gab ein wenig Teig in die Pfanne, nahm den halbgebackenen Pfannkuchen heraus und legte ihn auf einen Teller, erhitzte mehr Margarine, gab den Pfannkuchen gewendet in die Pfanne und präsentierte ihn schließlich goldgelb seiner Frau.

Sie aß. »Er schmeckt wie ein richtiger Pfannkuchen.«

»Er ist ein richtiger Pfannkuchen. Kriege ich einen Kuss?«

»Einen Kuss?« Sie sah ihn erstaunt an. Wie lange ist es her, dachte er wieder, dass wir uns das letzte Mal geküsst haben? Langsam legte sie Gabel und Teller aus der Hand, kam zu ihm an den Herd, gab ihm einen Kuss auf die Backe und blieb neben ihm stehen, als wisse sie nicht, was sie jetzt tun solle.

Dann stand Meike in der Tür und sah ihre Großeltern fragend an. »Was ist los?«

»Er backt Pfannkuchen.«

»Großvater backt Pfannkuchen?« Sie mochte es nicht glauben. Aber da waren die Zutaten, die Schüssel mit Teig, die Pfanne, der halbe Pfannkuchen auf dem Teller und der Großvater mit Schürze. Meike drehte sich um, rannte die Treppe hoch und klopfte an die Türen. »Großvater backt Pfannkuchen!«

6

An diesem Tag zog er sich nicht auf die Bank am See zurück. Er holte einen Sessel aus dem Bootshaus und setzte sich an den Bootssteg. Er schlug ein Buch auf, las aber nicht. Er sah den Enkelkindern zu.

Ja, David war in Meike verliebt. Wie er sie zu beeindrucken versuchte, wie er sich bei jeder Haltung und Bewegung um Lässigkeit bemühte, wie er sich vor dem Kopfsprung mit Überschlag vergewisserte, ob sie zusah, wie er mit den Büchern angab, die er gelesen, und mit den Filmen, die er gesehen hatte, wie er mit nihilistischer Gleichgültigkeit über seine Zukunft sprach! Merkte Meike es nicht, oder spielte sie mit David? Sie schien unbeeindruckt und unbefangen und schenkte David nicht mehr von ihrer Aufmerksamkeit und Fröhlichkeit als den anderen.

Die Leiden der ersten Liebe! Er sah Davids Unsicherheit

und fühlte wieder die Unsicherheit, die ihn vor mehr als fünfzig Jahren gequält hatte. Auch er wollte damals alles sein, und manchmal war ihm, als sei er es, und dann wieder, als sei er nichts. Auch er dachte damals, wenn Barbara sähe, wer er war und wie er sie liebte, würde sie ihn auch lieben, konnte aber weder zeigen, wer er war, noch sagen, dass er sie liebte. Auch er suchte damals in jeder kleinen Geste der Aufmerksamkeit und der Vertrautheit ein Versprechen und wusste doch, dass Barbara ihm nichts versprach. Auch er flüchtete damals in eine heroische Gleichgültigkeit, in der er nichts glaubte und nichts hoffte und nichts brauchte. Bis die Sehnsucht ihn wieder überwältigte.

Ihn erfasste Mitleid mit seinem Enkel – und mit sich selbst. Die Leiden der ersten Liebe, die Schmerzen des Heranwachsens, die Enttäuschungen des erwachsenen Lebens – er hätte David gerne etwas Tröstendes oder Ermutigendes gesagt, wusste aber nicht, was. Konnte er ihm immerhin helfen? Er stand auf und setzte sich im Schneidersitz zu den beiden auf den Bootssteg.

»Ehrlich, Großvater, ich hätte dir die Pfannkuchen nicht zugetraut.«

»Ich habe Spaß am Kochen gekriegt. Helft ihr beiden Großen mir morgen? Ich will nicht zu ehrgeizig werden, aber Spaghetti Bolognese und Salat sollte ich mit eurer Hilfe schaffen.«

»Zum Nachtisch Mousse au Chocolat?«

»Wenn sie in Dr. Oetkers Schulkochbuch steht.«

Dann saßen sie stumm beieinander. Er hatte ihr Gespräch unterbrochen und wusste nicht, wie er ein Gespräch zu dritt in Gang bringen sollte.

»Dann gehe ich mal wieder. Morgen um elf? Zuerst einkaufen und dann kochen?«

Meike lachte ihn an. »Cool, Großvater, aber wir sehen uns doch noch.«

Dann saß er wieder auf dem Sessel. Matthias und Ferdinand hatten ein paar Meter vor dem Ufer eine flache Stelle im See gefunden, schleppten herbei, was sie an Steinen fanden, und bauten eine Insel.

Er schaute nach der zwölfjährigen Schwester von David und Matthias aus. »Wo ist Ariane?«

»Auf deiner Bank.«

Er stand wieder auf und ging zu seiner Bank. Die linke Hüfte schmerzte. Ariane las, einen Fuß auf der Bank und das Buch auf dem Knie, hörte ihn kommen und sah auf. »Ist es okay, dass ich hier sitze?«

»Natürlich. Kann ich mich dazusetzen?«

Sie nahm den Fuß von der Bank, schlug das Buch zu und rückte zur Seite. Sie sah, dass er den Titel las: *Wenn der Postmann zweimal klingelt.* »Es stand bei euch im Regal. Vielleicht ist es nichts für mich. Aber es ist spannend. Ich dachte, wir machen mehr zusammen.

Aber David hat nur Augen für Meike und Meike nur Augen für David, auch wenn sie so tut, als sei es nicht so, und er es nicht merkt.«

»Bist du sicher?«

Sie sah ihn an, altklug und mitleidig, und nickte. Sie wird eine schöne Frau werden, dachte er und stellte sich vor, wie sie eines Tages die Brille abnehmen, das Haar lösen und die Lippen aufwerfen würde.

»So ist das also mit David und Meike. Wollen wir was zusammen machen?«

»Was?«

»Wir können Kirchen und Schlösser ansehen oder einen Maler besuchen, den ich kenne, oder einen Kraftfahrzeugmechaniker, in dessen Werkstatt es aussieht wie vor fünfzig Jahren.«

Sie dachte nach. Dann stand sie auf. »Gut, besuchen wir den Maler.«

7

Nach einer Woche wollte seine Frau wissen: »Was ist los? Wenn dieser Sommer stimmt, haben alle früheren nicht gestimmt, und wenn alle früheren gestimmt haben, stimmt dieser nicht. Du liest nichts mehr, und du schreibst nichts mehr. Du ziehst nur noch mit den Enkelkindern herum oder mit den Kindern, und gestern kommst du in den Garten und willst die Hecke schneiden. Wenn es eine Gelegenheit gibt, mich anzufassen, fasst du mich an. Wirklich, es ist, als könntest du deine Hände nicht von mir lassen. Ich will nicht sagen, dass du mich nicht anfassen kannst. Du kannst …« Sie wurde rot und schüttelte den Kopf. »Jedenfalls ist alles anders, und ich will wissen, warum.«

Sie saßen auf der Veranda. Die Kinder und Schwiegerkinder verbrachten den Abend bei Freunden, und die Enkelkinder lagen im Bett. Er hatte eine Kerze angezündet, eine Flasche Wein aufgemacht und ihr und sich eingeschenkt.

»Weintrinken bei Kerzenschein – auch das gab's noch nie.«

»Wird es nicht Zeit, dass ich damit anfange – damit und mit den Enkelkindern und den Kindern und der Hecke? Dass ich wieder weiß, wie gut du dich anfühlst?« Er legte den Arm um sie.

Aber sie schüttelte ihn ab. »Nein, Thomas Wellmer. So geht das nicht. Ich bin nicht eine Maschine, die du abstellen und anstellen kannst. Ich hatte mir unsere Ehe anders vorgestellt, aber anders ging es anscheinend nicht, und so habe ich mich mit dem eingerichtet, was ging. Ich lasse mich nicht auf eine Laune ein, auf einen Sommer, der nach wenigen Wochen vorbei ist. Da schneide ich meine Hecke lieber selbst.«

»Ich habe vor drei Jahren an der Universität aufgehört. Es tut mir leid, dass ich so lange gebraucht habe, bis ich die Freiheit des Ruhestands begriffen habe. An der Universität ist mit dem Ruhestand nicht so radikal Schluss wie in einer Behörde; man hat noch Doktoranden und macht noch ein Seminar und sitzt noch in einer Kommission und denkt, man müsste schreiben, was man immer schreiben wollte und wozu man nie Zeit hatte. Es ist, wie wenn du den Motor abstellst und im Leerlauf weiterrollst. Wenn die Straße dann noch ein bisschen abschüssig ist ...«

»Du bist das Auto, dem der Ruhestand den Motor abgestellt hat. Wer ist die abschüssige Straße?«

»Alle, die mich behandelt haben, als würde der Motor noch laufen.«

»Ich muss dich also besonders behandeln. Nicht, als würde der Motor noch laufen, sondern, als wäre er aus. Dann ...«

»Nein, du musst nichts tun. Nach drei Jahren rollt das Auto nicht mehr.«

»... dann kümmerst du dich ab jetzt um die Enkelkinder und schneidest die Hecke?«

Er lachte. »Und lasse die Hände nicht von dir.«

Sie saßen Seite an Seite, und er spürte ihre Skepsis. Er spürte sie in ihrer Schulter, ihrem Arm, ihrer Hüfte, ihrem Oberschenkel. Wenn er noch mal den Arm um sie legen würde, würde sie ihn vielleicht nicht abschütteln – sie hatten miteinander geredet und einander zugehört. Aber sie würde darauf warten, dass er ihn wieder wegnähme. Oder würde sie nach einer Weile den Kopf an seine Schulter legen? Wie sie beim Pfannkuchenbacken die Arme um ihn gelegt hatte, nicht als Einverständnis, nicht als Versprechen, nur so?

8

Er warb um sie. Morgens brachte er ihr Tee ans Bett; wenn sie im Garten arbeitete, brachte er ihr Limonade; er schnitt die Hecke und mähte den Rasen; er machte es sich zur Regel, abends zu kochen, meistens unterstützt von Ariane; er war für die Enkelkinder da, wenn sie sich langweilten; er achtete darauf, dass der Vorrat an Apfelsaft, Mineralwasser und Milch nicht ausging. Jeden Tag lud er seine Frau zum Spaziergang ein, nur sie und er, und zuerst wollte sie rasch wieder nach Hause und an die Arbeit, aber dann ließ sie ihn die Wege ausdehnen und manchmal ihre Hand halten – bis sie ihre Hand brauchte, weil sie etwas aufheben oder pflücken und untersuchen wollte. Eines Abends fuhr er mit ihr in das Restaurant am anderen Ufer des Sees, das einen Stern hatte und wo man ihnen das Abendessen auf einer Wiese unter Obstbäumen servierte. Sie sahen auf das Wasser, das im Licht der Abendsonne wie geschmolzenes Metall glänzte, Blei mit einem Hauch von Bronze, glatt, bis zwei Schwäne mit klatschendem Flügelschlag landeten.

Er legte seine Linke auf den Tisch. »Du weißt, dass Schwäne …«

»Ich weiß.« Sie legte ihre Hand auf seine.

»Wenn wir zu Hause sind, möchte ich mit dir schlafen.«

Sie nahm ihre Hand nicht weg. »Weißt du noch, wann wir das letzte Mal miteinander geschlafen haben?«

»Vor deiner Operation?«

»Nein, es war danach. Ich dachte, es ginge wieder. Du hast mir gesagt, dass ich so schön bin, wie ich davor war, und dass du die neue Brust so liebst, wie du die alte geliebt hast. Aber dann musste ich ins Bad und habe die rote Narbe gesehen und gemerkt, dass es nicht ging und dass alles nur Anstrengung war, ich habe mich angestrengt, und du hast dich angestrengt. Du hast verständnisvoll und rücksichtsvoll reagiert und gesagt, dass du mich nicht drängen willst. Dass ich ein Signal geben soll, wenn ich so weit bin. Aber als ich kein Signal gab, war's dir auch recht, und du hast auch keines gegeben. Dann merkte ich, dass es vor der Operation nicht anders war und dass damals schon nichts passierte, wenn ich kein Signal gab. Ich mochte kein Signal mehr geben.«

Er nickte. »Verlorene Jahre – ich kann dir nicht sagen, wie leid es mir um sie ist. Ich dachte damals, ich müsste es mir und den anderen beweisen und Rektor werden oder Staatssekretär oder Präsident der Vereinigung, und weil du keinen Anteil daran nahmst, habe ich mich von dir verraten gefühlt. Dabei hattest du recht. Wenn ich zurückschaue, haben die Jahre kein Gewicht. Sie waren nur laut und schnell.«

»Hattest du eine Geliebte?«

»O nein. Ich habe außer der Arbeit nichts und niemanden an mich herankommen lassen. Anders hätte ich sie nicht geschafft.«

Sie lachte leise. Weil sie sich an seine damalige Arbeitswut erinnerte? Weil sie erleichtert war, dass er damals keine Geliebte hatte?

Er bat um die Rechnung.

»Meinst du, wir können es noch?«

»Ich habe so viel Angst wie beim ersten Mal. Oder noch mehr. Ich weiß nicht, wie es wird.«

9

Es wurde nichts. Mitten in der Umarmung kam der Schmerz. Er explodierte im Steißbein und schickte seine Wellen in den Rücken und in die Hüften und in die Oberschenkel. Er war schlimmer als der schlimmste Schmerz, den er bisher gehabt hatte. Er vernichtete sein Begehren, sein Fühlen, sein Denken. Er machte ihn zu seinem Geschöpf, das nicht über den Schmerz hinauskonnte, das sich nicht einmal danach sehnen konnte, dass er aufhören würde. Ohne es zu wollen oder auch nur zu merken, stöhnte er auf.

»Was ist?«

Er rollte auf den Rücken und presste beide Hände gegen die Stirn. Was sollte er sagen? »Ich glaube, ich habe einen Ischias, wie ich noch keinen hatte.« Mühsam stand er auf. Im Bad nahm er vom Novalgin, das ihm der Arzt für Krisen gegeben hatte. Er stützte seine Arme auf das Waschbecken und sah in den Spiegel. Obwohl er sich fühlte, wie er sich noch nie gefühlt hatte, war sein Gesicht, wie es immer war. Das dunkelblonde Haar mit grauen Schläfen und Strähnen, die zwischen Grau und Grün schillernden Augen, das von tiefen Furchen über der Nase und von der Nase zum Mund gezeichnete Gesicht, die Härchen, die ihm aus der Nase wuchsen und die er morgen stutzen würde, der schmale Mund – es tat ihm gut, seine Schmerzen mit dem vertrauten Gesicht zu teilen und ihm mit trotzigem Mund zu versichern und sich mit trotzigem Mund versichern zu lassen, es stecke noch Leben in dem alten Hund.

Als die Schmerzen schwächer wurden, ging er zurück ins Schlafzimmer.

Seine Frau war eingeschlafen. Er setzte sich auf den Bettrand, vorsichtig, damit sie nicht aufwachte. Ihre Lider zitterten. Ob sie erst halb im Schlaf und halb noch im Tag war? Ob sie träumte? Was mochte sie träumen? Er kannte ihr Gesicht so gut. Das junge Gesicht, das darin wohnte, und das alte. Das kindliche, freudige, arglose und das müde, bittere. Wie hielten die zwei verschiedenen Gesichter es miteinander aus?

Er blieb sitzen. Er wollte seinen Schmerz nicht provozieren. Sein Schmerz hatte ihm gezeigt, dass er bei ihm nicht nur zu Hause, sondern dass er der Herr im Haus war. Jetzt hatte er sich in ein hinteres Zimmer zurückgezogen, aber die Türen aufgelassen, um zur Stelle zu sein, sollte ihm nicht der gehörige Respekt erwiesen werden.

Ihn rührten die Haare seiner Frau. Sie waren braun gefärbt und wuchsen grau und weiß nach – der Kampf gegen das Älterwerden, wieder und wieder gekämpft, verloren, aber nicht verloren gegeben. Würde seine Frau ihre Haare nicht färben, sähe sie mit ihrer geschwungenen Nase, ihren hohen Backenknochen, ihren Falten und ihren Augen wie eine weise alte Indianerin aus. Er hatte nie herausgefunden, ob ihre Augen manchmal unergründlich schauten, weil ihre Gefühle und Gedanken so tief oder weil sie so leer waren. Er würde es nicht mehr herausfinden.

Sie entschuldigte sich am nächsten Morgen. »Es tut mir leid. Der Champagner, der Wein, das Essen, das Mitein - ander-Schlafen, mit dem Schluss war, als es schön wurde, dein

Ischias – es war ein bisschen viel. Da bin ich einfach eingeschlafen.«

»Nein, mir tut es leid. Der Arzt hat mir gesagt, dass ich mit Ischiasattacken rechnen und dann Tabletten nehmen muss. Ich ahnte nicht, dass sie so heftig und so im falschen Augenblick kommen würden.« Er hatte Angst, sich auf die Seite zu legen, und streckte den Arm aus.

Sie legte den Kopf auf seine Schulter. »Ich muss Frühstück machen.«

»Nein, musst du nicht.«

»Muss ich doch.«

Sie spielte nur. Sie wollte, was auch er wollte. Er bat seinen Schmerz, im hinteren Zimmer zu bleiben, für diesen Morgen, für diese Stunde. »Setzt du dich auf mich?«

10

Als sie hinunterkamen, waren die anderen mit dem Frühstück fast fertig. Ariane sah ihre Großeltern an, als wisse sie, warum sie spät dran waren. Die zwölfjährige Ariane? Aber er wurde rot, und seine Frau wurde es auch. Dann, als wolle sie der Clique zeigen, dass sie und er etwas miteinander hatten, gab sie ihm einen Kuss.

Gegen Mittag holte er seinen alten Freund am Bahnhof ab. Der Zug fuhr ein und hielt, und weil der Wagen zu hoch für den Bahnsteig oder der Bahnsteig zu niedrig für den Wagen war, musste sein Freund einen kleinen Sprung machen. Er machte ihn mit resigniertem Lächeln. Als sei er darauf gefasst, zu stürzen und statt eines kurzen Besuchs bei einem alten Freund einen langen Aufenthalt in einem Provinzkrankenhaus vor sich zu haben.

Resigniert, als sei das Spiel aus, bevor es beginnt, zugleich von heiterem Charme, als sei das zwar so, mache aber nichts – so war er immer schon. So hatte er studiert, ohne großen Aufwand und Ehrgeiz, aber freundlich gegen jedermann und bei jedermann beliebt, auch bei denen, die ihn prüften, und später bei denen, die ihn einstellten. Er wurde ein erfolgreicher Rechtsanwalt, der seinen Erfolg seinem fachlichen Können und ebenso seinem Umgang mit Mandanten, Gegnern und Richtern verdankte. Er charmierte sie. Er charmierte auch die Frauen und Kinder seiner Freunde; sie liebten ihn, obwohl auch unter seinen Freunden der eine und andere eine Frau geheiratet hatte, die den Mann für sich haben wollte, ohne alte Freunde.

Sohn Helmut mochte den Freund besonders; als Kind war er manchmal mit dem Vater und ihm in Ferien gefahren, Männerferien. Im Winter liefen sie Ski, und wenn er nicht mehr konnte oder wollte, nahm ihn der Freund, der in Jeans und Mantel die Pisten hinunterfegte, zwischen die Beine. Für den kleinen Jungen war der Freund mit dem wehenden dunklen Mantel, der ihn sicher und schnell ins Tal brachte, ein Held wie Batman. Später beriet er ihn im Studium und im Beruf; ohne ihn hätte Helmut sich nicht entschieden, Rechtsanwalt zu werden. Er wäre gerne zum Bahnhof mitgekommen. Aber die Fahrten vom Bahnhof nach Hause und am nächsten Abend vom Haus zum Bahnhof waren für die beiden Freunde die einzigen Gelegenheiten, miteinander alleine zu sein.

Auf der Fahrt redeten sie über den Ruhestand, die Familien, den Sommer. Dann fragte der Freund: »Was macht der Krebs?«

»Lass uns oben«, er zeigte zu dem Berg, auf den die Straße führte, »halten und ein paar Schritte laufen.« Er hatte sich wieder und wieder gefragt, ob er dem Freund von seiner Absicht erzählen sollte. Sie hatten sonst keine Geheimnisse voreinander, und über den Krebs hatten sie umso leichter gesprochen, als beide das gleiche Schicksal teilten; bei beiden war vor Jahren Krebs diagnostiziert worden, beide Male ein verschiedener und verschieden verlaufender, aber beide Male mit Operation und Bestrahlung und Chemotherapie. Aber wie sollte der Freund mit dem Wissen um seine Absicht der Familie begegnen?

Sie gingen über die Höhe. Zur Rechten begann der Wald, zur Linken hatten sie den Blick auf den See, die Berge und in der Ferne die Alpen. Es war warm, die weiche, satte Wärme des Sommers.

»Es ist eine Frage der Zeit, bis die Knochen es nicht mehr machen. Bis sie bröseln und brechen und bis der Schmerz unerträglich wird. Manchmal kriege ich einen Vorgeschmack, aber noch geht's. Was macht dein Krebs?«

»Er hält still, schon seit vier Jahren. Letzten Monat stand die Untersuchung an, und ich bin erstmals einfach nicht gegangen.« Fatalistisch hob der Freund die Hände und ließ sie wieder sinken. »Was machst du, wenn der Schmerz unerträglich wird?«

»Was würdest du machen?«

Sie liefen eine ganze Weile, ohne dass der Freund antwortete. Dann lachte er. »Den Sommer genießen, so gut es geht. Was sonst?«

11

Nach dem Abendessen saß er in der Ecke des Sofas und sah den anderen zu. Sie spielten ein Spiel, bei dem höchstens acht Personen mitspielen durften. Er konnte sich, ohne aufzufallen, immer wieder anders hinsetzen und die Kissen mal hinter den Rücken, mal gegen die Hüfte, mal unter den Oberschenkel legen. Jede Veränderung brachte Erleichterung, bis der Schmerz sich in der neuen Haltung eingerichtet hatte wie in der alten. Er hatte Novalgin genommen, aber es half nicht mehr. Was jetzt? Sollte er in die Stadt fahren und den Arzt um Morphin bitten? Oder war der Zeitpunkt gekommen, die Flasche aus dem Weinkühlschrank zu holen, in dem sie hinter einer halben Flasche Champagner versteckt war, und den Cocktail zu trinken?

Wenn er sich seinen letzten Abend vorgestellt hatte, hatte er ihn sich schmerzfrei vorgestellt. Jetzt merkte er, dass es nicht einfach war, den richtigen Abend zu finden. Je länger es mit ihm ging und je schlimmer es um ihn stand, desto seltener würden schmerzfreie Abende sein, desto willkommener, desto unverzichtbarer. Wie sollte er einen solchen Abend an den Tod preisgeben? Andererseits wollte er nicht in Schmerzen sterben. Ob Morphin die Lösung war? Ob mit ihm die schmerzfreien Abende nicht mehr unverzichtbare Seltenheiten, sondern machbare Gelegenheiten sein würden?

Türen und Fenster standen auf, und der laue Wind brachte Mücken vom See. Als er die Mücke auf dem linken Arm mit der rechten Hand treffen wollte, konnte er sie nicht heben. Die Hand gehorchte ihm nicht. Als er sich anders setzte, ging es wieder, und es ging auch, als er wieder die Haltung einnahm, in der ihm die Hand gerade nicht gehorcht hatte. Er probierte verschiedene Haltungen, und in jeder konnte er die Hand heben, so dass er sich schließlich fragte, ob er sich das Versagen nur eingebildet hatte. Aber er wusste es besser, und er wusste auch, dass wieder etwas geschehen war, hinter das es nicht mehr zurückging.

Das Spiel war zu Ende, und der Freund erzählte Fälle aus seiner Praxis. Die Kinder hatten früher von seinen Fällen nicht genug kriegen können, und die Enkelkinder konnten es jetzt auch nicht. Es beschämte ihn. Was hatte er seinen Kindern zu erzählen gehabt? Was hatte er seinen Enkelkindern zu erzählen? Dass Kant ein guter Billardspieler war und sich mit Billardspielen Geld fürs Studium verdiente, dass Hegel mit seiner Frau das Familienleben von Martin Luther und Katharina von Bora imitierte, dass Schopenhauer seine Mutter und seine Schwester lausig behandelte und dass Wittgenstein sich um seine Schwester rührend kümmerte – er kannte ein paar Philosophenanekdoten und ein paar Anekdoten aus der Geschichte, die ihm sein Großvater erzählt hatte. Aus seiner eigenen Arbeit wusste er nichts Spannendes zu erzählen – was sagte das über ihn? Über seine Arbeit? Über die analytische Philosophie? War sie auch nur eine raffinierte Vergeudung menschlicher Intelligenz?

Dann ließ der Freund sich bitten und setzte sich ans Klavier. Er lächelte ihm zu und spielte die Chaconne aus der *Partita in d-Moll,* die sie als Studenten von Menuhin gehört und lieben gelernt hatten. Eine Bearbeitung für Klavier – er hatte nicht gewusst, dass es sie gab und dass der Freund sie spielte. Hatte er sie für ihn geübt? Schenkte er sie ihm zum Abschied? Die Musik und das Geschenk des Freundes rührten ihn so, dass ihm die Tränen kamen und auch nicht aufhörten, als der Freund Jazz spielte – das, was die Kinder und Enkelkinder eigentlich hören wollten.

Jean-Jacques Sempé

Ich habe sechshundert Angestellte. Genau gesagt, sechshundertvier. Und keiner von ihnen, da bin ich mir sicher, kein Einziger wäre in der Lage, meine privaten Probleme zu lösen.

Seine Frau sah es, setzte sich zu ihm und legte ihren Kopf an seine Schulter. »Ich weine auch gleich. Der Tag hat so schön angefangen und hört so schön auf.«

»Ja.«

»Wollen wir aufstehen und hochgehen? Wenn die anderen merken, dass wir nicht mehr da sind, verstehen sie schon.«

12

Dann war Halbzeit. Er wusste, dass die zweite Hälfte des gemeinsamen Sommers schneller vergehen würde als die erste – und die erste war im Nu vergangen. Er dachte darüber nach, was er den Kindern noch sagen könne. Dagmar – dass sie sich nicht so viele Sorgen um die Kinder machen solle? Dass sie eine gute Biologin sei, ihre Gabe nicht vergeuden und wieder arbeiten solle? Dass sie ihren Mann verwöhne und dass das weder ihm noch ihr guttue? Helmut – ob ihn wirklich interessiere, welche Firma mit welcher fusioniert und welche Firma welche übernimmt? Ob ihn das viele Geld eigentlich interessiere, das er anhäuft? Ob er, das Vorbild des alten Freundes vor Augen, nicht ein anderer Rechtsanwalt habe werden wollen, als er jetzt ist?

Nein, das ging nicht. Dagmar hatte nun einmal einen aufgeblasenen Dummkopf geheiratet, und er konnte nur hoffen, dass sie es nicht merken und sich von seinem Reichtum und seinen guten Manieren weiter blenden lassen würde. Helmut war auf den Geschmack des Geldes gekommen und süchtig danach geworden, und seine Frau genoss die Früchte. Vielleicht hatten beide Kinder sich aus Unsicherheit auf ein

Leben der Äußerlichkeit eingelassen, und vielleicht hatte er ihnen nicht genug Sicherheit gegeben. Jetzt konnte er sie ihnen auch nicht mehr geben. Er konnte ihnen sagen, dass er sie liebte. Was Eltern und Kinder in amerikanischen Filmen einander mit Leichtigkeit sagten, musste er auch sagen können.

Was immer mit seinen Kindern nicht stimmte – in diesem Sommer waren sie anspruchslos, verträglich und liebevoll. An den Enkelkindern hätte er nicht eine solche Freude, wenn die Kinder es nicht recht machen würden. Nein, er konnte den Kindern nichts Wegweisendes sagen. Er konnte ihnen nur sagen, dass er sie liebte.

Eines Tags waren die Schmerzen so stark, dass er den Zug in die Stadt nahm und den Arzt um Morphin bat. Der Arzt gab ihm das Betäubungsmittelrezept unter Zögern und mit allerlei Belehrungen über Dosierung und Wirkung. Freundlicher als der Arzt war die Apothekerin, bei der er seit Jahrzehnten kaufte und die ihm mit traurigem Lächeln die Packung und ein Glas Wasser gab. »Es ist also so weit.«

Er verpasste den Nachmittagszug und nahm den Abendzug. Er hatte das Auto am Bahnhof abgestellt, fragte sich, ob er fahren könne, war aber nicht anders belehrt worden und kam nach einer Fahrt über leere Straßen sicher an. Das Haus lag dunkel. Wenn alle schon schliefen, hatte er keine Eile. Er konnte sich auf die Bank am See setzen. Er konnte genießen, dass heute Abend der Schmerz sich nicht nur in ein hinteres Zimmer zurückgezogen hatte, sondern verlässlich eingeschlossen war.

Ja, Morphin war die Lösung. Mit ihm war ein schmerzfreier Abend tatsächlich nicht mehr eine unverzichtbare Seltenheit, sondern eine machbare Gelegenheit. Er fühlte sich leicht; sein Körper schmerzte nicht nur nicht, sondern pulsierte weich und fest, hielt ihn, trug ihn, hatte Flügel. Ohne sich zu rühren, konnte er nach den Lichtern am anderen Ufer des Sees und sogar nach den Sternen greifen.

13

Er hörte Schritte und erkannte den Gang seiner Frau. Er rückte auf die eine Seite der Bank, damit sie auf der anderen Seite Platz hätte. »Du hast das Auto gehört?«

Sie setzte sich, ohne zu antworten. Als er den Arm um ihre Schultern legen wollte, beugte sie sich vor, so dass seine Geste ins Leere ging. Sie hielt die Flasche mit dem Cocktail hoch und fragte: »Ist das, was ich denke?«

»Was denkst du?«

»Spiel kein Spiel mit mir, Thomas Wellmer. Was ist es?«

»Es ist ein besonders starkes Schmerzmittel, das gekühlt gelagert werden muss und nicht in die Hände der Enkelkinder geraten soll.«

»Deshalb hast du es hinter der Champagnerflasche im Weinkühlschrank versteckt?«

»Ja. Ich verstehe nicht, was du…«

»Ich habe besonders starke Schmerzen. Seit ich die Flasche gefunden habe, weil ich für dich und mich ein Essen mit Champagner vorbereiten wollte, habe ich besonders starke Schmerzen. Also trinke ich die Flasche am besten aus.« Sie schraubte den Deckel ab und hob die Flasche zum Mund.

»Mach das nicht.«

Sie nickte. »Eines Abends, während wir zusammensitzen

und es schön haben, willst du rausgehen, die Flasche austrinken, wieder reinkommen und einschlafen. Sagst du uns davor noch, dass du besonders müde bist und vielleicht einschlafen wirst und wir dich schlafen lassen sollen?«

»Ich habe das nicht so genau geplant.«

»Aber du wolltest es machen, ohne es mir zu sagen, ohne mich zu fragen, ohne mit mir zu reden. So genau hast du es schon geplant. Stimmt's?«

Er zuckte die Schultern. »Ich verstehe nicht, was du hast. Ich wollte gehen, wenn ich den Schmerz nicht mehr ertrage. Ich wollte so gehen, dass niemand ein Problem hat.«

»Erinnerst du dich an unsere Hochzeit? Bis dass der Tod euch scheidet? Nicht bis du dich beim Tod einschmeichelst und mit ihm davonstiehlst. Und erinnerst du dich, dass ich mich nicht auf das Glück eines Sommers einlassen wollte, das nach wenigen Wochen vorbei ist? Hast du gedacht, dass ich die Wahrheit nicht herausfinde? Oder dass du, wenn ich sie herausfinde, tot bist? Dass ich dich dann nicht mehr zur Rede stellen kann? Du hast keine Geliebte gehabt, aber wie du mich jetzt betrogen hast, ist nicht besser, nein, es ist schlimmer.«

»Ich dachte, es kommt nicht raus. Ich dachte auch, dass es ein schöner Abschied ist. Was hattest du …«

»Ein schöner Abschied? Du gehst, und ich weiß nicht, dass du gehst? Das soll ein schöner Abschied sein? Es ist gar kein Abschied. Jedenfalls keiner, den ich von dir nehme. Und du nimmst auch nicht von mir Abschied, sondern von dir, und willst mich als Statistin dabeihaben.«

»Ich verstehe noch immer nicht, warum du so empört …«

Sie stand auf. »Ja, du verstehst nicht, was du machst. Ich werde es morgen früh den Kindern sagen und fahren. Mach hier, was du willst. Ich werde nicht als Statistin bleiben, und ich wäre erstaunt, wenn die Kinder blieben.« Sie stellte die Flasche auf die Bank und ging.

Er schüttelte den Kopf. Etwas war schiefgelaufen. Er wusste nicht genau, was. Aber es bestand kein Zweifel, dass etwas nicht so gelaufen war, wie es hätte laufen sollen. Er würde am nächsten Morgen mit seiner Frau reden müssen. So empört hatte er sie lange nicht mehr erlebt.

14

Sie lag nicht im gemeinsamen Bett, als er sich hinlegte, und nicht, als er aufstand. Er machte mit den Kindern Frühstück und weckte die Enkelkinder. Als alle um den Tisch saßen, kam sie. Sie setzte sich nicht.

»Ich fahre in die Stadt. Euer Vater will sich an einem der nächsten Abende im Kreis seiner Lieben umbringen. Ich habe es nur durch Zufall herausgefunden; er wollte mir und euch nichts davon sagen, sondern einfach das Mittel trinken und einschlafen und sterben. Ich will damit nichts zu tun haben. Was er sich alleine ausgedacht hat, soll er auch alleine zu Ende bringen.«

Dagmar sagte zu ihrem Mann: »Nimm die Kinder, und mach was mit ihnen. Nicht nur unsere Kinder, alle.« Sie sagte es so bestimmt, dass ihr Mann aufstand und ging, und die Enkelkinder gingen mit. Dann wandte sie sich an ihren Vater. »Du willst dich umbringen? Wie Mutter es beschrieben hat?«

»Ich dachte, es müssten nicht alle wissen. Eigentlich müsste es niemand wissen. Der Schmerz wird schlimmer und schlimmer, und wenn er unerträglich wird, will ich mich verabschieden. Was ist daran falsch?«

»Dass du uns nichts gesagt hast und nichts sagen wolltest. Oder wenn nicht uns Kindern, dann Mutter. Wann der Schmerz unerträglich wird, hängt doch auch damit zusammen, was Mutter dir ertragen hilft. Ich dachte, auch wir…« Dagmar sah ihren Vater enttäuscht an.

Helmut stand auf. »Lass sein, Dagmar. Was gerade abgeht, müssen die Eltern unter sich ausmachen. Ich jedenfalls werde mich nicht einmischen, und du hältst dich besser auch heraus.«

»Aber sie machen es nicht unter sich aus. Mutter hat gesagt, sie will damit nichts zu tun haben.« Dagmar sah ihren Bruder verwirrt an.

»Das ist auch eine Art, es mit ihm auszumachen.« Er wandte sich an seine Frau. »Komm, wir packen und fahren.«

Sie gingen. Dagmar stand zögernd auf, sah ihren Vater und ihre Mutter fragend an, bekam keine Antworten und ging auch. Das Haus war erfüllt von der Geschäftigkeit des Schränke und Kommoden Leerräumens, Bücher und Spielsachen Zusammensuchens, Betten Abziehens, Packens. Die Eltern ermahnten ihre Kinder, dies noch zu holen und jenes nicht zu vergessen, und weil die Kinder spürten, dass die Welt aus den Fugen geraten war, waren sie folgsam.

Seine Frau hatte schon in der Nacht gepackt. Sie stand noch eine Weile in der Küche und sah vor sich hin. Dann sah sie ihn an. »Ich fahre jetzt.«

»Du musst nicht fahren.«

»Doch, ich muss.«

»Fährst du in die Stadt?«

»Ich weiß nicht. Ich habe noch fast drei Wochen Ferien.« Sie ging, und er hörte, wie sie sich von den Kindern und Enkelkindern verabschiedete, die Haustür öffnete und schloss, das Auto anließ und losfuhr. Wenig später hatten die anderen fertiggepackt. Sie kamen in die Küche und verabschiedeten sich, die Kinder verlegen, die Enkelkinder verstört. Er hörte auch sie aus dem Haus gehen, Autotüren zuschlagen und losfahren. Dann war es still.

15

Er blieb sitzen und konnte nicht fassen, wie schnell sich das Haus geleert hatte. Er wusste nicht, was er tun sollte. Was er mit dem Morgen anfangen sollte und mit dem Tag, was mit dem nächsten Tag und der nächsten Woche, ob er sich gleich umbringen sollte oder später. Schließlich stand er auf und räumte den Tisch ab, lud das schmutzige Geschirr und Besteck in die Spülmaschine, füllte das Spülmittel ein, stellte die Spülmaschine an, sammelte oben die Bettwäsche und die Handtücher ein und trug sie in den Keller. Anders als die Spülmaschine hatte er die Waschmaschine noch nie bedient, aber er fand auf dem Bord mit den Waschmitteln eine Gebrauchsanleitung und folgte den Anweisungen. In eine Ladung passte die Wäsche von zwei Betten; er würde vier oder fünf Ladungen brauchen.

Er ging an den See und setzte sich auf die Bank. Mit den Geräuschen der spielenden und badenden Enkelkinder war sie ein Ort wie der Tisch in der Bibliothek oder im Café oder das Sofa im Wohnzimmer – er war bei den anderen und war doch für sich. Ohne die Geräusche war er nur einsam. Er wollte darüber nachdenken, was er tun sollte, aber ihm fiel nichts ein. Dann wollte er über eines der philosophischen Probleme nachdenken, die er in den Ruhestand mitgenommen hatte, und ihm fiel nicht nur nichts zu einem Problem, ihm fiel nicht einmal ein Problem ein. Situationen der letzten Wochen kamen zu ihm: David und Meike im Boot, Matthias und Ferdinand beim Bau der Insel, Ariane mit dem Buch auf dem Knie, Ariane und er beim Maler, das Kochen mit den Kindern, das Schneiden der Hecke, der Tee und die Limonade für die Frau, die wachsende Nähe, der Morgen, an dem sie sich geliebt hatten. Er spürte einen Hauch von Sehnsucht, nur einen Hauch, weil er noch nicht wirklich erfasst hatte, dass alle gegangen waren. Er wusste, dass es so war, er hatte es mit eigenen Ohren gehört und mit eigenen Augen gesehen. Aber er hatte es noch nicht wirklich erfasst.

Als der Schmerz sich meldete, war er fast froh. Wie man fast froh ist, wenn man sich verlassen an einem fremden Ort findet und jemandem begegnet, den man nicht mag, mit dem einen aber eine gemeinsame Vergangenheit auf der Schule oder Universität oder im Betrieb oder Büro verbindet. Die Begegnung lenkt von der Einsamkeit ab. Außerdem brachte der Schmerz ihm in Erinnerung, warum er hier war: nicht, um in der Familie aufzugehen, sondern, um von ihr Abschied zu nehmen. Nun war der Abschied eben ein bisschen früher und ein bisschen anders gekommen.

Ja, so war es. Oder doch nicht? Er stand auf und wollte die erste Ladung Wäsche zum Trocknen aufhängen und die nächste Ladung waschen. Noch bevor er das Haus erreichte, wusste er, dass der Abschied, der hinter ihm lag, nicht nur ein bisschen früher und ein bisschen anders gekommen war. Er hatte mit dem Abschied, der vor ihm gelegen hatte, nichts gemein. Der Abschied, der hinter einem liegt, ist passiert. Beim Abschied, der vor einem liegt, gibt es die Möglichkeit, dass etwas ihn verzögert, dass etwas ihn verhindert, dass ein Wunder geschieht. Er glaubte nicht an Wunder. Aber er merkte, dass er sich etwas vorgemacht hatte. Er hatte sich vorgestellt, der Schmerz werde immer stärker, immer schwerer zu ertragen und schließlich unerträglich werden und die Entscheidung zum Abschied werde sich von selbst ergeben. Stattdessen war mit dem Schmerz auch das Schmerzmittel stärker geworden. Die Entscheidung, den Cocktail zu trinken und den Abschied zu nehmen, ergab sich nicht von selbst. Er musste sie treffen, und weil er noch Zeit gehabt hatte, hatte er sich nicht eingestanden, wie schwer sie ihm fiel. Wenn er sich den Arm brechen würde oder das Bein – wäre es dann so weit?

Er hatte manchmal gesehen, wie seine Frau Wäsche aufhängte. Sie wischte die Wäscheleine ab, die im Garten gespannt war, brachte den Wäschekorb aus dem Keller, schlug die Wäschestücke aus und klemmte sie mit Wäscheklammern fest, die sie aus einem Beutel nahm, den sie wie eine Schürze umgebunden hatte. So machte er es auch. Sich nach den Stücken bücken, sie ausschlagen, die Klammern aus dem Beutel nehmen, sich nach der Leine strecken und die Stücke festklemmen – bei jeder Bewegung sah er seine Frau vor sich, nein, fühlte er sie, wie sie dieselbe Bewegung machte. Ihn ergriff das Mitgefühl mit dem Körper seiner Frau, der die Mühen des Berufs, des Haushalts und der Kinder, die Schmerzen der Geburten und der Fehlgeburt, die Anfälligkeit für Blasenentzündungen und die Überwältigungen durch Migräne ausgehalten hatte, so stark, dass er zu weinen begann. Er wollte aufhören. Aber er konnte nicht. Er setzte sich auf die Stufen der Veranda und sah durch die Tränen, wie der Wind die Wäsche blähte, sinken ließ und wieder hochwehte.

Nichts würde von dem letzten Sommer bleiben, den er

Jean-Jacques Sempé

Ich habe gehört, wenn man stirbt, sieht man sein ganzes Leben in einer Minute ablaufen. Das ist die Minute, die ich fürchte …

so sorgfältig eingefädelt hatte. Wieder hatte er alle Zutaten beieinandergehabt, aber das Glück hatte nicht gestimmt. Es war anders als die anderen Male; eine Weile lang war er wirklich glücklich gewesen. Aber das Glück hatte nicht bleiben mögen.

16

Am selben Tag fing er an zu horchen. Er war im Garten oder am See und horchte, ob, was er gerade gehört hatte, das Auto seiner Frau war. Er war im ersten Stock, hörte im Erdgeschoss ein Geräusch und horchte auf Schritte. Er war im Erdgeschoss, hörte ein Geräusch im ersten Stock und horchte auf Stimmen.

In den nächsten Tagen war er sich manchmal sicher, er hätte seine Frau vorfahren oder die Treppe hochkommen oder Matthias zu ihm rennen oder Ariane nach ihm rufen gehört. Dann trat er vor die Tür oder an die Treppe oder drehte sich um, und niemand war da. An einem Tag ging er immer wieder vom Haus an den See, weil sich in seinem Kopf die Idee festgesetzt hatte, seine Frau werde mit einem Boot kommen, sich auf die Bank setzen und darauf warten, dass er sich zu ihr setze. War er unten an der Bank, kam ihm die Idee absurd vor. Aber wenn er wieder im Haus war, dauerte es nicht lang, bis er meinte, den gedrosselten Motor eines anlegenden Boots zu hören.

Als er nur mehr die Leere von Haus und Garten hörte, ließ er sich gehen. Das morgendliche Ritual des Duschens und Rasierens und Anziehens ging über seine Kräfte. Wenn er einkaufen fuhr, schlüpfte er mit dem Schlafanzug in eine Hose und zog eine Jacke über und scherte sich nicht um die Blicke der anderen. Im Lauf des Nachmittags fing er zu trinken an, und am frühen Abend war er betrunken oder, wenn Alkohol und Tabletten zusammenwirkten, beinahe bewusstlos. Nur dann war er ganz ohne Schmerzen. Sonst tat ihm immer etwas und oft der ganze Körper weh.

Eines Abends stürzte er auf der Kellertreppe, war aber zu betrunken, um aufzustehen und hochzugehen. Er setzte sich auf die Stufe und lehnte sich an die Wand und schlief ein. Nachts wachte er auf und merkte, dass seine rechte Hand geschwollen war und weh tat. Es war nicht der Schmerz, den er kannte, sondern ein junger, frischer Schmerz, der bei jeder Bewegung der Hand stechend vom Gelenk bis in die Finger fuhr. Er sagte ihm, dass die Hand gebrochen war. Er sagte ihm auch, dass der richtige Augenblick gekommen war.

Aber er holte nicht den Cocktail, sondern ging in die Küche und machte Kaffee. Er füllte ein Handtuch mit Eiswürfeln, setzte sich an den Tisch, kühlte die Hand und trank den Kaffee. Er würde nicht selbst fahren können. Er musste eine Taxe kommen lassen. Ihm war peinlich, wie er aussah und wie er roch, und er quälte sich unter die Dusche und in frische Wäsche und in einen Anzug. Er rief den Taxenbetrieb an, holte den alten Chef aus dem Bett, den er seit Jahren kannte und der selbst kommen wollte, setzte sich auf die Terrasse und wartete. Die Nachtluft war warm.

Dann liefen die Dinge von selbst. Die Taxe brachte ihn zum Krankenhaus, der Arzt gab ihm eine Spritze und schickte ihn zum Röntgen, die Röntgenschwester machte die Aufnahmen und schickte ihn in die Wartehalle. Er war der einzige Patient, saß im weißen Licht der Neonröhren auf einem weißen Plastikstuhl und sah auf den leeren Parkplatz. Er wartete und schrieb in Gedanken einen Brief an seine Frau.

Es dauerte eine Stunde, bis er gerufen wurde. Neben dem ersten Arzt stand ein zweiter. Er führte das Wort und erklärte ihm die Zahl und Lage der Knochen der Hand, welche zwei Knochen gebrochen seien, dass es weder etwas zu operieren noch etwas zu schienen gebe, dass ein fester Verband ausreiche und dass eigentlich alles wieder gut werden müsse.

Er legte ihm den Verband an und forderte ihn auf, sich in drei Tagen wieder sehen zu lassen. Der Empfang werde ihm eine Taxe rufen.

Der alte Chef, der ihn zum Krankenhaus gefahren hatte, fuhr ihn auch wieder nach Hause. Sie redeten über ihre Kinder.

Es wurde hell, und als er ausstieg, lärmten die Vögel wie an dem Morgen, an dem er die Pfannkuchen gebacken hatte. Wie lange war das her? Drei Wochen?

17

Er ging in sein Arbeitszimmer und setzte sich an die Schreibmaschine. Auf ihr hatte er Briefe, Aufsätze und Bücher geschrieben, bis er eine Sekretärin bekam, der er diktieren konnte. Im Ruhestand hätte er sich an den Computer gewöhnen sollen. Aber lieber hatte er seine alte Sekretärin gebeten oder das Schreiben eingestellt.

Das Schreiben auf der Maschine war ungewohnt, und beim Schreiben ohne rechte Hand war er besonders ungeschickt. Er musste mit dem Zeigefinger Buchstaben um Buchstaben suchen.

»Ich kann nicht ohne Dich. Nicht wegen der Wäsche; ich wasche, trockne und falte sie. Nicht wegen des Essens; ich kaufe es ein und bereite es zu. Ich putze im Haus und gieße den Garten.

Ich kann ohne Dich nicht, weil ohne Dich alles nichts ist. Bei allem, was ich in meinem Leben gemacht habe, habe ich daraus gelebt, dass ich Dich hatte. Hätte ich Dich nicht gehabt, hätte ich nichts zustande gebracht. Seit ich Dich nicht habe, bin ich mehr und mehr und schließlich völlig verkommen. Zum Glück hatte ich einen Unfall und bin zu Sinnen gekommen.

Es tut mir leid, dass ich Dir nicht alles über meine Lage gesagt habe. Dass ich alleine geplant habe, wie ich mit dem Leben Schluss mache. Dass ich alleine entscheiden wollte, wann ich das Leben nicht mehr aushalte.

Du kennst die Kassette, die ich von Vater geerbt habe. Ich werde die Flasche in die Kassette schließen und die Kassette in den Kühlschrank stellen. Den Schlüssel findest Du in diesem Brief; so kann ich nichts ohne Dich entscheiden. Wenn es nicht mehr geht, entscheiden wir gemeinsam, dass es nicht mehr geht. Ich liebe Dich.«

Er schloss die Flasche in die Kassette, stellte die Kassette in den Kühlschrank, steckte den Schlüssel mit dem Brief in den Umschlag und adressierte ihn an die gemeinsame Wohnung in der Stadt. Er passte den Briefträger ab und gab ihm den Umschlag mit.

Kaum war der Briefträger gegangen, kamen ihm Zweifel. Sein Leben, sein Tod in ihrer Hand? Was, wenn sie den Brief nicht bekam, nicht öffnete, nicht mochte? Er hätte gerne noch mal gelesen, was er geschrieben hatte, hatte aber keinen Durchschlag gemacht. Immerhin gab es eine fast fertige Fassung, die er wegen zu vieler Fehler weggeworfen hatte. Er musste sie im Papierkorb finden.

Als er vor seinem Schreibtisch stand, sah er in der offenen Schublade einen Schlüssel. Er nahm ihn heraus. Er hatte vergessen, dass es einen zweiten Schlüssel zur Kassette gab. Er lachte und steckte ihn ein.

Er legte sich in seinem Arbeitszimmer aufs Sofa und schlief den Schlaf, den er in der Nacht nicht geschlafen hatte. Als ihn nach zwei Stunden der Schmerz in der Hand weckte, ging er an den See und setzte sich auf die Bank. Wenn sie nicht verreist war, würde sie den Brief morgen haben. Wenn sie verreist war, könnte es Tage dauern.

Er stand auf, holte den Schlüssel aus der Tasche und warf ihn, so weit er mit der linken Hand konnte. Der Schlüssel blitzte im Licht der Sonne, blitzte auch noch, als er ins Wasser sank. Ein paar kleine Wellen kreisten um die Stelle. Dann war der See wieder glatt.

Glück

Eine kleine Zitatencollage

Auf allen Schulen müsste es Unterricht geben in der Kunst, glücklich zu sein. Nicht in der Kunst, glücklich zu sein, wenn einem das Unglück beim Wickel hat: das überlasse ich den Stoikern; vielmehr in der Kunst, glücklich zu sein, wenn die Umstände erträglich sind und die Bitternis des Lebens sich auf Kleinigkeiten beschränkt.

Alain

Glück entsteht oft durch Aufmerksamkeit in kleinen Dingen, Unglück oft durch Vernachlässigung kleiner Dinge.

Wilhelm Busch

Mit dem Glück ist es heute wie mit dem Verbrechen: Man darf es vor allem nicht zugeben.

Albert Camus

Wer die Befriedigung des Schaffens einmal erfahren hat, für den sind alle anderen Befriedigungen nicht mehr vorhanden.

Anton Čechov

Ich bin der Meinung, ein wirkliches Glück ohne Müßiggang ist unmöglich.

Anton Čechov

Die Menschen kommen durch nichts den Göttern näher, als wenn sie Menschen glücklich machen.

Cicero

Ein Glück, das nicht von Zeit zu Zeit neu vom Vergnügen belebt wird und über das das Vergnügen nicht seine Wonnen ausbreitet, ist weniger ein wahres Glück als ein Zustand, eine ruhige Lage: das ist ein trauriges Glück.

Denis Diderot

Es gibt nur einen einzigen glücklichen Augenblick: nämlich denjenigen, in dem es genug Begeisterung und Freiheit gibt, um leidenschaftlich sein zu können, und zugleich genug Urteilskraft und Geschmack, um weise sein zu können.

Denis Diderot

Der glücklichste Mensch ist derjenige, der die meisten glücklich macht.
Denis Diderot

Die Menschheit kann so wenig wie eine Zahl oder eine Gerade glücklich sein.
Friedrich Dürrenmatt

Nur Menschen können glücklich sein.
Friedrich Dürrenmatt

Glück ist ein Parfüm, das du nicht auf andere sprühen kannst, ohne selbst ein paar Tropfen abzubekommen.
Ralph Waldo Emerson

Gott hat alle Menschen geschaffen, dass sie glücklich sein, sich wohl fühlen sollen. Dazu hat er ihnen Mittel gegeben, jedem Einzelnen besondere.
Epiktet

Nicht die Dinge selbst, sondern nur unsere Vorstellungen darüber machen uns glücklich oder unglücklich.
Epiktet

Darum behaupte ich, dass die Freude das A und O des glückselig gestalteten Lebens ist.
Epikur

Die Fähigkeit, Freundschaft zu gewinnen, ist unter allem, was Weisheit zu Glückseligkeit beitragen kann, bei weitem das Bedeutendste.
Epikur

Die höchste Form des Glücks ist ein Leben mit einem gewissen Grad an Verrücktheit.
Erasmus von Rotterdam

Das Glück ist eine Lüge, die Suche danach verursacht alle Misshelligkeiten des Lebens. Aber es gibt Zeiten des heiteren Friedens, die es nachahmen und die ihm vielleicht überlegen sind.
Gustave Flaubert

Nein, ich glaube nicht, dass das Glück möglich ist, aber ich glaube sehr wohl an die Gelassenheit.
Gustave Flaubert

Wenn man glücklich ist, soll man nicht noch glücklicher sein wollen.
Theodor Fontane

Glück ist das mögen, was man muss, und das dürfen, was man mag.
Henry Ford

Glück ist die nachträgliche Erfüllung eines prähistorischen Wunsches. Darum macht Reichtum so wenig glücklich; Geld ist kein Kinderwunsch gewesen.
Sigmund Freud

Er ging seinen Weg; immer. Das ist fast die Definition irdischen Glücks.
Egon Friedell

Ihr wahrhaft Lebendigen, ihr einzig Lebendigen, ihr Künstler, vergesst nicht: Das Wohltemperierte – und das nennt man ja auf Erden Glück – ist unproduktiv.
Egon Friedell

Das Geheimnis des Glücks liegt nicht im Besitz, sondern im Geben. Wer andere glücklich macht, wird glücklich.

André Gide

In den meisten Fällen ist Glück kein Geschenk, sondern ein Darlehen.

Albrecht Goes

... das Glück ist die Göttin der lebenden Menschen, und um ihre Gunst wahrhaft zu empfinden, muss man leben und Menschen sehen, die sich recht lebendig bemühen und recht sinnlich genießen.

Johann Wolfgang Goethe

Musste denn das so sein, dass das, was des Menschen Glückseligkeit macht, wieder die Quelle seines Elends würde?

Johann Wolfgang Goethe

... und wenn die andern dich nicht bewundern oder beneiden, bist du auch nicht glücklich.

Johann Wolfgang Goethe

Der Anblick eines wahrhaft Glücklichen macht glücklich.

Johann Wolfgang Goethe

Das Glück gibt die Titel, die Dinge sind immer dieselben

Johann Wolfgang Goethe

Das schönste Glück des denkenden Menschen ist, das Erforschliche erforscht zu haben und das Unerforschliche ruhig zu verehren.

Johann Wolfgang Goethe

Das Gaukeln schafft kein festes Glück.

Johann Wolfgang Goethe

So gewiss ist der allein glücklich und groß, der weder zu herrschen noch zu gehorchen braucht, um etwas zu sein.

Johann Wolfgang Goethe

O wer doch öfters so verständig wäre, sein Glück brauchen zu können, und so glücklich, dass er seinen Verstand ganz anwenden könnte.

Johann Wolfgang Goethe

Glück und Unglück ist im Leben ineinandergekettet wie Schlaf und Wachen, keins ohne das andere, und eins um des anderen willen.

Johann Wolfgang Goethe

Aus Mäßigkeit entspringt reines Glück.

Johann Wolfgang Goethe

Das wahre Glück des Menschen ist eine zarte Blume; tausenderlei Ungeziefer umschwirret sie; ein unreiner Hauch tödtet sie.

Jeremias Gotthelf

Wer an Glück glaubt, der hat Glück.

Friedrich Hebbel

Alle Gelegenheit, glücklich zu werden, hilft nichts, wer den Verstand nicht hat, sie zu benutzen.

Friedrich Hebbel

Schweigen ist die wesentlichste Bedingung des Glückes. Wenn der Mann die Gunstbezeugungen seines Glückes ausplaudert, oder wenn das Weib nach Geheimnissen ihres Glückes neugierig forscht, dann gehen sie beide ihres Glückes verlustig.
Heinrich Heine

In uns selbst liegen die Sterne unseres Glücks.
Heinrich Heine

Glück, das ist einfach eine gute Gesundheit und ein schlechtes Gedächtnis.
Ernest Hemingway

Das Glück ist ein Wie, kein Was; ein Talent, kein Objekt.
Hermann Hesse

Glück ist Liebe. Wer lieben kann, ist glücklich.
Hermann Hesse

Der Mensch ist voll Verlangen nach Glück und erträgt doch das Glück nicht alle Zeit.
Hermann Hesse

Der Besitz macht uns nicht halb so glücklich, wie uns der Verlust unglücklich macht.
Jean Paul

Wir sind nicht auf der Welt, um glücklich zu werden, sondern um unsere Pflicht zu erfüllen.
Immanuel Kant

Wer ständig glücklich sein möchte, muss sich verändern.
Konfuzius

Der Anspruch auf einen Platz an der Sonne ist bekannt. Weniger bekannt ist, dass sie untergeht, sobald er errungen ist.
Karl Kraus

Das Glück liegt in uns, nicht in den Dingen.
François de La Rochefoucauld

Man ist nie so glücklich, noch so unglücklich, wie man es sich einbildet.
François de La Rochefoucauld

Das verdammte Glück! Ohne das kann man nicht einmal ein guter Spitzbube sein.
Gotthold Ephraim Lessing

Es kostet Kunst, sich selbst zu überreden, dass man glücklich ist.
Gotthold Ephraim Lessing

Wir sollen glücklich in der Welt leben; dazu sind wir einzig und allein erschaffen.
Gotthold Ephraim Lessing

Das Glück des Menschen besteht in einem richtigen Verhältnis seiner Gemütseigenschaften und seiner Affekte; wenn eine wächst, so leiden alle andern, daraus entstehen unzählige Mischungen.
Georg Christoph Lichtenberg

Ein langes Glück verliert schon bloß durch seine Dauer.
Georg Christoph Lichtenberg

Man ist nie glücklicher, als wenn uns starkes Gefühl bestimmt, nur in dieser Welt zu leben.
Georg Christoph Lichtenberg

Man soll dort bleiben, wo man sich glücklich fühlt. Glück ist ein transportempfindliches Möbelstück.
William Somerset Maugham

Sterblich ist das Glück der Sterblichen.
Michel de Montaigne

Glück hat mich immer bescheiden gemacht.
Michel de Montaigne

Glück ist die Lehre vom Unglück.
Michel de Montaigne

Klugheit kann kein Glück ersetzen.
Michel de Montaigne

Wenn man nur glücklich sein wollte, das wäre bald getan. Aber man will immer glücklicher sein als die andern, und das ist fast immer schwierig, weil wir die anderen für glücklicher halten, als sie sind.
Montesquieu

Man darf nicht sagen, das Glück sei der Augenblick, den wir gegen keinen andern eintauschen wollten. Lasst uns hingegen sagen: Glück ist der Augenblick, den wir nicht gegen das Nichtsein eintauschen wollen.
Montesquieu

Das Glück ist unsere Mutter, das Unglück unsere Erzieher.
Montesquieu

Wären die Menschen in ihrem kleinen Garten geblieben, so hätten wir eine andere Vorstellung von Glück und Unglück als die, die wir jetzt haben.
Montesquieu

Sehr glückliche oder sehr unglückliche Leute verfallen in gleicher Weise der Hartherzigkeit, was die Mönche und Eroberer beweisen. Nur die mittlere Haltung oder die Mischung von Glück und Unglück führt zum Mitleid.
Montesquieu

Ich habe den Kardinal Imperiali sagen hören: »Es gibt niemanden, den das Glück nicht einmal in seinem Leben besucht. Aber wenn es ihn bereit findet zum Empfang, kommt es zur Tür herein und geht zum Fenster hinaus.«
Montesquieu

Ich möchte glücklich sein, um glücklich machen zu können. Kein Glück ohne Gast.
Christian Morgenstern

Zum Trost: Glück strengt genauso an wie Unglück.
Robert Musil

Unglück ist das Normale.
Vladimir Nabokov in ›Pnin‹

Verdoppeln lässt sich das Glück nur, wenn man es teilt.
Johann Nepomuk Nestroy

Das Glück ist lange nicht eine so ansteckende Krankheit – woher kommt das?
Friedrich Nietzsche

Glück zieht immer noch mehr Glück an, wie ein Magnet.
Sylvia Plath

Schlaf ist das einzige Glück, das man erst genießt, wenn es vorbei ist.
Alfred Polgar

… das Glück ist eine selbstverständliche Folge der Weisheit und, wie diese, kein Zufall, der von außen kommt, sondern eine Gesetzmäßigkeit, die sich in uns vollzieht. Es ist gleichsam die Wärme, die bei der Arbeit entsteht, welche wir leisten, wenn wir ein Ereignis, das uns von außen anrührt, aufnehmen und zu unserem eigenen umgestalten.
Rainer Maria Rilke

Just ging ein Glück vorüber, als ich schlief, / Und wie ich träumte, hörte ich nicht: Es rief.
Rainer Maria Rilke

Man weiß selten, was Glück ist, aber man weiß meistens, was Glück war.
Françoise Sagan

Glück dauert niemals lange, und Unglück ist mit Geld leichter zu ertragen als ohne.
Françoise Sagan

Alles, was die Seele durcheinanderrüttelt, ist Glück.
Arthur Schnitzler

Schlimmer betrogen, wer aus Angst vor Enttäuschung immer wieder sein Glück versäumte, als wer jede Möglichkeit eines Glücks ergriff, selbst auf die Gefahr hin, es könnte wieder nicht das wahre gewesen sein.
Arthur Schnitzler

Nächst der Klugheit aber ist Mut eine für unser Glück sehr wesentliche Eigenschaft.
Arthur Schopenhauer

Alle Beschränkung beglückt. Je enger unser Gesichts-, Wirkungs- und Berührungskreis, desto glücklicher sind wir: je weiter, desto öfter fühlen wir uns gequält, oder geängstigt.
Arthur Schopenhauer

Sich selber zu genügen, sich selber alles in allem zu sein und sagen können: omnia mea mecum porto, ist gewiss für unser Glück die förderlichste Eigenschaft.
Arthur Schopenhauer

Man pflegt die Jugend die glückliche Zeit des Lebens zu nennen, und das Alter die traurige. Das wäre wahr, wenn die Leidenschaften glücklich machten.
Arthur Schopenhauer

Demnach ist eine vorzügliche, eine reiche Individualität und besonders sehr viel Geist zu haben, ohne Zweifel das glücklichste Los auf Erden; so verschieden es etwa auch von dem glänzendsten ausgefallen sein mag.
Arthur Schopenhauer

Der Charakter der ersten Lebenshälfte ist die stets unerfüllte Sehnsucht nach Glück, der der zweiten die nur zu oft erfüllte Besorgnis vor Unglück: unglücklich sind also beide.
Arthur Schopenhauer

Glück und Unglück sind zu unserm Besten.
Arthur Schopenhauer

Ganz glücklich, in der Gegenwart, hat sich noch kein Mensch gefühlt – er wäre denn betrunken gewesen.
Arthur Schopenhauer

O welche Verblendung bringt ein großes Glück über unsere Herzen!
Seneca

Die Natur hat dafür gesorgt, dass es, um glücklich zu leben, keines großen Apparates bedarf, ein jeder kann sich glückselig machen.
Seneca

Der Weise ist sich selbst genug, um glücklich zu leben, nicht, um überhaupt zu leben.
Seneca

Daher ist dem Glücklichsten der Tod zu wünschen, weil bei der so großen Unbeständigkeit und Verwirrung der Verhältnisse nichts gewiss ist, als was vorüber ist.
Seneca

Noch keinen hat das Unglück gebeugt, außer wen das Glück getäuscht hat.
Seneca

Erträglicher jedoch und leichter ist es, wie ich schon sagte, etwas gar nicht zu bekommen, als es zu verlieren; daher wirst du diejenigen vergnügter sehen, die das Glück nie berücksichtigt hat, als die, welche es verlassen hat.
Seneca

Bosc

Wenn das Glück den Menschen wohltun will, so blickt es sie mit droh'nden Augen an.
William Shakespeare

Ein tiefer Fall führt oft zu höherm Glück.
William Shakespeare

Glück ein Leben lang! Niemand könnte es ertragen; es wäre die Hölle auf Erden.
George Bernard Shaw

Dauerndes Glück ist Langeweile.
Oswald Spengler

Für mich ist somit die ganze Philosophie nichts weiter als das Sich-nicht-täuschen in unseren Erkenntnissen und das Nicht-irre-gehen auf der Fahrt nach dem Glücke.
Stendhal

Um glücklich zu sein, braucht man nur eins – man muss lieben, lieben mit Selbstverleugnung …
Leo Tolstoi

Das Glück ist mit Müdigkeit und Muskelkater billig erkauft.
Leo Tolstoi

Das Glück besteht nicht darin, dass du tun kannst, was du willst, sondern darin, dass du immer willst, was du tust.
Leo Tolstoi

Man spricht immer von Glück, Glück, Glück. Ich finde Freude viel wichtiger als Glück. Man nimmt sie nicht so ernst.
Tomi Ungerer

Aufs Glücklichsein passt das Glück ganz einfach gar nicht auf.
Robert Walser

Glücklich der, der zwanzigmal im Leben unglücklich zu werden vermag. Fühlt denn nicht der Mensch nur im Verzweifeltsein sein Schönes? Seinen Wert?
Robert Walser

Wenn es je in Ihrem Leben ein Unglück gab, über das Sie in gewisser Hinsicht glücklich zu sein vermochten, so werde ich das interessant finden.
Robert Walser

Nichts macht so alt wie das Glück.
Oscar Wilde

Wenn ich glücklich bin, bin ich stets gut; aber wenn ich gut bin, bin ich selten glücklich.
Oscar Wilde

Heinrich Heine

Frau Fortuna

Frau Fortuna, ganz umsunst
Tust du spröde! deine Gunst
Weiß ich mir, durch Kampf und Ringen,
Zu erbeuten, zu erzwingen.

Überwältigt wirst du doch,
Und ich spanne dich ins Joch,
Und du streckst am End die Waffen –
Aber meine Wunden klaffen.

Es verströmt mein rotes Blut,
Und der schöne Lebensmut
Will erlöschen; ich erliege
Und ich sterbe nach dem Siege.

Jean-Jacques Sempé

Die Sonne lachte. Ich war eine bezaubernd schöne junge Braut. Meine Eltern und all unsere Freunde hatten sich versammelt. Unerbittlich rückten die Zeiger der Kirchturmuhr vor. Ein lähmendes Unbehagen breitete sich aus: eine halbe Stunde … eine Dreiviertelstunde … eine Stunde! Und dann – tagtäglich wird's mir klarer – beginnt das Desaster meines Lebens: Er kommt!

Doris Dörrie

Orangenmond

Der Flughafen von Almería liegt direkt am Meer. Blauer Himmel, blaues Meer. Mehr braucht sie nicht, um glücklich zu sein. Die Mitreisenden verschwinden überraschend schnell, das moderne Glasgebäude ist leer und still, wie eine deutsche Bank in der Mittagspause. Sie hört ihre Absätze über den Marmorfußboden klacken, sie hört sich selbst zu, wie sie in ein neues Leben hineingeht. Das hat sie so beschlossen: Dies wird mein, unser neues Leben sein. Das Meer, der Himmel, die Sonne. Zwanzigtausend Euro hat sie in ihrer Handtasche, die sie fest an sich presst und keine Sekunde aus den Augen lässt, Ralf weiß nichts davon.

Die warme Luft, die sich wie ein Fön auf sie richtet, als sie aus dem klimatisierten Flughafengebäude tritt, lässt sie sofort anders atmen, sich jünger und beweglicher fühlen, lebendiger. Hier wird Ralf wieder lebendig werden. Ganz bestimmt.

Susi stellt ihre Reisetasche ab und wartet. Sie ermahnt sich, Haltung einzunehmen. Sie hat sich Mühe gegeben, ihre Haare frisch schneiden und strähnen lassen, sie trägt einen eleganten grauen Leinenhosenanzug und eine teure Sonnenbrille, sie möchte cool und selbstsicher erscheinen, auf keinen Fall traurig und verzagt. Im nächsten Augenblick zuckt sie zusammen, weil sie denkt, eine Biene sei ihr unter das Hosenbein geflogen, erwartet schon den schmerzhaften Stich, dann erinnert sie sich, dass ihr Handy in der Hosentasche auf Vibration gestellt ist.

Bist du schon da?, fragt Apple.

Ja, ich steh in der Sonne. Vor mir Palmen, über mir blauer Himmel, hinter mir das Meer.

Apple lacht. Wahrscheinlich stehst du auf einer dieser spanischen Müllkippen, die sie dir als Villa mit Meerblick verkaufen wollen.

Ich bin ja nicht blöd.

Nein, sagt Apple, bist du nicht. Du schaffst das, das wollte ich dir nur sagen. Du schaffst das ganz sicher.

Susis Augen fangen an zu brennen. Apple erwischt sie mit ihrer naiven, geraden Art wie sonst niemand. Sie sind noch nicht lange befreundet, sie haben sich gefunden wie Pudel und Windhund, denkt Susi manchmal. Ein ungleiches Paar, und deshalb fasziniert voneinander.

Ich war als Kind öfter an derselben Küste, erzählt Apple. Nur 'n bisschen weiter südlich, in Torremolinos. Da war's aber noch schön, keine Betonwüste. War nie wieder da. Wenn du dein Haus hast, komm ich dich besuchen.

Das musst du mir versprechen, sagt Susi. Nicht, dass ich am Ende ganz allein hier sitze.

Quatsch, sagt Apple. Alles wird gut. Bestimmt.

Ich glaub, da kommt diese Immobilienschnepfe Angelita, sagt Susi, obwohl weit und breit niemand zu sehen ist. Aber sie will jetzt nicht losheulen.

Angelita heißt die? Apple lacht. Ein Engelchen als Maklerin. Ganz schnell noch zwei spanische Beschimpfungen: *Me cago en la puta.* Ich scheiße auf die Hure.

Ich scheiße auf die Hure?

Ja, der Spanier hat ziemlich drastische Vorstellungen, sagt Apple, und Susi weiß, wie sie jetzt grinst. Sie nennt es Apples Katzengrinsen.

Me cago en la puta, wiederholt Susi.

Gut so. Und jetzt *joder.* Fuck.

Joder.

Mit ein bisschen mehr schweizerischem Chchchch. Chchchchoder. Wirkt wie ein Pfefferminz. Der Spanier flucht, wie andere Pfefferminz lutschen. Reinigt Atem und Hirn. Alles klar?

Danke, du Süße, sagt Susi.

De nada, sagt Apple und legt auf.

Susi reckt das Kinn. *Joder,* murmelt sie. Wo bleibt diese Angelita?

Angelita, die eigentlich Angela heißt, nimmt sich vor, diese Susi in Sekundenschnelle zu taxieren, anhand ihrer Kleidung und Koffer eine Hochrechnung zu machen und ihr daraufhin die entsprechenden Häuser zu zeigen. Auf die Schuhe wird sie achten. Sind sie billiger als der Rest des Aufzugs, ist alles nur Verkleidung. Sind die Schuhe teurer als die Klamotten, hat der Kunde in der Regel mehr Geld, als er zugibt. Alles von Riemenschneider in seinem teuren Seminar gelernt. Auch, dass man deutsche Kunden ein wenig warten lassen muss, bis sie sich unsicher und verloren vorkommen, um dann als ihr Retter im fernen, fremden Spanien aufzutauchen. Die Briten niemals warten lassen, die Deutschen immer, den Holländern ist es egal.

Gleich wird Angelita also diese Deutsche abholen und ihr ein Haus andrehen für den ewig gleichen Traum von Sonne und Meer. Warum spricht sich nicht langsam herum, wie langweilig dieser Traum ist, wenn er Realität wird? Schnell noch eine Patience legen, das Spiel hat ihr jüngster Sohn aus dem Internet geklaut und ihr aufs Handy geladen, keine Ahnung, wie er das immer schafft. Auch die Festnetz- und Internetleitung hat er gestohlen, aber das machen alle in der Siedlung so, von draußen traut sich ja keiner rein, noch nicht einmal die

Polizei, wie soll sie da ihren Kindern Anstand beibringen? Sie seufzt, die Patience geht nicht auf, der Tag wird anstrengend werden.

Susi wartet und versucht, geduldig zu sein. Es ist immerhin Spanien, da ticken die Uhren anders. Alle Passagiere der Maschine aus München sind bereits abgeholt worden, in Busse verfrachtet oder mit dem Taxi davongefahren. Der Flughafen versinkt in tiefer spanischer Siesta, selbst die Fliegen hören auf, um sie herumzusummen. Nichts rührt sich mehr, und Susi wählt schon das dritte Mal die Handynummer dieser Immobilientante.

Die Luft ist jetzt nicht mehr angenehm warm, sondern brütend heiß, Susi fängt an zu schwitzen und fühlt sich zunehmend unwohl. Soll sie Ralf anrufen und ihm schnell sagen, dass sie gut angekommen ist? Aber wahrscheinlich schläft er, und sie mag nicht mit ihm reden, wenn er müde ist. Müde. Seine ständige Antwort auf die Frage, wie es ihm geht, und sie macht Susi aggressiv. Sie versteht sie als Ablehnung. Das ist kindisch, und dennoch. Wie oft wollte sie ihn schon schlagen vor Wut, wenn er wieder nur abgewinkt hat: Ich bin müde. Lass mich. Ich bin so müde.

Nur wenn er gerade seine Blutwäsche hinter sich hat, regt er sich ein wenig, wie eine Eidechse, deren Blut in der Sonne langsam warm wird, dann kann er überraschend schnell sein, plötzlich aufspringen, eine Bewegung machen, blitzartig etwas erwidern, wenn sie schon nicht mehr damit gerechnet hat – bevor sein Körper sich wieder selbst vergiftet und die Müdigkeit ihn überflutet.

Die Sonne wird ihm guttun, denkt sie zum hundertsten, zum tausendsten Mal, sie kennt den Dialog zwischen ihnen auswendig.

Warum Spanien?, fragt er.

Weil die Sonne dir immer gutgetan hat, sagt sie.

Warum ausgerechnet Almería?

Es liegt an der Costa del Sol, in Andalusien, Málaga ist nicht weit, es gibt ein spanisches Sprichwort: Die Sonne überwintert in Almería. Und das Meer, denk doch mal ans Meer.

Okay, sagt Ralf, ich denke ans Meer. Und weiter?

Seine Passivität bringt sie zur Raserei. Sie müssen weg. Sonst bricht sie aus. Sie belauert sich wie einen Gefängnisinsassen, der schon lange seinen Ausbruch plant. Sie traut sich selbst nicht mehr über den Weg, sie will raus aus dem Gefängnis, in das sie durch Ralfs Krankheit geraten ist. Also muss sie ihn mitnehmen, sonst ist sie bald auf und davon.

Almería ist noch relativ unentdeckt, fährt sie fort, die Preise sind niedriger, es ist nicht so deutsch wie Mallorca und nicht so protzig wie Ibiza. Da passen wir doch auch gar nicht hin.

Nein, sagt Ralf müde.

Und es gibt Charterflüge, das ist doch wichtig für uns. Für dich.

Wie du meinst, murmelt Ralf unter halbgeschlossenen Augenlidern.

Wenn sie uns anrufen, sagt Susi, sind wir im Handumdrehen zurück.

Seit zwei Jahren stehe ich auf der Liste, sagt Ralf, mich ruft niemand mehr an.

Das ist Quatsch, und das weißt du auch, sagt sie mechanisch und lächelt.

Ralf schweigt mit geschlossenen Augen.

In Almería gibt es sogar einen Hauch Kultur, Flamenco.

Flamenco, stöhnt er, bitte nicht…

…klassische Konzerte, Kinos…

Auf Spanisch.

Ja, aber wir werden Spanisch lernen.

Bestimmt, lächelt er. Er gibt sich Mühe.

Es gibt deutsche Ärzte in den Siedlungen, sagt Susi schnell, drei Dialysestationen, Orangenbäume, Schiffe nach Afrika.

Schiffe nach Afrika. Er nickt, öffnet aber nicht die Augen. Das ist wichtig.

Ein Funke seines früheren Humors ist aufgeglüht, dankbar drückt Susi seine Hand. Sie weiß, er macht seine kleinen

Witze nur für sie, er selbst glaubt nicht, dass er noch irgendwohin gehen wird.

Angelita kneift die Augen zusammen. Diese Susi hat sie sich jünger vorgestellt, kräftiger, selbstbewusster. Wie ein zerzauster Vogel steht sie dort auf einem Bein und kratzt sich mit dem Fuß die Wade. Schicke Klamotten. Hat sie nicht gesagt, sie sei krank? Sie sieht blass aus, nervös, aber sie hat einen harten Zug um den Mund, die weiß, was sie will. Unsicher und herrisch. Wie so viele deutsche Frauen.

Angelita seufzt. Na, servus, das wird schwierig.

Mit ausgestreckter Hand läuft sie auf Susi zu.

Ist die dicke verschwitzte Frau mit dem lächerlichen blonden Haarkrönchen auf dem Kopf, die da auf sie zuwatschelt, etwa diese Angelita? Die hatte sich Susi am Telefon anders vorgestellt, seriöser, geschmackvoller, elegant trotz ihres bayrischen Dialekts. Und jetzt diese übergewichtige Hausfrau mit Gretchenfrisur, helllila Wallegewand und grünen Flipflops an den Füßen.

Zuckersüß lächeln sich die beiden an, schütteln Hände, eine dicke schwitzige Hand, eine schmale trockene. Angelita nimmt Susis Reisetasche, eine teure Ledertasche, wie sie blitzschnell registriert, wortlos folgt Susi ihr auf den Parkplatz, während Angelita vor sich hin plappert und ihr die Häuserroute erklärt.

Susi bemüht sich, frisch und entschieden aufzutreten, sie reißt die Autotür auf, noch bevor Angelita eine Chance hat, sie für sie zu öffnen. Ein alter Mercedes Diesel mit Rostflecken und defekten Gurten. Sie fummelt nur kurz an ihrem Gurt herum, Angelita soll nicht bemerken, wie sicherheitsbedürftig diese Deutsche da ist, aber natürlich ist es ihr nicht entgangen.

Kaputt, grinst sie.

Susi winkt ab. Angelita stemmt ein fettes Beinchen aufs Gaspedal, schießt rückwärts aus dem Parkplatz hinaus, haut krachend den Gang rein und rast auf den Ausgang zu. Susi atmet tief durch. Fasziniert betrachtet sie Angelitas Patschpfote auf dem Lenkrad und die komplette Abwesenheit eines Handgelenks, an dessen Stelle wölbt sich das Fleisch zu einem Hügel, auf dem eine viel zu zierliche Goldarmbanduhr ruht.

Mer san suppa in der Zeit, sagt Angelita. Waren Sie schon mal in Almería?

Susi schüttelt den Kopf.

Jetzt sieht es ja hier ganz anständig aus, sagt Angelita, aber damals, vor zwanzig Jahren, habe ich es die DDR am Meer genannt. Jetzt sind wir die reichste Provinz Spaniens, das glaubt man kaum. Wir haben mehr Mango- und Zara-Filialen als Sevilla oder Málaga.

Sie überholt hupend ein Auto und schafft es gerade noch, einem entgegenkommenden LKW auszuweichen.

Cabrón, ruft sie laut, *me cago en la puta!*

Ein schneller Blick zu Susi. Nein, die hat nichts verstanden, die spricht kein Spanisch, hat sie doch gesagt, oder nicht?

Susi muss grinsen. *Me cago en la puta*. Danke, Apple.

Da drüben fahren die Fähren nach Afrika ab, sagt Angelita und deutet mit ihren Wurstfingern auf die großen weißen Schiffe. Susi nickt.

Kurz bevor er krank wurde, wollte Ralf mit ihr in einem Jeep von München nach Algeciras fahren, dort nach Marokko übersetzen, drei Monate durch Afrika tingeln, ihre Traumreise, auf die sie lang gespart hatten. Ralf kam die Treppe vom Klinikum herunter, eine Routineuntersuchung vor der Reise. Sie wartete auf ihn am Fuß der Stufen, eine Tüte mit den ersten Kirschen in der Hand, eine Kirsche im Mund, sie hatte gerade zugebissen und sich an diesem übers Jahr fast vergessenen Geschmack erfreut, da sah sie in seinem Gesicht, dass etwas geschehen war, das sich nicht zurückspulen ließ wie in einem Film.

Die Nieren sind kaputt, sagte er leichthin, ganz so, wie er auch gesagt hätte: Die Lichtmaschine vom Auto ist kaputt.

Unerkannte Diabetes, wahrscheinlich seit Jahren. Jetzt sind sie kaputt. Nix mehr zu machen. Außer eine Transplantation.

Ihr erster Gedanke: Das kann gar nicht sein. Wir haben so gesund gelebt. Kaum rotes Fleisch gegessen, wenig Fett und Zucker, dafür Brokkoli und Kohl in rauhen Mengen, Beta-Carotine geschluckt, freie Radikale systematisch eingefangen, Beeren und Nüsse gegessen, gejoggt, nicht geraucht, wenig getrunken, wir haben doch alles richtig gemacht! Es kann also nicht sein.

Ich habe Ihnen da drüben im Gran Hotel ein Zimmer reserviert, sagt Angelita, hebt den Arm und deutet auf einen hässlichen Betonklotz. Unter ihrer Achsel hat sich auf dem lila Kleid ein großer Schweißfleck ausgebreitet, dessen Geruch Susi unangenehm in die Nase weht.

Wenn Sie möchten, fährt Angelita fort, können Sie jetzt einchecken und sich ein wenig frisch machen, mir san suppa in der Zeit.

Vielleicht solltest *du* dich ein bisschen frisch machen, denkt Susi. Ach, nein, wehrt sie ab, wir können von mir aus gleich weiterfahren.

Angelita nickt gehorsam. *Mierda,* denkt sie, ich hätte gern schnell was getrunken und in Ruhe eine geraucht. Die hier, die ist so eine Dynamische, das kann ja heiter werden. Aber die zwing i nieder.

Sie tritt aufs Gaspedal, dass es Susi in den Sitz drückt,

und fährt an der Küste entlang wieder hinaus aus der Stadt. Das Meer zur Linken schwappt träge vor sich hin, dieses Meer, von dem Susi geträumt und Trost erhofft hat und das ihr jetzt seltsam gleichgültig vorkommt. Auf diese blaue, immergleiche Fläche möchte sie jeden Tag starren? Wovon wird sie dann träumen?

Es gibt in Almería 3100 Stunden Sonne im Jahr, es wird auch im Winter nie kälter als 13 Grad, leiert Angelita runter, es gibt ein spanisches Sprichwort, die Sonne...

Überwintert in Almería, fällt Susi ihr ins Wort. Können wir vielleicht das Radio anmachen? Sie lächelt, um den Affront ein wenig abzuschwächen. Ich höre so gern spanisches Radio.

Angelita stellt das Radio an, *Cadena Dial,* eine Frauenstimme singt das Jingle. Susi macht das Fenster auf, warmer Wind weht ihr freundlich durch die Haare, es riecht nach Pinien und Meer, und ja, jetzt weiß sie wieder, warum sie hier ist. Nur hier kann es eine Wendung zum Guten geben.

Das ist unser Plan, sagt Angelita und bemüht sich, effektiv und deutsch zu klingen: Wir fahren zuerst zur Urbanisación Las Roquetas, da habe ich mehrere interessante Objekte für Sie, und da Sie erwähnt haben, dass medizinische Betreuung für Sie wichtig ist, wären Sie dort am besten versorgt. Deutsche Ärzte, prima ausgestattete Praxen...

Ich bin nicht krank, sagt Susi, mein Mann. Wir brauchen nur eine Dialysestation, das ist alles.

Ach so, sagt Angelita und schweigt. Dialyse, was war das noch mal genau? Warum rennen die Deutschen eigentlich ständig zum Arzt? Die Arztpraxen in Roquetas sind oft voller als der Strand, rotgesichtige Deutsche mit kugelrunden Bierbäuchen unter den T-Shirts stehen dort Schlange. Aber Susis Mann ist wahrscheinlich schlank und gutaussehend und trägt kleine Krokodile oder galoppierende Pferde auf seinen Hemden.

In Roquetas sind die ganz falsch, aber deshalb, genau deshalb fährt Angelita jetzt dorthin, um Susi bis in ihr kleines elegantes Herzchen hinein zu erschrecken und sie empfänglicher zu machen für das Teure, Exklusive. Die Villa in den Bergen für 650 000 Euro wird Angelita ihr heute verticken. Sie wird ihre Provision kassieren, ihre täglichen Sorgen eine Weile los sein, die Familie wird stolz auf sie sein, sie wird wieder frei atmen können. Genau so wird es sein.

In Roquetas gibt es alles, was Sie wollen, ruft sie begeistert. Sogar Leberwurst und Schwarzbrot und Weißwürste, die san gar nicht so schlecht. Nur die Brezn sind a weng trocken.

Sie lächelt Susi breit an und sieht jetzt aus wie eine bayrische Mongolin, mit ihrem runden, feisten Gesicht, den hohen Backenknochen und den kleinen Äuglein.

Wie soll ich das den ganzen Tag mit der aushalten, denkt Susi. Aha, sagt sie kühl und sieht aus dem Fenster.

Die Berge der Sierra Nevada in der Ferne sind von einem grünen Schimmer überzogen, es hat anscheinend geregnet. Und liegt da vorne Schnee in den Tälern? Sie kneift die Augen zusammen. Das kann doch gar nicht sein! Fragen möchte sie Angelita nicht, die sie sowieso für die dämliche Deutsche hält, die für ein bisschen Sonne bereit ist, Unsummen auf den Tisch zu blättern.

Sieht aus wie Schnee, gell?, sagt Angelita. Ich stell mir manchmal vor, es ist Winter und bärig kalt, die Luft ganz klar, und wenn ich verfroren heimkomme, gibt's a hoaße Schokolade. Sie seufzt. Aber hier wird's nie kalt, und das ist kein Schnee. Nur Plastik.

Erschrocken erkennt Susi, dass tatsächlich das gesamte riesige Tal mit Plastikplanen bedeckt ist.

Da wachsen eure Tomaten, sagt Angelita verächtlich. Die Wintertomaten, für die ihr in Deutschland sechs Euro das Kilo bezahlt. Wir schreiben hier kanarische Tomaten drauf, weil die Deutschen die Kanaren so lieben. Vollgepumpt mit Pflanzenschutzmittel sind die, und erst die Erdbeeren, da kriegen's ja Ausschlag an die Finger, wenn Sie die nur anfassen. Aber wegen dem Obst und Gemüse sind wir jetzt die reichste Provinz Spaniens, haben's das gewusst?

Das haben Sie mir schon erzählt.

Tja, alles hat seinen Preis.

Jetzt bitte nicht auch noch Sprichwörter, denkt Susi angeödet. Wo kommen Sie ursprünglich her, fragt sie höflich, um Angelita auf ein anderes Thema zu bringen.

Ich? Ich komm aus Bayern, hört man das nicht? Aus einem kleinen Dorf hinter Weilheim. St. Leonhard im Forst, kennen Sie das?

Nein, tut mir leid, sagt Susi.

Kennt niemand.

Und wie lange sind Sie schon hier?

Zu lange, sagt Angelita lachend.

Heißt das, dass Sie gerne wieder zurückgehen würden?, fragt Susi vorsichtig.

Sie bekommt keine Antwort. Abrupt und ohne den Blinker zu setzen, biegt Angelita von der Schnellstraße ab auf eine kleine Nebenstraße. Susi wird an ihre weichgepolsterte Schulter geschleudert, sie kann ihren scharfen Schweiß riechen und ihr Parfüm, das an Orangenblüten erinnert, eine höchst widersprüchliche Kombination. Susi liebt den Duft von Orangenblüten.

Damit Sie auch ein bisschen die Landschaft sehen, kommentiert Angelita munter, aber Susi sieht keine Landschaft, sondern nur Plastik. Ein Meer aus Plastik. Das ganze Land ist in Plastik verpackt, wie in einer Aktion von Christo. Eine Wolke von Insektenvertilgungsmittel dringt ins Auto.

Das ist ja furchtbar, murmelt Susi.

Na ja, sagt Angelita und wedelt mit dem Arm beschwichtigend durch die Luft, schön ist es nicht. Aber man sieht's ja net, wenn man nach vorn aufs Meer schaut.

Das ist ihr geheimer Plan, denn diese Straße schlängelt sich hinauf in die Berge, und dort, von ganz oben, wird sie dieser Zicke kommentarlos einen umwerfenden Blick aufs Meer präsentieren, und die Plastikplanen werden in der Senke verschwunden sein, als hätte es sie nie gegeben. Dieser Blick aufs Meer wird Susis deutsches Herz mit unstillbarer Sehnsucht erfüllen, das funktioniert immer.

Dort oben liegt die Villa, die sie ihr heute verkaufen wird, aber noch wird Angelita sie ihr nicht zeigen, nur einen kurzen, atemberaubenden Blick aufs Meer wird sie ihr erlauben, dann wird sie Susi wieder hinunterfahren an die Küste, sie der Betonwüste von Roquetas ausliefern und Stunden später erschöpft einsammeln, ihr ein spätes Mittagessen bei Pablo genehmigen, alles schon bestellt, die besten Tapas, ein wenig Wein, und dann wird diese Susi langsam reif sein wie eine fette Feige, die sie bloß noch pflücken muss. Ich hab da nur noch ein Objekt, wird Angelita gleichgültig sagen, aber das ist bestimmt nichts für Sie. Es liegt einsam oben in den Bergen, mit Blick übers Meer, ein altes Haus, ein Bauernhaus, eine Finca …

Noch so ein Wort, das die Deutschen lieben: Finca. Nein, ich glaube, das sollte ich Ihnen gar nicht zeigen, es passt so gar nicht zu dem, was Sie sich vorgestellt haben … Ja, so wird sie es machen, genau so. Jetzt muss sie nur beten, dass die afrikanischen Mädels noch nicht unterwegs sind, dass sie schlafen oder ihre Brut füttern, es ist ja erst Mittag, also kein Grund zur Sorge.

Aber wir fahren ja weg vom Meer, sagt Susi und deutet auf die Berge.

Nein, nein, schnurrt Angelita, keine Sorge, die Straße macht nur einen Bogen.

Ihr Handy klingelt in ihrer Handtasche. Angelita beugt sich tief unter das Lenkrad und kramt darin, ängstlich beobachtet Susi die kurvige, enge Straße, es klingelt und klingelt, Angelita schimpft auf Spanisch vor sich hin, wie ein Maulwurf wühlt sie in ihrer Tasche.

Susi will schon ins Lenkrad greifen, da tritt Angelita auf die Bremse, das Auto kommt zum Stehen, und als sie sich mit dem Handy am Ohr wieder aufrichtet, hat Susi die Frau im Gebüsch bereits entdeckt. Unbeweglich sitzt sie auf einem winzigen Hocker, ihr riesiger schwarzer, nackter Hintern quillt über den Rand wie dunkler Teig, die Pobacken zerteilt ein rosa Tanga, dazu trägt sie einen rosa BH, von hinten sieht man ihre kunstvoll geflochtene Frisur. Träge dreht sie sich nach dem Auto um, ihre nackte Haut glänzt in der Sonne wie poliertes Holz, misstrauisch mustert sie die beiden Frauen im Auto.

Was macht die denn da?, fragt Susi erstaunt wie ein Kind.

No puedo hablar, estoy trabajando, bellt Angelita in ihr Handy, wirft es zurück in die Tasche, tritt aufs Gas, das Auto springt zurück auf die Straße. Diese verdammten *putas,* denkt sie. Überall sitzen sie rum. Nirgendwo ist man mehr sicher vor ihnen, dort bewegt sich ein Schatten, da huschen ein paar schwarze Beine durchs Gebüsch, ein Stück grellbunter Stoff, ein leerer Hocker.

Ach so, kichert Susi und schämt sich, dass sie so langsam kapiert.

Angelita schweigt.

Sind das die Flüchtlinge aus den Booten, von denen man immer wieder liest? Kommen die bis hierher?

Wie die Heuschrecken, sagt Angelita mürrisch. Sie fallen ein wie die Heuschrecken. Eine Plage. Aber wir lassen sie ja alle rein. Wir sind ja so großzügig, wir haben's ja, gell?

Würden Sie freiwillig Ihre Heimat verlassen und unter Lebensgefahr in winzigen Booten übers Mittelmeer schippern, nur um sich dann in der Fremde ins Gebüsch zu setzen und sich zu prostituieren, möchte Susi Angelita am liebsten fragen, aber sie weiß, wie sinnlos solche Diskussionen sind, wie schnell sie sich dabei in Rage redet, und schließlich will sie ja etwas von diesem bayrischen Knödel, sie hält besser den Mund.

Angelita beobachtet sie von der Seite. Ihre kleine Standardrede über die Heuschreckenplage, die sonst immer gut ankommt und in der Regel lange Klagelieder der Kunden über die Asylanten zur Folge hat, war bei Susi nicht erfolgreich. Aber was wird sie sagen, wenn ihr klar wird, dass direkt unter ihrem Traumhaus, der Villa oben am Berg, ganze Horden von halbnackten Afrikanerinnen und neuerdings auch Rumäninnen im Gebüsch hocken und es hier jede Nacht zugeht wie auf der Reeperbahn am Vatertag?

Ganz langsam nimmt Angelita die letzte Kurve, um den Blick aufs Meer zu enthüllen wie ein Geschenk. Insgeheim zählt sie bis zehn, und pünktlich bei der Ziffer acht stöhnt Susi auf, als habe man ihr ein Messer in die Rippen gerammt.

Angelita lächelt triumphierend. Es läuft wie am Schnürchen.

Oh Gott, stöhnt Susi, ist das schön.

Eingerahmt von Krüppelkiefern wie in einem perfekt komponierten Bild, liegt das Meer tief unter ihnen. Angelita hält an, Susi springt aus dem Auto, wie sie es alle immer tun, sie nimmt ihre Handtasche mit, kein Vertrauen hat diese Person. Der Wind zerrt an ihrem Hosenanzug, ihre Haare flattern, sie stellt sich auf einen Stein, breitet die Arme aus, schließt die Augen.

Titanic, denkt Angelita kühl, dieselbe Pose wie dieses Mädchen am Bug des Schiffes, jetzt wird sie romantisch, das ist gut, sehr gut. Wenn die Deutschen romantisch werden, werden sie gefügig. Die knete ich mir noch zurecht. Angelita steckt sich eine Zigarette an.

Der Wind beutelt Susi wie eine leere Plastiktüte. Sie kneift fest die Augen zu. Warum glaubt sie nur, dass hier etwas besser werden wird, was nicht mehr besser werden kann? Der Wind umschmeichelt sie sanft, um im nächsten Augenblick wieder so heftig an ihr zu zerren, dass sie ins Taumeln gerät. Sie öffnet die Augen nicht, sie möchte sich diesem Wind in die Arme werfen, für nichts mehr verantwortlich sein, sie lehnt sich der nächsten Böe entgegen, komm nur, komm nur, sie stellt sich auf die Zehenspitzen – da wird sie jäh zurückgerissen, stolpert, fällt hin. Öffnet die Augen.

Angelita steht über ihr, ihr Kleid weht wie ein großes lila Segel im Wind.

Was war denn das?, schreit sie, und ihr Gesicht ist überraschend rot. Wollten's von der Klippe hupfn oder was?

Sie atmet schwer, als sei sie weit gelaufen, dabei ist das Auto nur wenige Meter entfernt.

Susi fühlt sich wie ein Kind, das seine Mutter zu Tode erschreckt hat, stell dich doch nicht so an, will sie sagen, Angelita lächerlich machen in ihrer Fürsorge, da fällt ihr ihre Handtasche ein. Ist ihre Handtasche die Klippen runtergefallen? Mit all dem Geld?

Meine Handtasche! Wo ist meine Handtasche?

Angelita reicht sie ihr. Susi reißt sie an sich, rappelt sich auf, klopft sich den Sand von der Hose, klaubt kleine, harte, trockene Dornen aus dem Ärmel. Der Wind, lacht sie entschuldigend.

Haben Sie mir einen Schrecken eingejagt! Angelita zieht heftig an ihrer Zigarette, hält ihr die Packung hin.

Susi hat seit Jahren nicht mehr geraucht, aber jetzt streckt sie automatisch die Hand aus, als habe sie nie aufgehört, zieht eine Zigarette aus der Packung, auf der in großen schwarzen Buchstaben FUMAR MATA – Rauchen tötet – steht. Tief zieht sie den Rauch ein und fühlt sich jung und stark mit dieser Zigarette in der Hand, wie eine gute Bekannte aus einer anderen Zeit. Sie macht ein Foto vom Meer und schickt es Apple. Postwendend kommt Apples Antwort: *Joder. Beneide dich. Nur 1 bisschen. Spanien kann auch richtig scheiße sein ...*

Ham's Hunger?, fragt Angelita.

Ich weiß nicht, sagt Susi ehrlich, um darauf bei Pablo gleich zwei Portionen *gambas al ajillo* zu verschlingen, während Angelita ihr zusieht und an einem Weinglas nippt.

Sie sitzen draußen, in der prallen Sonne. Das muss man mit den Deutschen. Immer wollen sie draußen sitzen. Wie geplant ist Susi bereits völlig erschöpft. Angelita hat ihr in den *urbanisaciones* sechs Objekte in verschiedenen Größen, Ausstattungen und Preisen gezeigt, aber wie erwartet hat Susi nicht gerade begeistert reagiert.

Angelita hat mit ihr das neue Dialysezentrum besichtigt, sie hat auf die verschiedenen Möglichkeiten der physischen Rehabilitation hingewiesen, auf die Masseure und Therapeuten, die sich hier in der letzten Zeit niedergelassen haben, sie waren sogar in dem Bioladen, der erst vor zwei Monaten aufgemacht hat. Aber Susi wurde immer schweigsamer.

Lächelnd beobachtet sie Susi beim Essen. Niemals würde Angelita Gambas essen am Samstag, das weiß doch jedes Kind, dass die nicht frisch sein können. Aber der Kunde ist König, sie wollte Gambas, sie hat Gambas bekommen. Angelita schenkt Susi vom *vino tinto* nach und hebt das Glas.

Prost, sagt Angelita. *Salud.*

Es tut mir leid, sagt Susi, Sie geben sich so viel Mühe … Susis Stimme verebbt im Geratter eines Pressluftbohrers von gegenüber. Mit Bedacht hat Angelita dieses Restaurant gewählt.

Etwas lauter setzt Susi von neuem an: Ich … es tut mir wirklich leid, aber ich hätte nicht gedacht, dass hier alles so … Sie macht eine vage Handbewegung.

Angelita legt den Kopf schief und wartet.

Susi zögert. Sie spürt, wie ihr der Alkohol zu Kopf steigt und alles in ihr durcheinanderwirbelt wie in einem Mixer: die Hitze, der Wind, diese schrecklichen Betonburgen, die einsamen rotgesichtigen Rentner, die verloren herumwandern, die kargen, weißgestrichenen, dünnwandigen Apartments mit garantiertem Blick aufs Meer und auf sonst nichts, wie auf ein Poster an der Wand.

Das ist hier alles so …, beginnt sie erneut.

Sie müssen jetzt nix sagn, springt Angelita endlich ein, ich seh Ihnen doch an, dass Ihnen das hier nicht so liegt.

Was?, fragt Susi vorsichtig.

Das Geplante. Enge. Spießige. Vertrauensvoll beugt Angelita sich über den Tisch. Jetzt san wir doch mal ehrlich: Hier sieht's doch nicht anders aus als in Neuperlach, nur mit dem Unterschied, dass die Sonne scheint. Hab ich recht, oder hab ich recht?

Susi spießt die letzte Gamba mit einem Zahnstocher auf. Muss Angelita dauernd so doofe Redewendungen benutzen?

Aber das mögen die Leut halt, fährt Angelita in konspirativem Ton fort, die möchten es genauso haben wie zu Haus.

Aber Sie … Sie macht eine Pause. Sie sind … a weng anders … Stimmt's?

Susi ist geschmeichelt und stellt fest, dass Angelita früher ein ganz hübsches Gesicht gehabt haben muss. Altmodisch, aber lieblich. Wie eine bayrische Madonna. Wenn sie nicht so fett wäre, könnte sie immer noch ganz hübsch sein.

Wieso soll ich anders sein?, fragt Susi. Sie schiebt sich die öltriefende Gamba in den Mund. Niemals würde sie zu Hause so fettig essen.

Bingo, denkt Angelita. Ich habe da nur noch ein einziges Objekt, sagt sie langsam und wedelt gleichzeitig dieses Objekt fort wie eine lästige Fliege, behält Susi über ihr Weinglas hinweg jedoch genau im Blick. Aber das ist wahrscheinlich nichts für Sie. Es liegt nicht am Meer, sondern einsam oben in den Bergen, mit Blick übers Meer, das ganze weite Meer …

Susi reagiert nicht. Sorgfältig wischt sie den letzten Tropfen Öl mit einem Brocken Weißbrot aus ihrem Tapaschälchen.

Es ist ein altes Haus, fährt Angelita fort, ein Bauernhaus, eine Finca … Susi hebt den Kopf und sieht sie mit leicht verschwommenem Blick an. Diese blauen Augen, der Blick aus dem Norden, den die Araber den bösen Blick nennen, weil sie ihn nicht deuten können, er ist kühl wie Wasser. Angelita hat so viele Jahre in tiefbraune, fast schwarze Augen geschaut, alle ihre Kinder haben diese Augen, dass ihr der blaue Blick jetzt auch fremd und kalt vorkommt. Sie hält die Luft an.

Finca?, sagt Susi endlich, und Angelita atmet aus. Das, was die Italiener *rustico* nennen?, fragt Susi spöttisch, ein komplett renovierungsbedürftiges altes Haus, das man nur noch den Deutschen verkloppen kann? Meinen Sie so was?

Joder. Das Zauberwort hat nicht funktioniert, diese Susi ist wirklich eine harte Nuss. In der Regel haben Sie recht, sagt Angelita so sanft sie nur kann, absolut recht. Wie viele sind schon auf sogenannte Fincas reingefallen. Aber dieses Haus hat ein deutscher Architekt ausgebaut, alles vom Feinsten, es ist deshalb nicht gerade billig. Ich weiß auch gar nicht, ob ich es Ihnen überhaupt zeigen soll, dieses Haus ist nur etwas für… für…

Für wen?, fragt Susi eine Spur wacher.

Na ja, es ist etwas für absolute… Das nächste Wort ist Angelitas letzter Trumpf. Sie zieht es kunstfertig aus dem Ärmel und knallt es auf den Tisch: Individualisten.

Sie hat richtig gepokert.

Ach so, sagt Susi langsam, schau'n wir es uns doch mal an…

Ab jetzt macht Angelita alles richtig. Genau zur richtigen Tageszeit, am späten Nachmittag, kommen sie an. In einer halben Stunde wird das Licht die Landschaft rosa färben. Ein weicher Wind hat sich pünktlich erhoben und die Fliegen verscheucht, die einen sonst in den Wahnsinn treiben können. Von den Plastikwüsten unten im Tal ist nichts zu sehen, der Felsvorsprung, auf dem das Haus steht, verbirgt sie ebenso wie die afrikanischen Nutten, die jetzt in Scharen herbeiströmen, um in der Nacht zu arbeiten. Das Meer glänzt wie aus purem Gold, alles ist perfekt. Angelita ist stolz auf sich. Heute wird es klappen, das spürt sie. Sie schließt das Gartentor auf.

Der Garten ist ein bisschen verwildert, der Eigentümer musste sehr plötzlich nach Deutschland zurückkehren…

Wissen Sie, warum?

Natürlich weiß Angelita, warum. Der Eigentümer, Herr Königsdorf, hat jahrzehntelang deutsche Anleger mit Hochglanzprospekten, vorbildlichen Musterwohnungen und geschickten Reden überzeugt, ihr Geld in schlampig gebaute Wohnanlagen, *urbanisaciones,* zu stecken. Das ist lange gut -

gegangen, bis die Sozialisten an die Macht kamen und die Baugenehmigungen nicht mehr mit Schmiergeld vom Bürgermeister persönlich zu bekommen waren. Die deutschen Besitzer wurden wegen der illegalen Baugenehmigungen enteignet, der Bürgermeister verschwand im Knast und Herr Königsdorf über Nacht aus Almería.

Nur seine alte Bekannte Angelita rief er an und gab ihr Anweisung, das Haus so schnell wie möglich zu verkaufen, für eine Provision von zehn Prozent. Diese zehn Prozent spuken seither in Angelitas Körper herum wie eine Droge, die sie wach hält, sie tröstet, ihr immer wieder Hoffnung gibt, sie jeden Tag aus dem Bett zieht. Aber seit fast einem Jahr steht das Haus nun leer, und alle Interessenten sind abgesprungen. Die Deutschen sind geizig geworden und kaufen nichts mehr. Die Familie sieht sie stumm und vorwurfsvoll an, ihre dicke deutsche Angelita, die doch immer zuverlässig Geld nach Hause gebracht hat, die doch arbeiten kann wie ein Pferd, was ist los mit ihr?

I mog nimmer, denkt sie, während sie umständlich die massive Haustür aufschließt und munter eine Geschichte über das plötzliche Verschwinden von Herrn Königsdorf erfindet.

Die Liebe, flötet sie, die Liebe. Und weg war er.

Susi hat schon beim Anblick des Hauses Herzklopfen bekommen, mit ungläubigem Staunen hat sie auf das Meer geschaut, das ausgebreitet wie ein glattes blaues Tuch unter ihr liegt, ihr sind die Knie weich geworden, sie hat die Anzeichen klar erkannt: Liebe auf den ersten Blick. Aber sie ist auf der Hut. Sie wird sich nicht überrumpeln lassen, sich nichts andrehen lassen.

In dem kleinen Garten stehen drei blühende Orangenbäume, dick und runzlig hängen die überreifen Orangen zwischen den weißen Blüten. Susi pflückt eine Blüte ab, zerreibt sie zwischen den Fingern, der bittersüße Geruch verschlägt ihr den Atem. Sie darf jetzt nicht durchdrehen vor Begeisterung, sie muss sich skeptisch und desinteressiert zeigen.

Angelita hält ihr die schwere Haustür auf, sie betreten den kühlen Flur, der ebenfalls nach Orangenblüten riecht, diese drei Orangenbäume vor der Tür scheinen das ganze Haus mit ihrem betörenden Duft zu erfüllen.

Meine eigenen Orangenbäume, denkt Susi und hat Mühe, an sich zu halten, am liebsten würde sie laut schreien vor Glück. Ihr Bauch rumort vor Aufregung.

Gut, dass ich hier heute früh noch mal ordentlich mit Parfüm durchs Haus bin, sagt sich Angelita, das hat ja nur so gestunken nach altem Mann. Sie betet zu Gott, während sie die Fensterläden aufstößt, inbrünstig betet sie: *Señor, por favor!* Ich bitt dich! Wie soll es denn sonst weitergehen mit uns?

Wie eine ungeübte Schlittschuhläuferin auf dem Eis macht Susi kleine Schritte durch den Raum, berührt mit den Fingerspitzen die hellbraunen Ledersofas aus den siebziger Jahren, die Glastische, den schwarzen wuchtigen Fernsehsessel. Argwöhnisch beobachtet Angelita sie. An der Art, wie der Kunde sich durch das Objekt bewegt, kann man den Grad seines Interesses ablesen. In der Regel bedeuten schnelle entschlossene Schritte eine gewisse innere Erregung, zögerliche eine weitgehende Ablehnung.

Angelita seufzt.

Eine Gitarre hängt an der Wand, *banderillos,* Stierkampfplakate, Drucke von Picasso, der übliche Spanienkitsch.

Die Einrichtung kann man vergessen, denkt Susi, aber das Haus kann man leicht renovieren. Die Wände in weichen Farben kalken, schöne Fliesen legen, die hole ich mir in Granada, Fliesen wie im Generalife, die Möbel weiß und hell, die Räume leer und luftig, hier eine große Couch mit Blick aufs Meer, eine zweite vor den Kamin. Ein offener Kamin! Schade nur, dass alle Fenster vergittert sind.

Susi rüttelt kurz und kräftig an den weißgestrichenen Eisenstäben.

Reine Vorsichtsmaßnahme, sagt Angelita behutsam.

Hm, macht Susi.

Wir haben hier viele Zigeuner, fügt Angelita schnell hinzu, das erklärt den Deutschen immer alles.

Das würden die *gitanos* aber nicht so gerne hören, sagt Susi jedoch.

Gitanos, oho, die tut so, als kennt sie sich aus, denkt Angelita.

Schön geschnitten, sagt Susi knapp und betrachtet verzückt das großzügige Badezimmer, die beiden Räume, die zu den Orangenbäumen hinausgehen, die Küche mit Meerblick, das Schlafzimmer mit dem großen, ebenfalls vergitterten Fenster, von dem aus man bestimmt die Sterne sieht.

Ja, sagt Angelita, und ihr Herz hüpft versuchsweise ein einziges Mal, sehr schön geschnitten. Immer die positiven Kommentare des Kunden wiederholen, das hat sie alles im Makler-Training gelernt. Lass den Kunden selbst formulieren, was ihm gefällt, wiederhole es. Negative Bemerkungen niemals wiederholen. Niemals. Sie sofort löschen durch Wiederholung einer früheren positiven Bemerkung.

Aber überall diese Gitter vor den Fenstern, ein bisschen wie im Gefängnis, sagt Susi.

Die Räume sind wirklich besonders schön geschnitten, sagt Angelita.

Beide schweigen einen Moment.

Na ja, innen müsste man komplett renovieren, sagt Susi.

Angelita würde am liebsten vor Wonne aufjauchzen.

Wenn der Kunde über mögliche Veränderungen spricht, hat er angebissen, dann stellt er sich sich selbst bereits in dem Objekt vor. Von jetzt an heißt es vorsichtig sein, ihn sensibel in seiner Phantasiearbeit unterstützen und begleiten wie ein Kind, das seine ersten Schritte macht.

Sicher, sagt Angelita, das müsste man überlegen. Die Möbel sind nicht mehr schön.

Sie beißt sich auf die Lippen. Sie darf jetzt auf keinen Fall vorgreifen.

Susi steht ganz still in der Mitte des Wohnzimmers. Ihr ist übel vor Glück, schwindlig, kalter Schweiß tritt ihr auf die Stirn. Hier, hier könnte es klappen, hier könnte alles wieder gut werden.

Die Grillen zirpen, der Wind ist zu hören, zum Glück nicht zu laut. Die wird sich wundern, wie er über die kargen Berge heulen kann, dass einem Hören und Sehen vergeht, denkt Angelita. Ein Windstoß fegt durchs Zimmer, die Haustür fällt ins Schloss. Susi schreckt leicht zusammen, aber bewegt sich nicht von der Stelle. Lass deinen Kunden ruhig ein wenig allein, er braucht Zeit, um sich sein zukünftiges Leben in den Räumen vorzustellen.

Angelita geht zur Haustür. Sie lässt sich nicht mehr öffnen, das gibt es doch gar nicht! Sie kennt diese Tür, ein bisschen geklemmt hat sie immer, sie rüttelt und zerrt an ihr, aber sie ist unnachgiebig verschlossen, der Schlüssel steckt außen. Und erst jetzt fällt Angelita die Besonderheit dieser Tür wieder ein, sie lässt sich von innen nicht öffnen, wenn nicht von außen das altmodische Schloss entsperrt ist. Wie konnte sie nur so schusselig sein? Wie konnte ihr das passieren? Das ist ja lächerlich. Angelita kichert nervös. Sie weiß, dass es keine zweite Tür gibt. Die Fenster sind solide vergittert. Ihre Handtasche mit dem Handy liegt im Auto. Und die von Susi auch.

Das hat Angelita noch befriedigt als Zeichen des entstandenen Vertrauens registriert, als Resultat ihrer mühevollen Arbeit der letzten Stunden.

Wo war sie nur mit ihren Gedanken? Sie weiß noch, was sie gedacht hat, als sie aufschloss: I mog nimmer. Das ist die Strafe. Nie zuvor hat sie sich diesen Gedanken gestattet: I mog nimmer. Peng. Wie ein Schuss ist nun die Tür ins Schloss gefallen.

Angelita geht zurück ins Wohnzimmer zum Telefon und hebt es ab, wie aus einer Laune heraus. Es ist natürlich abgemeldet. Susi wirkt so blass, so zerbrechlich zwischen den düsteren Möbeln. Sie hat die Hände auf ihren Magen gepresst und lächelt ein wenig gezwungen.

Darf ich die Toilette benutzen?

Selbstverständlich, sagt Angelita und geht vor, um sich zu vergewissern, dass es noch Toilettenpapier gibt. Freundlich hält sie Susi die Tür auf.

Kaum ist Susi im Bad verschwunden, läuft sie zurück zur Haustür, rüttelt abermals an ihr, hängt sich an die Klinke und zerrt mit aller Kraft daran – vergebens. Schweiß sammelt sich unter ihren schweren Brüsten und läuft in kleinen Rinnsalen über ihren Bauch.

Sie versucht, ruhig zu atmen. Zu lächeln. Lächeln, immer lächeln. Den Kunden niedergrinsen, hat Riemenschneider das genannt und dann drei Tage lang diese Gruppe von gestrandeten, lächerlichen deutschen Hausfrauen, die von einer Karriere als Maklerin träumten, vorbildhaft niedergegrinst.

Angelita fällt nichts, aber auch gar nichts zu ihrer Rettung ein. Ihre Familie wird sich erst spät in der Nacht Gedanken machen, wo sie bleibt. Keiner weiß, wo sie ist. Bei der Agentur hat sie sich bereits abgemeldet, bei Pablo ist sie dafür extra aufs Klo gegangen: Ja, leider, leider hat der Kundin nichts gefallen.

Dieses Haus ist ihre Privatangelegenheit, dieses Haus ist ihr Joker, es gehört ihr allein.

Die Klospülung geht mehrmals. Funktioniert sie vielleicht nicht richtig? Das hätte sie überprüfen sollen! Schließlich öffnet sich die Tür, und Susi kommt herausgewankt, noch blasser als zuvor. Wortlos geht sie an Angelita vorbei, murmelt: Ich muss mich einen Moment hinlegen, tut mir leid.

Und dann fällt sie auch schon mit dem Gesicht nach unten auf das Ledersofa. Das Sofa riecht wie die Autositze im Opel Kadett ihres Vaters. Stöhnend springt Susi wieder auf und rennt erneut aufs Klo.

Angelita hört die Klospülung ein ums andere Mal und weiß genau, was los ist. Sie hätte diese dumme Gans warnen sollen: Gambas am Samstag. Aber: Niemals den Kunden korrigieren, ihm niemals das Gefühl geben, man wisse es besser als er, besonders die Deutschen niemals berichtigen. Angelita selbst wird in ihrer Familie *Señora Sabetodo* genannt. Frau Alleswisserin.

Zum Glück hat Susi nicht in die Polster gekotzt, das hätte gerade noch gefehlt, den Geruch wird man nie wieder los. Noch nicht einmal mit Orangenblütenparfüm. Eingesperrt mit einer Zellengenossin mit Fischvergiftung. Großartig. Angelita fällt jetzt selbst aufs Sofa und schließt die Augen. Sie spürt ihre Erschöpfung wie ein schweres Gewicht, das sich auf sie senkt. Reflexartig schlägt sie die Augen wieder auf und klatscht einen kurzen Flamencorhythmus, das hat sie von ihrer Familie gelernt: Wenn du zu versinken drohst in Wut, Verzweiflung und Trauer, reißt der Rhythmus dich wieder raus. Taktaktaktak, *ándale,* und weiter geht's!

Angelita rappelt sich hoch und findet Susi zusammengekrümmt und leise wimmernd vor dem Klo auf dem Fußboden. Angelita versucht, sie hochzuziehen, aber Susi sackt immer wieder zusammen und legt stöhnend die Wange auf die kühlen Fliesen. Angelita packt sie schließlich an den Armen, zieht sie hoch, presst sie an ihren Busen und zerrt sie in kleinen Schritten aus dem Badezimmer, den Flur entlang bis ins Wohnzimmer. Die Gambas, sagt sie immer wieder beschwichtigend, es sind nur die Gambas. Das geht bald vorbei, das geht vorbei. Keine Angst, keine Angst.

Susi fühlt sich wohl an diesem großen, warmen Busen, ein kaltes Tuch wird ihr auf die Stirn gelegt, eine Decke über sie gebreitet, sie hört Angelita murmeln, und dankbar driftet sie in ein dunkles Zwischenreich, bis sich ihr Magen und ihre Gedärme erneut aufbäumen und sie auf allen vieren eilig zurückkriecht zum Klo.

Und dann wieder der große, warme Busen, das kalte Tuch, die Decke. Fünf Mal, bis sich ihr Inneres langsam beruhigt wie ein Meer nach dem Sturm. Sie genießt die dicke Hand, die sie tätschelt, ihr die Löffelchen Wasser reicht, die ungewohnte Fürsorge.

Wann hat sich zuletzt jemand um sie gekümmert? Sie ist doch diejenige, die sich kümmert. Sich um Ralf kümmert, von morgens bis abends. Sich gern um ein Kind gekümmert hätte, so gern, aber dafür ist es jetzt zu spät. Sie wird sich um Ralf kümmern bis zum Ende. Sie muss telefonieren, sofort. Ralf wird sich bereits Sorgen machen. Seit ihrer Ankunft in Almería hat sie sich nicht gemeldet.

Ja, ja, murmelt Angelita, warte noch ein bisschen, noch ein bisschen ausruhen, dann kannst du telefonieren.

Seit wann duzen wir uns?, denkt Susi, dann dämmert sie weg.

Es wird dunkel. Angelita sieht durch die Gitterstäbe in

die schwarzblaue Nacht. Kein einziges Licht weit und breit. Hallo, ruft sie halbherzig. Die Grillen sägen weiter, ohne sich um sie zu scheren. Wenigstens ist es hier ein wenig kühler als unten. Ganz dicht presst sich Angelita an die Stäbe und der frischen Luft von draußen entgegen, bis sich ihr Herzschlag beruhigt und sie anfängt, die Tatsache zu genießen, dass sie mit einem Mal einen freien Abend hat.

Kein Kundengespräch bei Touristenflamenco und teurem, schlechtem Essen, keine maulende Familie, die kaum den Kopf hebt, wenn sie endlich nach Hause kommt, kein Haushalt, keine Streitereien mit den großen Mädchen, kein betrunkener Ehemann, keine kreischende Schwiegermutter vor dem Fernseher, all das heute Abend nicht. Heute hat sie Pause. Frieden. Im Kühlschrank findet sie eine angebrochene Flasche Gin, im Regal eine Packung Kekse. Sie schaltet den Fernseher ein, leise, leise, damit Susi nicht geweckt wird, zum Glück hat sie Strom und Wasser nicht abstellen lassen, weil es einen besseren Eindruck macht bei den Kunden. Sie rückt den schweren schwarzen Sessel dicht vor den Fernseher, trinkt den Gin in klitzekleinen Schlucken wie Medizin, knabbert die Kekse, freut sich, dass sie ganz allein das Programm bestimmen darf und von niemandem gestört wird. Sie streift die Flipflops von den Füßen, legt die Beine über die Armlehne, knöpft sich das Kleid auf.

Über dem Fernseher hängt die Gitarre an der Wand. Sie nimmt sie herunter, zupft ein paar Fetzen bayrischer Volkslieder. Niemals würde sie zu Hause die Gitarren der Männer anrühren, die wie Frauen liebkost werden und launisch sind und meist nur spät in der Nacht bereit, gespielt zu werden. Wie romantisch sie das früher gefunden hat, wie wild und wunderbar. Als ihr dann aufging, dass sie allein das Geld würde verdienen müssen für diese Familie von Gitarrenspielern, wie übertrieben hat sie ihre Musik da gefunden, wie pathetisch, lächerlich und egozentrisch. Sie kann die Männer nicht mehr ernst nehmen, wenn sie sich mit wehleidigem *ay, ay, ay* in diese Musik stürzen und so tun, als hätten sie ein echtes Problem.

Sie legt die Gitarre zwischen ihre Beine auf ihren Bauch.

Gordita hat Manolo sie von Anfang an genannt, Dickerchen. Wie stolz Manolo auf seine dicke, blonde Deutsche war, seine *gordita alemana*. Wie einen Hauptgewinn hat er sie herumgezeigt. Und sie hat ihn angebetet, ihren Flamencogitarristen, der aussah wie aus einem Reiseprospekt der TUI.

Als Kind hat sie Zither gespielt. Zögerlich zupft Angelita die Saiten, bis eine Melodie aus der Gitarre tröpfelt, eine Melodie, zu der nicht geklatscht wird, die langsam ist und zart.

Der Mond ist aufgegangen, singt sie leise, die goldnen Sternlein prangen am Himmel hell und klar. Ein orangeroter Mond steht über den Tannenwipfeln ihrer Kindheit. Angelita hat Spanien satt. Ihre unersättliche Familie, die ewige Hitze. Sie möchte sich auf eine Wiese legen, mitten im deutschen Wald, und aus den Wiesen steiget der weiße Nebel wunderbar.

Das ist schön, murmelt Susi vom Sofa. Weiter. Bitte.

Mitten in der Nacht wacht Susi auf. Ihre Eingeweide tun ihr weh, ihre Speiseröhre brennt, bittere Galle liegt ihr auf der Zunge, sie hat Durst. Es ist dunkel. Im ersten Moment weiß sie nicht, wo sie ist. Vorsichtig setzt sie die nackten Füße auf den Steinboden und tastet sich durch das Zimmer. Im Mondlicht leuchtet das weiße Fleisch von Angelita im Sessel. Sie hat ihr Kleid geöffnet, fasziniert betrachtet Susi ihre riesigen Brüste, die nur notdürftig von einem ausgeleierten roten BH – rot! Wie spanisch! – zusammengehalten werden. Die fetten

Schenkel um die Gitarre gelegt, schnarcht sie leise vor sich hin.

Soll sie sie wecken? Susi fühlt sich noch ziemlich wacklig auf den Beinen, nur ein Schluck Wasser, dann will sie sich wieder hinlegen, bis Angelita aufwacht. Eine kühle Brise streicht durch die Gitterstäbe ins Zimmer und über ihre Haut. Draußen ist es pechschwarz, nur in der weiten Entfernung tanzen Lichtpünktchen, das müssen Boote auf dem Meer sein. Könnte ich hier leben? Allein? Wie soll ich denn ohne Ralf weiterleben? Diese Frage hat Susi sich strengstens verboten. Sie ist doch jetzt schon meist allein. Sie fühlt sich verlassen, wenn Ralf schläft. Manchmal bittet sie Apple, mit ihr spazieren zu gehen, ins Kino, oder kurz zum Vietnamesen, raus aus der Wohnung, in der sie das Gefühl hat, zu ersticken. Aber sie will Apple nicht überstrapazieren, sie nicht langweilen mit ihrem Elend.

Wie fühlen Sie sich?, fragt Angelita.

Susi fährt zusammen. Besser, sagt sie schnell. Wir können jetzt fahren.

Angelita richtet sich ächzend auf, nimmt die Gitarre von ihrem Schoß, knöpft ihr Kleid zu.

Hm, sagt sie. Vielleicht sollten Sie noch ein bisschen ausruhen.

Es geht schon. Bestimmt.

Angelita steht auf und hängt die Gitarre wieder an die Wand. Ihr seltsamer Geruch von Orangenblüten und Schweiß schlägt Susi im Dunkeln entgegen. Warum macht sie kein Licht?

Es waren die Gambas, sagt Angelita.

Ja. Die hätte ich nicht essen sollen.

Eine einzige schlechte reicht.

Danke.

Wofür?

Dass Sie sich um mich gekümmert haben. Dass ich hier ein bisschen schlafen durfte. Sie müssen doch bestimmt nach Hause …

Angelita zuckt die Achseln. Nicht so wild.

Haben Sie Familie?

Angelita nickt. Fünf Kinder, drei Mädchen, zwei Jungen.

Hut ab, sagt Susi, weil ihr sonst nichts einfällt. Sie müssen doch bestimmt nach Hause, setzt sie von neuem an, wirklich, mir geht es wirklich besser. Ich möchte Sie nicht weiter aufhalten.

Ach, das war mal eine ganz nette Pause von allem, sagt Angelita, das bekomme ich nicht so oft. Haben Sie Kinder?

Nein. Leider nicht, hat nicht geklappt.

Hm, sagt Angelita nur und denkt: Die wollte gar nicht. Die will für immer schlank und jung und hübsch sein und über ihr eigenes Leben bestimmen.

Wir können jetzt wirklich gehen, sagt Susi.

Angelita macht die Stehlampe an, dreht sich wortlos um und lässt Susi allein im Wohnzimmer zurück.

Wollen Sie einen Tee?, ruft sie aus der Küche. Sie sollten einen Tee trinken, das beruhigt den Magen. Hier gibt es noch Pfefferminztee.

In winzigen Schlucken trinkt Susi den süßen, starken Tee, sie hat Angst, sich gleich wieder übergeben zu müssen. Sie versucht, die Fassung zu bewahren, aber am liebsten würde sie diese dumme Kuh in ihrem verschwitzten lila Kleid, diese Milkakuh, ohrfeigen.

Und das sagen Sie mir erst jetzt?

Vorher ging es Ihnen so schlecht, muht Angelita leise.

Das ist doch lachhaft.

Jean-Jacques Sempé

Ich lass mich nicht unterkriegen, ich sag mir: »Schließlich hab ich Freunde.« Ich rufe sie an, und ihr Anrufbeantworter ist eingeschaltet. Am nächsten Tag sag ich mir: »Ich hab Freunde, und die haben sogar einen Anrufbeantworter.«

Abermals rüttelt Susi an der Haustür. Sie stemmt die Hände in die Hüften, drohend kommt sie auf Angelita zu.

Sie haben mir doch von Zigeunern erzählt. Sie setzt das Wort Zigeuner in deutlich hörbare Anführungszeichen. Wie können Sie dann Ihre Handtasche und Ihr Handy einfach so im Auto lassen?

Ihre liegt auch im Auto, wendet Angelita sachte ein.

Aber nur, weil Sie Ihre dagelassen haben. Da habe ich gedacht, es ist sicher hier oben.

Das ist es ja auch.

Wissen Sie, was das bedeutet, wenn meine Handtasche weg ist?

Angelita nickt, obwohl sie nichts ahnt von den 20 000 Euro, die Susi als mögliche Anzahlung für ihr Traumhaus mitgenommen hat. Sie wollte gewappnet sein, andere Interessenten gleich mit Bargeld aus dem Feld schlagen. Wegen dieser 20 000 Euro hat sie schon den ganzen Flug über Blut und Wasser geschwitzt, und jetzt liegen sie in einem offenen Auto auf dem Beifahrersitz? Wie konnte sie so blöd sein, ihre Handtasche auch nur eine Sekunde aus den Augen zu lassen?

Was haben Sie jetzt vor?, schreit Susi. Sie müssen doch irgendeinen Plan haben!

Angelita senkt den Kopf. Sie wirkt apathisch, so, als ginge sie das alles nichts an.

Wenn das Geld weg ist? Wie soll sie das Ralf erklären? Ich habe einfach so 20 000 Euro in Spanien verloren?

Susi schüttelt Angelita. Erstaunt spürt sie den knochenlosen Speck von Angelitas Schultern. Selbst am Nacken sitzt bei ihr ein kleiner Fetthöcker, wie bei einem Kamel. Susi packt sie fester.

Weiß irgendjemand, dass wir hier sind?

Eigentlich …

Was eigentlich?

Niemand, seufzt Angelita leise.

Aber Ihre Familie wird Sie doch suchen!

Nicht so bald, sagt Angelita.

Sie scheinen nicht zu verstehen!, schreit Susi. Ich muss hier raus, meinen Mann anrufen, er macht sich Sorgen, wenn ich mich nicht melde, er ist krank! Haben Sie das verstanden? Krank! Er darf sich keine Sorgen machen!

Angelita nickt. Sie weint. Jetzt weint sie auch noch! Susi muss sich setzen, ihre Beine fühlen sich an wie Gummi, ihr Magen will wieder revoltieren, sie fertigmachen. Sie krümmt sich.

Wir sind gefangen, sagt Susi nüchtern.

Angelita heult vor sich hin und reagiert nicht. Alles, alles, was sie sich so schön ausgemalt hat, ist dahin. Diese Susi wird niemals ein Haus kaufen, in dem sie eingesperrt war wie eine Geisel. Nichts als Verachtung wird sie übrighaben für die fette Möchtegernmaklerin und ihr blödes Almería, wo doch der Hund begraben ist, sie wird nach Ibiza gehen wie all die anderen Deutschen mit Geld, und Angelita wird zurückbleiben, für immer gefangen in ihrem armseligen, mühsamen, beschissen heißen Alltag, mit ihrer gierigen Familie, ohne jede Aussicht auf Veränderung.

Der wird nichts zu unserer Rettung einfallen, das ist klar, denkt Susi wütend, der bestimmt nicht. Wenn uns hier niemand findet? Wir werden hier verhungern. Ich allerdings schneller als die. Die hat ja noch Speckvorräte für Wochen. Ralf wird mich überleben, wer hätte das gedacht?

Na gut, sagt Susi und steht auf, dann werden wir jetzt mal ein bisschen nachdenken, gell?

Das angehängte »gell« soll Angelitas bayerisches Herz beruhigen, und es wirkt prompt. Sie hebt den Kopf und sieht

Susi mit tränennassem Gesicht an. Ihre Wimperntusche ist verschmiert und gibt ihr etwas waschbärartig Putziges.

Ist ja nicht deine Schuld, sagt Susi.

Das Du nimmt Angelita dankbar an. Da hast du recht, sagt sie leise. Die blöde Tür hat so ein altmodisches Schloss.

Susi hört ihr schon nicht mehr zu, sie geht durchs Haus auf der Suche nach einer guten Idee. In der Küche öffnet sie jeden Schrank, man könnte Geschirr aus den Fenstern werfen, Krach machen. Die Stereoanlage aufdrehen, aber es gibt niemanden, der es hören könnte oder den das stören würde. Nicht in Spanien. Leuchtkugeln abschießen, aber es gibt natürlich keine Leuchtkugeln. Man könnte das Haus anzünden, nein, das ist doch ihr Haus, das weiß sie bereits, hier werden sie wohnen, in dieser Küche werden sie sitzen, die Orangenbäume werden duften, die Sonne wird scheinen, Ralf wird leben.

Was bleibt? Ein Besen, ein Schrubber, dieses Haus ist bestens ausgestattet. Die Schränke im Schlafzimmer hängen voller weißer Oberhemden und Khakihosen. Susi bindet Hemden und Hosen an Besen und Schrubber und drückt Angelita den Schrubber in die Hand.

Ich weiß ja nicht, sagt Angelita.

Fällt dir was Besseres ein?

Ich mein ja nur.

Sie zünden Hemden und Hosen mit Angelitas Feuerzeug an, das sie zum Glück in der Tasche ihres Wallekleids hatte. Als Fackeln strecken sie Besen und Schrubber zwischen die Gitterstäbe, und rufen: *Socorro! Socorro!*

Sie brüllen, bis sie heiser sind, verbrennen Hemd um Hemd, teure Hemden aus reiner Baumwolle, die gut brennt.

Nebeneinander stehen sie am Fenster und halten die Fackeln wie Angeln hinaus in die schwarze Nacht. Nichts rührt sich. Niemand wird auf sie aufmerksam. Keiner kommt zu ihrer Rettung. Die Zikaden sind noch eifrig an der Arbeit und lassen sich nicht stören.

Ich liebe dieses Geräusch, sagt Susi. Ich würde Deutschland keine Sekunde lang vermissen.

Angelita schweigt. Soll sie dieser fremden Frau erzählen, was mit ihr geschehen wird? Wie sie anfangs die Sonne genießen wird, die Hitze, die alles auftaut, was in Deutschland gefroren war, wie sie dieses Land und seine Menschen in ihr aufgetautes Herz schließen wird? Lange, ziemlich lange wird diese neue Liebe anhalten, sie wird sich über jede Tomate freuen, die schmeckt, über jedes spanische Wort, das sie lernt und das aus ihr einen anderen Menschen macht, weil sie es brüllen muss, sonst hört ihr keiner zu. Sie wird weniger schüchtern sein, aufgeschlossener, lebenslustiger. Denn dafür wird sie es anfangs halten, für die viel beschworene Lebenslust der langen Nächte, der Musik, des öffentlichen Lebens auf den Straßen. Und dann, irgendwann, wird sie bemerken, wie ihr die Zunge ausdörrt, weil niemand je über etwas wirklich redet. Das ist verboten, weil es traurig machen könnte, es wird hier nicht gegründelt, nicht gegrübelt, nicht ernsthaft diskutiert, es wird stattdessen getanzt, bei jedem Anflug von Traurigkeit wird in die Hände geklatscht und getanzt, *alegría, alegría,* bis sie es nicht mehr hören kann. Sie wird feststellen, dass sie sich nach anderem Essen sehnt als dem ewigen Schinken und den anfangs so heiß geliebten Gambas, ihre Augen werden brennen, weil sie die Farbe Grün vermissen, ihre Haut wird rebellieren, ihr Herz zusammenschnurren, weil es sich nach anderen Gefühlen verzehrt als nach der gespielten Leidenschaft und der schwarzen Eifersucht, sie wird sich ausgetrocknet fühlen wie ein Steckerlfisch, und angesichts eines kitschigen Kalenderfotos von einem verschneiten Wald oder einer satten Almwiese wird sie unvermutet in Tränen ausbrechen.

Nein, sagt Angelita leichthin, ich vermisse Deutschland eigentlich auch nicht. Nur manchmal die Amseln. Es gibt hier keine Amseln, weißt du? Und wenn morgens im Frühling die Amseln so pfeifen und singen und schwatzen … das vermisse ich. Ich hab meinen Kleinsten gebeten, mir Vogelstimmen aus Deutschland aufs Handy zu laden, und die höre ich mir manchmal im Auto an, nur ich, ganz allein. Ich fahre hier oben her, stell das Auto ab, dreh mich weg vom Meer und guck in die Pinien, sind die falschen Bäume, aber immerhin Bäume, und dazu singen die Amseln.

Ich weiß gar nicht so genau, wie eine Amsel singt, sagt Susi und bindet neue Hemden an ihren Besenstiel.

Angelita spitzt die Lippen und pfeift. Das zum Beispiel ist der Balzgesang der Amsel.

Ja, sagt Susi und legt den Kopf schief, das kommt hin. Sie denkt an ihren Balkon, an Ralf im Liegestuhl, an all ihre einsamen Spaziergänge und Jogging-Runden im Park.

Angelita pfeift und schließt die Augen. Ein dichtes grünes Blätterdach verdeckt den Himmel über ihr, es riecht nach feuchter Erde, Regenwürmer schlängeln sich über den Weg. Sie hockt als Kind auf der Dorfstraße über einer Pfütze und spielt mit einem Stöckchen im Wasser. Sie geht als dicker Teenager von der Schule nach Hause und raucht noch schnell eine Zigarette am Brunnen unter der Kastanie, über ihr singen die Amseln, sie sehnt sich mit Haut und Haar nach einem anderen Leben, und wenn sie es nicht bekommt, wird sie sich umbringen, sie weiß auch schon, wie, ihre Schulbücher wird sie sich um den Leib binden und in den Dorfweiher gehen.

Und das, das ist der Warnruf bei Gefahr. Angelita pfeift eine aufgeregte Kette von Tönen.

Ich würde Deutschland nicht vermissen, sagt Susi, da bin ich mir ganz sicher.

War ich mir auch. Angelita steckt ein paar lose Strähnen zurück in ihr Haarkrönchen. Susi sieht jetzt deutlich, dass ihre Haare blond gefärbt sind. Tut sie das, um hier in Spanien besser anzukommen?

Erst in den letzten Jahren vermisse ich es ein bisschen, fährt Angelita fort, aber ich könnte nie mehr in Deutschland leben. Ich gehöre nirgends mehr so richtig hin. Hier nennen sie mich nach sechsundzwanzig Jahren immer noch *la alemana*.

Im jäh aufflackernden Feuerschein am Ende ihres Besenstiels wirkt sie plötzlich ganz jung. So ähnlich sah sie wahrscheinlich aus, als sie nach Spanien kam, denkt Susi: vollbusig, prall, mit ihrem bayerischen Madonnengesicht und Zöpfchenfrisur, vielleicht sogar mit einem Dirndl im Gepäck.

Ich hab damals ausgeschaut wie ein Möchtegern-Hippie, lacht Angelita, das hatte ich aus der *Brigitte,* Ibiza-Look nannte sich das. So eine bestickte Bluse hatte ich an und Jeans, die hatte ich an den Knien aufgeschnitten, meine Mutter hätte mich dafür verprügelt, Ledersandalen und ein Stirnband. Eine Dauerwelle hatte ich mir von unserer Dorffriseurin machen lassen, das war das Einzige, was sie konnte, eine Dauerwelle hatten alle, aber ich trug die Haare offen und hatte so einen Kopf.

Sie deutet mit den Händen eine riesige Mähne an. Unglaublich sah ich aus, sagt sie und kichert leise. Ich habe als Kellnerin in einem der ersten Hotelbunker in Torremolinos gearbeitet, nach Feierabend habe ich mir die Haare aufgemacht und bin zu den Hippies am Strand. Bei der Arbeit musste ich meine Haare streng nach hinten binden und ein schwarzes enges Nyltestkleid mit weißer Schürze tragen. Jeden Abend kam eine Flamencogruppe ins Hotel, in den Gitarristen hab ich mich sofort verknallt.

Das Feuer geht aus, die Hemden sind verbrannt, sie stehen im Dunkeln nebeneinander am Fenster. Angelita seufzt. Sieben Jahre später hatte ich fünf Kinder.

Vom Gitarristen?

Von seinem Bruder, sagt Angelita. Der war ein bisschen zuverlässiger, nur ein ganz kleines bisschen, aber immerhin.

Tief atmet Susi den Duft der Orangenbäume aus dem Garten ein. Und der hatte wahrscheinlich schwarze lange Locken, schmale Hüften und trug das Hemd über der braunen Brust offen und sah umwerfend aus.

Natürlich, sagt Angelita.

Schweigend starren sie zusammen in die Nacht wie auf eine dunkle Leinwand, auf der gerade ein Film zu Ende gegangen ist.

Hast du vorhin *Der Mond ist aufgegangen* gesungen, oder habe ich das geträumt?, fragt Susi.

Das haben Sie geträumt, sagt Angelita schnell. Zu spät bemerkt sie, dass sie Susi wieder gesiezt hat. Nichts wird sich verändern, gar nichts, denken beide gleichzeitig. Sie wird das Haus nicht kaufen, denkt Angelita. Wir werden nicht nach Spanien ziehen, denkt Susi.

Sie bewegen sich nicht, stumm starren sie in den schwarzen Garten und versuchen, nicht traurig zu sein.

Hola, ruft eine Frauenstimme leise.

Hola!, brüllt Angelita zurück und presst das Gesicht gegen die Gitterstäbe. *Quién es? Hola!*

Susi sieht zuerst nichts weiter als drei rosa Flecken, die aus dem Schwarz auftauchen und auf sie zuschweben.

Aquí, aquí!, schreit Angelita. *Socorro!*

Erst als die rosa Dreiecke nur noch wenige Meter entfernt sind, erkennt Susi einen rosa Slip und einen rosa BH auf schwarzer Haut, ein dunkles Gesicht, eine Frau. Vorsichtig kommt sie näher, mit beiden Händen umfasst sie die Gitterstäbe von außen, ihre Haut schimmert bläulich, ganz nah kommt sie heran, ihre Augen glänzen, neugierig betrachtet sie die beiden Frauen.

Socorro, flüstert Susi.

SPRITPREISE RUNTER!
JA! NEIN!
NIEDER
VERBÄNDE WEHRT EUCH!
ÖKOSTEUER
RUNTER MIT DEM ÖLPREIS!
ÖKOSTEUER MUSS FALLEN!!!
MIR TUT ALLES WEH!
SENKT DIE MINERALÖLSTEUER
SCHLUSS MIT DER ABZOCKEREI
STOPPT DEN ABBAU VON ARBEITSPLÄTZEN!
NEIN ZUR MINERAL-

Wilhelm Busch

Fortuna

Fortuna lächelt,
doch sie mag nur ungern
voll beglücken;
Schenkt sie uns
einen Sommertag,
so schenkt sie uns
auch Mücken.

Arnon Grünberg

Eine kleine Schule des Glücks

Aus: *Der Vogel ist krank*

Mit wenig ein glücklicher Mensch zu sein ist genau wie Tennis oder Billard spielen eine Frage der Übung. Beck hat lange geübt, und zu guter Letzt ist es ihm gelungen. Ohne Bemühung von Gott, Meditation oder seltenen Kräutertees. Solche Hilfsmittel benutzen, so findet Beck, nur Betrüger. Er betrügt nicht, er will dem Abgrund ohne Netz und doppelten Boden begegnen.

Jahrelang hat er versucht, sich selbst glücklich zu machen, doch das war ein Irrweg. Wer sich selbst glücklich machen will, landet auf einem verrosteten Abstellgleis, die Jagd nach dem eigenen Glück ist gleichbedeutend mit dem Abstieg in die Hölle.

Solange man das eigene Glück anstrebt, ist man ständig am Warten, auch das stieß ihn an dem Glück ab, das Warten auf mehr, besser, tiefer, intensiver, vollkommener, garantierter, beständiger, echter. Das jetzige Unglück, vertraut und unbeschwert-heiter zugleich, würde er um nichts auf der Welt missen wollen. Niemand sein, nichts mehr darstellen hat seine Vorteile, es ist fast eine Erleichterung. Es erspart viel sinnlose Konversation und eine Menge Ärger.

Wenn man seinem Glück erst einmal entsagt hat, ändern sich die Kategorien, man hört auf, sich dauernd zu fragen, was einem eine Sache bringt, was einem bleibt, stattdessen erduldet man, lebt für ein Ziel, das größer ist als das eigene Glück, und damit bekommt fast jede Frage eine Antwort, jede Situation einen Sinn: für dich, für dich und nochmals für dich.

Er nennt das Gelassenheit, doch seine Frau hat etwas gegen diesen Begriff, sie findet ihn zu negativ.

Heute kann er sagen, dass er das Glück suchte wie ein Leprakranker, der weiß, dass er nicht mehr lang zu leben hat, im Grunde wie jemand, der im Begriff ist zu erkennen, dass das Glück überhaupt nicht existiert.

Die Glücklichen wissen, dass ihr Glück nicht existieren kann, nicht existieren darf, und darum verborgen bleiben muss. Beck liegt unter der Garderobe, hört alle Geräusche und freut sich an dem Glück, das nicht mehr ihm gehört, das Glück, auf das er seinen Röntgenblick richtet. Und je größer seine Freude an dem Glück, desto klarer wird ihm: Das Glück ist eine blaue Gesichtsmaske, hinter der der Tod ihn lauernd angrinst.

An seiner Arbeit fragen Kollegen ab und zu nach dem, was er sein »kleines Glück« nennt, mit dem Argwohn von Leuten, die glauben, sich verhört zu haben, aber sicherheitshalber doch noch einmal fragen. Beck antwortet immer das Gleiche: »Großes Glück existiert nicht, nur Leiden ist groß, Glück niemals.«

Es ist unmöglich, glücklich zu sein und gleichzeitig mitten im Leben zu stehen.

Sexualität führt nicht zum Glück, sie lenkt vielmehr davon ab.

Als sie nach Eilat zogen, hatten sie alles, was man braucht, um glücklich zu sein: Sie hatten einander, ein wenig Geld – Rücklagen aus Arbeit, Sparen und Erbschaften –, sie hatten eine Wohnung in einem Neubaugebiet auf dem Hügel, nichts Tolles zum Angeben, doch mit Wohnungen hatten sie das ohnehin nie getan. Und das alles war offenbar schrecklich, unmöglich, unerträglich. Mit Glück kann man nicht leben.

Mit eigenem Glück, so wurde Beck in jener Nacht in Eilat bewusst, kann man nicht leben, das kann man nur zerstören – vielleicht lässt sich ja mit dem Glück anderer leben? Doch er verwarf diesen Gedanken als Selbstbetrug, der sich eine neue Verkleidung gesucht hatte.

Man kann Menschen, die ihr Leben lang unglücklich gewesen sind, nicht auf einmal glücklich machen wollen, das ist Sadismus.

Nichts ist unerträglicher als Glück, man hält es nur aus, wenn man weiß, dass man es bald wieder verliert.

Nur weil Glück ohne Sinn auskommt, ohne Fragen, Theorien, ist es noch keine Antwort auf die absolute, die alles durchdringende Sinnlosigkeit. Glück ist nur das Echo des Absurden, ein Witz im Grunde, ein teuflischer Witz, dazu bestimmt, die Menschen irgendwo festzuhalten, wo sie sonst nie hätten bleiben wollen.

Auch wenn man dem eigenen Glück abgeschworen hat, taucht es im Leben immer wieder auf, wie Unkraut, an den verrücktesten Stellen. Dort, wo man es am wenigsten erwartet.

Aus: *Der Heilige des Unmöglichen*

Später sagte Raffaella mal: »Jeder kann irgendetwas am besten im Leben, und das muss er tun. Nur die Unglücklichen tun etwas, worin sie nicht gut sind.«

Raffaella war glücklich. Jemand anders machte sich Gedanken über ihr Leben. Aber das geht nicht, man darf anderen Leuten nicht die Regie für das eigene Leben überlassen. Sollen sie doch über sich selbst nachdenken. Jeder hat sein eigenes Leben zu regeln und seine eigenen Pläne, die Pläne der anderen bleiben für uns immer im Dunkeln.

Aus: *Phantomschmerz*

Eigentlich kannte ich nur eine Strategie: Wenn es einer Firma schlechtging, kaufte ich ihre Aktien. Je schlechter es einer Firma ging, desto mehr Geld steckte ich hinein. Sobald ich in der Zeitung las, dass ein großes Unternehmen Probleme hatte, rief ich meinen Mann bei der Bank an und gab ihm eine Kauforder, als sei ich Experte. Was ich im Grunde natürlich auch bin. Ich glaube an das Gesetz von Angebot und Nachfrage. Wenn jeder Äpfel will, muss man Birnen kaufen. Wenn jeder auf den Berg hinaufwill, muss man selbst hinuntersteigen. Wenn jeder nach Glück verlangt, muss man das Unglück suchen, und wenn jeder die Arme zu Gott erhebt, muss man den Teufel zum Tee bitten. Eigentlich tat ich es mit Menschen genauso; je schlechter es ihnen ging, umso mehr Interesse konnte ich für sie aufbringen.

»Hast du viel Glück im Leben gehabt?«, fragte ich Rebecca.

Sie sah aus dem Fenster. Vielleicht dachte sie nach.

»Nein«, sagte sie, »nicht sehr viel.«

Das hörte sich gut an, Leute mit wenig Glück in ihrem bisherigen Leben konnten noch auf Anfängerglück hoffen. Für mich war das Anfängerglück ein Stadium, das ich schon längst hinter mir gelassen hatte.

Wir brauchten niemanden außer uns, wir schliefen viel, und dann machten wir uns was zu essen warm. Wir kochten auch Tütensuppen und lachten über alles. Trotzdem kann ich mich an das Glück nicht erinnern. Es war da, das weiß ich bestimmt, aber es ist ein weißer Fleck in meinem Gedächtnis.

»Glück«, sagte die Märchenprinzessin, »heißt, für sich allein existieren zu können.«

»Glück«, sagte meine Frau an dem Tag, als die Bücherschränke gekommen waren, »ist kein mildernder Umstand.«

»Du irrst dich«, antwortete ich, »Glück ist sehr wohl ein mildernder Umstand. Oder besser gesagt: Alle mildernden Umstände zusammen – das ist Glück. Wenn du anders darüber denkst, hast du unrealistische Vorstellungen von der Welt und dem Leben.«

Glück, das Gegenwart ist, wird beängstigendes Glück, Glück in der Vergangenheit oder Zukunft ist da schon viel erträglicher.

Unbemerkt war die Zeit gegenwärtigen Glücks Vergangenheit geworden, doch war nicht klar, wann genau das geschehen war. Ab und an trafen wir uns noch in der Zeit, die es eigentlich schon nicht mehr gab, doch so springlebendig waren

Jean-Jacques Sempé

unsere Erinnerungen, dass sie Gegenwart wurden, dass alles immer wieder zum ersten Mal zu geschehen schien.

»Wo warst du?«

»Telefonieren«, sagte ich.

Sie fragte nicht weiter. Sie fragte nie weiter, am Anfang jedenfalls. So dass ich dachte, dass sie das auch später nie tun würde. Die Welt so hinnehmen, wie sie ist, ist ein wichtiger Bestandteil des Glücks.

Am letzten Tag in Florida sagte meine Frau: »Du hast unser Glück systematisch kleingemacht.«

Das Wort »systematisch« hallte in mir wider. Es erinnerte mich an meinen Vater. Der hatte immer gesagt: »Man muss alles systematisch tun.«

»Systematisch«, sagte ich, »was soll man mit Glück denn anderes tun, als es systematisch kleinzumachen? Das ist doch die einzig logische Antwort auf Glück.«

»Glaubst du«, fragte ich, »dass Glück etwas ist, das man einfach ausfallen lassen kann?«

»Wie meinst du das?«

»So wie man nach dem Essen zum Beispiel den Nachtisch ausfallen lässt, weil man schon zu viel Suppe und Fleisch gegessen hat. Man ist einfach zu voll für den Nachtisch. Glaubst du, dass man Glück genauso ausfallen lassen kann?«

»Glück ist doch kein Nachtisch.«

Vielleicht ist Glück ja bloß die Ausschaltung bestimmter Hirnzellen, und wenn diese Hirnzellen lahmgelegt sind, ist man glücklich.

Ab und zu redete ich von unseren Tagen im Motel Silver Lake, Tagen, die in unserer Erinnerung immer mythischer geworden waren. Unser Glück existierte nur in der Phantasie, doch seltsamerweise fühlte es sich greifbar und ganz nahe an, als sei es nur eine Haarlänge von uns entfernt. So war unser Glück auf Sizilien: eine Kugel, die uns um ein paar Millimeter verfehlt hatte.

Wenn man Glück nicht erwarten darf, muss man sich wenigstens daran erinnern.

Aus: *Statisten*

»Mach sie glücklich«, sagte Broccoli.

»Wer?«, fragte ich.

»Du«, sagte Broccoli, »mach sie glücklich.« Ich hatte noch nie jemanden glücklich gemacht. Ich konnte ja nicht mal mich selbst glücklich machen. Nach Meinung meiner Mutter war ich ein wandelndes Unglück.

»Wie denn?«, flüsterte ich, denn Elvira war aus ihrem Sessel aufgestanden und stellte sich jetzt zu uns.

»Ganz normal«, sagte Broccoli, »wie man Leute eben glücklich macht.«

Aus: *Tirza*

»Jetzt weiß ich, warum du gekommen bist. Weil du es nicht ertragen, nicht aushalten konntest, dass ich glücklich bin. Unerträglich war das für dich, dass ich mir mit Tirza ein Leben aufgebaut habe. Dass ich ohne dich zurechtkomme. Du hast

Glück schon immer unerträglich gefunden. Ohne Grund zum Heulen und Jammern hast du das Gefühl, nicht zu leben. Ohne Tränenflor vor den Augen denkst du, dass du das Beste verpasst. Kein Leben für dich ohne Tragödie. Kein Leben, nichts.«

Das Glück anderer Leute ist immer eine Bedrohung.

»Jörgen, seit wann glaubst du an das Glück? Dein Gott ist immer das Unglück gewesen. Du wolltest doch kaum was andres vom Leben als Unglück. Und du hast ihm gedient, diesem Gott, bist ihm nie untreu geworden, nicht mal, als du allen Grund hattest, dich verraten zu fühlen, immer weiter hast du deinem Unglücksgott gedient. Sein treuester Diener warst du. – Applaus! Warum glaubst du, bin ich dir weggelaufen? Ich wollte auch mal bei jemandem an erster Stelle stehen. Mal neben jemandem wach werden, der das Unglück nicht anbetet.«

Er zahlt gern für sein Glück. Glück ist immer zugleich auch mit einer unerträglichen Schuld verbunden. Einer Verirrung. Etwas, von dem man sich freikaufen muss.

»Jeder ist unglücklich. Wenn man das mal begriffen hat, macht es einem nichts mehr aus. Glück ist Pose, ein Mythos, eine Höflichkeitsfloskel auf Partys, Diners und Essen mit Freunden. Ich bin unglücklich, aber nicht unglücklicher als andere, habe ich mir in schwierigen Momenten immer gesagt. Mein Unglück war durchschnittlich. Ich habe zwei Kinder. Ein schönes Haus. Ein sehr schönes Haus.«

Wer sich ans Glück erinnern kann, der hat es erlebt.

Aus: *Mitgenommen*

Ein Tag glich dem anderen, und nachträglich musste der Major zugeben, dass Glück in Eintönigkeit bestand, oder besser gesagt: dass wahres Glück einförmiges Glück war.

Er ist glücklich. Nicht lange, Gott sei Dank nicht für lange. Glück macht schlaff.

Paulo Coelho

Sind Sie glücklich?

Sind Sie glücklich? Dies ist eine Frage, die zu stellen ich mir schon lange abgewöhnt habe, weil ich keine Antwort darauf habe. Ich stehe da nicht allein. Im Laufe der Jahre bin ich mit vielen Menschen zusammengekommen: mit reichen, armen, mächtigen und solchen, die sich in ihr Schicksal gefügt haben. In allen Blicken, die meinem begegneten, fehlte immer etwas – und ich schließe da Krieger, Gelehrte und Menschen mit ein, denen es wahrlich an nichts fehlte. Einige Menschen scheinen glücklich zu sein: Sie denken darüber einfach nicht nach. Andere schmieden Pläne: Ich werde einen Mann finden, zwei Kinder haben, ein Haus auf dem Lande. Während sie damit beschäftigt sind, gleichen sie einem Stier, der Ausschau nach dem Torero hält: Sie sehen nichts anderes. Sie schaffen es, sich genau das Auto zu kaufen, das sie immer haben wollten, vielleicht sogar einen Ferrari, im Glauben, dass darin der Sinn des Lebens besteht, und haben damit alles erreicht, was sie sich vorgenommen haben. Aber die Frage, was wirklich der Sinn des Lebens ist, stellen sie sich nie. Und trotz allem liegt im Blick dieser Menschen eine Traurigkeit, von der sie selbst nichts ahnen. Ich weiß nicht, ob alle unglücklich sind. Ich weiß nur, dass die Menschen ständig beschäftigt sind: Sie machen Überstunden, kümmern sich um Kinder, Ehemann, Karriere, Universitätsdiplome, denken darüber nach, was sie haben müssen, um sich anderen nicht unterlegen zu fühlen, und so weiter.

Wenige haben mir gesagt: »Ich bin glücklich.« Die meisten sagen: »Es geht mir blendend, ich habe das erreicht, was ich wollte.« Dann frage ich: »Und was macht Sie glücklich?« Antwort: »Ich habe alles, wovon ein Mensch träumen kann – eine Familie, ein Haus, Arbeit, Gesundheit.« Ich frage nach: »Haben Sie schon einmal innegehalten, um darüber nachzudenken, ob das alles im Leben ist?« Antwort: »Ja, das ist alles.« Ich lasse nicht locker: »Dann ist der Sinn des Lebens also Arbeit, Familie, Kinder, die erwachsen und Sie verlassen werden, die Ehefrau oder der Ehemann, die immer mehr zu Freunden werden, als Ihnen leidenschaftlich zugetan zu sein. Die Arbeit wird eines Tages aufhören. Was werden Sie tun, wenn es so weit ist?« Antwort: Es kommt keine.

Sie wechseln das Thema. Aber da ist immer noch etwas, das nicht gesagt wird: Der Unternehmer hat noch immer nicht das Geschäft abgeschlossen, von dem er geträumt hat; die Hausfrau wäre gern unabhängiger oder hätte gern mehr Geld; derjenige, der gerade seine Ausbildung beendet hat, fragt sich, ob er seinen Beruf selbst gewählt hat oder andere für ihn; der Zahnarzt wäre lieber Sänger, der Sänger lieber Politiker, der Politiker lieber Schriftsteller, der Schriftsteller lieber Bauer.

Auf der Straße, an der ich diese Kolumne schreibe, während ich Passanten beobachte, fühlen, das möchte ich wetten, alle das Gleiche. Die elegante Dame, die gerade vorbeigekommen ist, steigt mehrmals täglich auf die Waage, weil sie glaubt, vom Gewicht hinge ihr Glück ab. Auf der anderen Straßenseite sehe ich ein Ehepaar, das mit seinen zwei Kindern unterwegs ist, was es sehr genießt, aber gleichzeitig ist da bei beiden unbewusst die Angst, dass sie ihre Arbeit verlieren, dass ein Unglück passieren könnte, und sie fragen sich andauernd, wie sie sich davor schützen können, ihm entgehen können.

Ich blättere in den Klatschblättern: All die VIPs darin blicken lachend in die Kamera. Aber ich kenne viele von ihnen persönlich und weiß darum, dass der Schein trügt, dass sie auf dem Foto zwar lachen, aber sich frühmorgens oder spätnachts mit Fragen herumplagen. Zum Beispiel, was sie tun müssen, um weiterhin in den Medien präsent zu sein, wie sie die Tatsache überspielen können, dass sie sich ihr gegenwärtiges Luxusleben eigentlich gar nicht leisten können, wie sie ihr Vermögen vermehren und damit ihre Mitmenschen übertrumpfen wollen. Die Schauspielerin, mit der ich feiere und in die Kamera lache, kann mir schon morgen meine Rolle wegschnappen! Bin ich besser angezogen als sie? Warum lächeln wir, obwohl wir uns nicht leiden können? Kurz und gut, ich halte es wie Jorge Luis Borges, der sagt: »Glücklich werde ich nicht mehr, es gibt Wichtigeres.«

Jörg Fauser
Trotzki, Goethe und das Glück

Kaum war ich von der Spritze runter,
tappte ich in die nächste Falle:
die Revolution.

Die Revolution hieß Louise,
hatte unglaublich schmale Hüften,
blitzende Augen, flatterndes schwarzes
Haar, kam aus Paris
und war Trotzkistin.

Wir wohnten zusammen in einem
der besetzten Häuser, hielten uns
glänzend in Schuss, hielten es sogar
für Liebe, und ich palaverte,
wenn Palaver gefragt war,
schwenkte Fahnen, wenn Fahnen
gefragt waren, und frühstückte
entgegen allen Lehren
des Großen Vorsitzenden
mit einer Flasche Wermut
und einem netten dekadenten Gefühl
im Bett.

Das ist das Glück, dachte ich.

Das ist das Glück, sagte ich zu Louise.
Warum lassen wir die Revolution nicht sausen,
das sinnlose Palaver und die Fahnen
und die endlosen Auseinandersetzungen
um die Maschinenfabrik in Shanghai,
suchen uns irgendeinen stillen Winkel,
wo ich in Ruhe mein Bier trinken und
zwischendurch mal'n Gedicht schreiben kann,
et du reste l'amour?

Und Trotzki?, schrie Louise,
und die Genossen im Knast?
Dein bourgeoises Glück, pah! Bier
und Gedichte, während die Revolution
organisiert wird!

Von da an ging alles schief. Als ich
im Suff mal mit einer anderen ankam,
ging Louise mit dem Messer
auf mich los. Dann mischte sie
bei einer Frauengruppe mit und ich
musste nehmen, was kam:
meistens nur Bier und manchmal irgendeine
neurotische Studentin, und später selbst das
nicht mehr, und dann
schmissen sie mich raus,
und ich zog woandershin.

Das alles ist etliche Jahre her, aber neulich
traf ich ein Mädchen, das noch in den Kreisen
verkehrt, und fragte sie nach Louise.

Louise, sagte das Mädchen –
die ist wieder in Paris.
Sitzt sie im Zentralkomitee?, fragte ich.
I wo, sagte das Mädchen, die hat irgendson
Goetheforscher geheiratet.

An dem Abend trank ich alles durcheinander,
trank wie lebensmüde, aber als ich gestern
an dem Haus vorbeikam – es sieht
inzwischen ziemlich verkommen aus,
absolut déjà vu –
dachte ich, na ja,
vielleicht hast du doch Glück gehabt.

Jean Paul

Die Wutzische Kunst, stets glücklich zu sein

Den ganzen Tag freuete er sich auf oder über etwas. »Vor dem Aufstehen«, sagt' er, »freu' ich mich auf das Frühstück, den ganzen Vormittag aufs Mittagessen, zur Vesperzeit aufs Vesperbrot und abends aufs Nachtbrot – und so hat der Alumnus Wutz sich stets auf etwas zu spitzen.« Trank er tief, so sagt' er: »Das hat meinem Wutz geschmeckt« und strich sich den Magen. Niesete er, so sagte er: »Helf dir Gott, Wutz!« – Im fieberfrostigen Novemberwetter letzte er sich auf der Gasse mit der Vormalung des warmen Ofens und mit der närrischen Freude, dass er eine Hand um die andre unter seinem Mantel wie zu Hause stecken hatte. War der Tag gar zu toll und windig – es gibt für uns Wichte solche Hatztage, wo die ganze Erde ein Hatzhaus ist und wo die Plagen wie spaßhaft gehende Wasserkünste uns bei jedem Schritte ansprützen und einleuchten –, so war das Meisterlein so pfiffig, dass es sich unter das Wetter hinsetzte und sich nichts darum schor; es war nicht Ergebung, die das unvermeidliche Übel aufnimmt, nicht Abhärtung, die das ungefühlte trägt, nicht Philosophie, die das verdünnte verdauet, oder Religion, die das belohnte verwindet: sondern der Gedanke ans warme Bett wars. »Abends«, dacht' er, »lieg' ich auf alle Fälle, sie mögen mich den ganzen Tag zwicken und hetzen, wie sie wollen, unter meiner warmen Zudeck und drücke die Nase ruhig ans Kopfkissen, acht Stunden lang.« Und kroch er endlich in der letzten Stunde eines solchen Leidentages unter sein Oberbett: so schüttelte er sich darin, krempte sich mit den Knien bis an den Nabel zusammen und sagte zu sich: »Siehst du, Wutz, es ist doch vorbei.«

Ein andrer Paragraph aus der Wutzischen Kunst, stets fröhlich zu sein, war sein zweiter Pfiff, stets fröhlich aufzuwachen – und um dies zu können, bedient' er sich eines dritten und hob immer vom Tage vorher etwas Angenehmes für den Morgen auf, entweder gebackne Klöße oder ebenso viel äußerst gefährliche Blätter aus dem Robinson, der ihm lieber war als Homer, oder auch junge Vögel oder junge Pflanzen, an denen er am Morgen nachzusehen hatte, wie nachts Federn und Blätter gewachsen.

Bosc

Jean-Jacques Sempé

Gottfried Keller

Der Schmied seines Glückes

John Kabys, ein artiger Mann von bald vierzig Jahren, führte den Spruch im Munde, dass jeder der Schmied seines eigenen Glückes sein müsse, solle und könne, und zwar ohne viel Gezappel und Geschrei. Ruhig, mit nur wenigen Meisterschlägen schmiede der rechte Mann sein Glück!, war seine öftere Rede, womit er nicht etwa die Erreichung bloß des Notwendigen, sondern überhaupt alles Wünschenswerten und Überflüssigen verstand. So hatte er denn als zarter Jüngling schon den ersten seiner Meisterstreiche geführt und seinen Taufnamen Johannes in das englische John umgewandelt, um sich von vornherein für das Ungewöhnliche und Glückhafte zuzubereiten, da er dadurch von allen übrigen Hansen abstach und überdies einen angelsächsisch unternehmenden Nimbus erhielt. Darauf verharrte er einige Jährchen ruhig, ohne viel zu lernen oder zu arbeiten, aber auch ohne über die Schnur zu hauen, sondern klug abwartend.

Als jedoch das Glück auf den ausgeworfenen Köder nicht anbeißen wollte, tat er den zweiten Meisterschlag und verwandelte das i in seinem Familiennamen Kabis in ein y. Dadurch erhielt dies Wort (anderwärts auch Kapes), welches Weißkohl bedeutet, einen edlern und fremdartigern Anhauch, und John Kabys erwartete nun mit mehr Berechtigung, wie er glaubte, das Glück.

Allein es vergingen abermals mehrere Jahre, ohne dass

selbiges sich einstellen wollte, und schon näherte er sich dem einunddreißigsten, als er sein nicht bedeutendes Erbe mit aller Mäßigung und Einteilung endlich doch aufgezehrt hatte.

Jetzt begann er aber, sich ernstlich zu regen, und sann auf ein Unternehmen, das nicht für den Spaß sein sollte. Schon oft hatte er viele Seldwyler um ihre stattlichen Firmen beneidet, welche durch Hinzufügen des Frauennamens entstanden. Diese Sitte war einst plötzlich aufgekommen, man wusste nicht, wie und woher; aber genug, sie schien den Herren vortrefflich zu den roten Plüschwesten zu passen, und auf einmal erklang das ganze Städtchen an allen Ecken von pompösen Doppelnamen. Große und kleine Firmatafeln, Haustüren, Glockenzüge, Kaffeetassen und Teelöffel waren damit beschrieben, und das Wochenblatt strotzte eine Zeitlang von Anzeigen und Erklärungen, deren einziger Zweck das Anbringen der Alliance-Unterschrift war. Insbesondere gehörte es zu den ersten Freuden der Neuverheirateten, alsobald irgendein Inserat vom Stapel laufen zu lassen. Dabei gab es auch mancherlei Neid und Ärgernis; denn wenn etwa ein schwärzlicher Schuster oder sonst für gering Geachteter durch Führung solchen Doppelnamens an der allgemeinen Respektabilität teilnehmen wollte, so wurde ihm das mit Naserümpfen übel vermerkt, obgleich er im legitimsten Besitze der anderen Ehehälfte war. Immerhin war es nicht ganz gleichgültig, ob ein oder mehrere Unbefugte durch dieses Mittel in das allgemeine vergnügte Kreditwesen eindrangen, da erfahrungsgemäß die geschlechterhafte Namensverlängerung zu den wirksameren, doch zartesten Maschinenteilchen jenes Kreditwesens gehörte.

Für John Kabys aber konnte der Erfolg einer solchen Hauptveränderung nicht zweifelhaft sein. Die Not war jetzt gerade groß genug, um diesen lang aufgesparten Meisterstreich zur rechten Stunde zu führen, wie es einem alten Schmied seines Glückes geziemt, der da nicht in den Tag hineinhämmert, und John sah demgemäß nach einer Frau aus, still, aber entschlossen. Und siehe! Schon der Entschluss schien das Glück endlich heraufzubeschwören; denn noch in derselben Woche langte an, wohnte in Seldwyla mit einer mannbaren Tochter eine ältere Dame und nannte sich Frau Oliva, die Tochter Fräulein Oliva. Kabys-Oliva!, klang es sogleich in Johns Ohren und widerhallte es in seinem Gemüte! Mit einer solchen Firma ein bescheidenes Geschäft begründet, musste in wenig Jahren ein großes Haus daraus werden. So machte er sich denn weislich an die Sache, ausgerüstet mit allen seinen Attributen. Diese bestanden in einer vergoldeten Brille, in drei emaillierten Hemdknöpfen, durch goldene Kettchen unter sich verbunden, in einer langen goldenen Uhrkette, welche eine geblümte Weste überkreuzte, mit allerlei Anhängseln, in einer gewaltigen Busennadel, welche als Miniaturgemälde eine Darstellung der Schlacht von Waterloo enthielt, ferner in drei oder vier großen Ringen, einem großen Rohrstock, dessen Knopf ein kleiner Operngucker bildete in Gestalt eines Perlmutterfässchens. In den Taschen trug, zog hervor und legte er vor sich hin, wenn er sich setzte: ein großes Futteral aus Leder, in welchem eine Zigarrenspitze ruhte, aus Meerschaum geschnitzt, darstellend den aufs Pferd gebundenen Mazeppa; diese Gruppe ragte ihm, wenn er rauchte, bis zwischen die Augenbrauen hinauf und war ein Kabinettstück; ferner eine rote Zigarrentasche mit vergoldetem Schloss, in welcher schöne Zigarren lagen mit kirschrot und weiß getigertem Deckblatt, ein abenteuerlich elegantes Feuerzeug, eine silberne Tabaksdose und eine gestickte Schreibtafel. Auch führte er das komplizierteste und zierlichste aller Geldtäschchen mit unendlich geheimnisvollen Abteilungen.

Diese sämtliche Ausrüstung war ihm die Idealausstattung eines Mannes im Glücke; er hatte dieselbe, als kühn entworfenen Lebensrahmen, im Voraus angeschafft, als er noch an seinem kleinen Vermögen geknabbert, aber nicht ohne einen tiefern Sinn. Denn solche Anhäufung war jetzt nicht sowohl das Behänge eines geschmacklosen eitlen Mannes als vielmehr eine Schule der Übung, der Ausdauer und des Trostes zur Zeit des Unsterns sowie eine würdige Bereithaltung für das endlich einkehrende Glück, welches ja kommen konnte wie ein Dieb in der Nacht. Lieber wäre er verhungert, als dass er das geringste seiner Zierstücke veräußert oder versetzt hätte; so konnte er weder vor der Welt noch vor sich selbst für einen Bettler gelten und lernte das Äußerste erdulden, ohne an Glanz einzubüßen. Ebenso war, um nichts zu verlieren, zu verderben, zu zerbrechen oder in Unordnung zu bringen, eine fortwährend ruhige und würdevolle Haltung geboten. Kein Räuschchen und keine andere Aufregung durfte er sich gestatten, und wirklich besaß er seinen Mazeppa schon seit zehn Jahren, ohne dass an dem Pferde ein Ohr oder der fliegende Schweif abgebrochen wäre, und die Häkchen und Ringelchen an seinen Etuis und Necessaires schlossen noch so gut als am Tage ihrer Schöpfung. Auch musste er zu all dem Schmucke Rock und Hut säuberlich schonen, sowie er auch stets ein blankes Vorhemdchen zu besitzen wusste, um seine Knöpfe, Kettchen und Nadeln auf weißem Grunde zu zeigen. Freilich lag eigentlich mehr Mühe darin, als er in seinem Spruche von den wenigen Meisterschlägen zugestehen wollte; allein man hat ja immer die Werke des Genies fälschlich für mühelos ausgegeben.

Wenn nun die beiden Frauenzimmer das Glück waren, so ließ es sich nicht ungern in dem ausgespannten Netze des Meisters fangen, ja er schien ihnen mit seiner Ordentlichkeit und seinen vielen Kleinodien gerade der Mann zu sein, den zu suchen sie ins Land gekommen waren. Sein geregelter Müßiggang deutete auf einen behaglichen und sicheren Zinsleinpicker oder Rentier, der seine Werttitel gewiss in einem artigen Kästchen aufbewahrte. Sie sprachen einiges von ihrem eigenen wohlbestellten Wesen; als sie aber merkten, dass Herr Kabys nicht viel Gewicht darauf zu legen schien, hielten sie klüglich inne und ihre Persönlichkeit für das, was diesen guten Mann allein anziehe.

Kurz, in wenig Wochen war er mit dem Fräulein Oliva verlobt, und gleichzeitig reiste er nach der Hauptstadt, um eine reichverzierte Adresskarte mit dem herrlichen Doppelnamen stechen zu lassen, anderseits ein prächtiges Firmaschild zu bestellen und einige Handelsverbindungen mit Kredit für ein Geschäft mit Ellenwaren zu eröffnen. Im Übermut kaufte er gleich noch zwei oder drei Ellenstäbe von poliertem Pflaumenholz, einige Dutzend Wechselformulare mit vielen merkurialischen Emblemen, Preiszettel und kleine Papierchen mit goldenem Rande zum Aufkleben, Handlungsbücher und Derartiges mehr.

Vergnügt eilte er wieder in seine Heimatstadt und zu seiner Braut, deren einziger Fehler ein etwas unverhältnismäßig großer Kopf war. Freundlich, zärtlich wurde er empfangen und seinem Reiseberichte die Eröffnung entgegengesetzt, dass die Papiere der Braut, so für die Hochzeit erforderlich waren, angekommen seien. Doch geschah diese Eröffnung mit einer lächelnden Zurückhaltung, wie wenn er auf eine zwar unbedeutende, aber immerhin nicht ganz ordnungsgemäße Nebensache müsste vorbereitet werden. Alles dies ging endlich vorüber, und es ergab sich, dass die Mutter allerdings eine verwitwete Dame Oliva, die Tochter hingegen ein außereheliches Kind von ihr war aus ihrer Jugendzeit und ihren eigenen Familiennamen trug, wenn es sich um amtliche und zivilrechtliche Dinge handelte. Dieser Name war: Häuptle! Die Braut hieß: Jungfer Häuptle, und die künftige Firma also: »John Kabys-Häuptle«, zu Deutsch: »Hans Kohlköpfle«.

Sprachlos stand der Bräutigam eine gute Weile, die unselige Hälfte seines neuesten Meisterwerkes betrachtend; endlich rief er: »Und mit einem solchen Hauptkopfschädel kann man Häuptle heißen!« Erschrocken und demütig senkte die Braut ihr Häuptlein, um das Gewitter vorübergehen zu lassen; denn noch ahnte sie nicht, dass die Hauptsache an ihr für Kabyssen jener schöne Name gewesen sei.

Herr Kabys schlechtweg aber ging ohne weiteres nach seiner Behausung, um sich den Fall zu überlegen; allein schon auf dem Wege riefen ihm seine lustigen Mitbürger Hans Kohlköpfle zu, da das Geheimnis bereits verraten war.

Drei Tage und drei Nächte suchte er das gefehlte Werk in tiefer Einsamkeit umzuschmieden. Am vierten Tage hatte er seinen Entschluss gefasst, ging wieder dorthin und begehrte die Mutter statt der Tochter zur Ehe. Allein die entrüstete Frau hatte nun ihrerseits in Erfahrung gebracht, dass Herr Kabys gar kein Mahagonikästchen mit Werttiteln besitze, und wies ihm schnöde die Türe, worauf sie mit ihrer Tochter um ein Städtchen weiter zog. So sah Herr John das glänzende Oliva entschwinden wie eine schimmernde Seifenblase im Ätherblau, und höchst betreten hielt er seinen Glücksschmiedehammer in der Hand. Seine letzte Barschaft war über diesem Handel fortgegangen.

Daher musste er sich endlich entschließen, etwas Wirkliches zu arbeiten oder wenigstens zur Grundlage seines Daseins zu machen, und indem er sich so hin und her prüfte, konnte er gar nichts als vortrefflich rasieren, ebenso die Messer dazu imstande halten und scharf machen. Nun stellte er sich auf mit einem Bartbecken und in einem schmalen Stübchen zu ebener Erde, über dessen Türe er ein »John Kabys« befestigte, welches er aus jener stattlichen Firmatafel eigenhändig herausgesägt und von dem verlorenen Oliva wehmütig abgetrennt hatte.

Der Spitzname Kohlköpfle blieb ihm jedoch in der Stadt und führte ihm manchen Kunden zu, so dass er mehrere Jahre lang ganz leidlich dahinlebte, Gesichter schabend und Messer abziehend, und seinen übermütigen Wahlspruch fast ganz zu vergessen schien. Da sprach eines Tages ein Bürger bei ihm ein, der soeben von langen Reisen zurückgekehrt war und jetzt nachlässig, indem er sich zum Einseifen setzte, hinwarf: »So gibt es, wie ich aus Ihrem Schilde ersehe, doch noch Kabise in Seldwyla?« – »Ich bin der Letzte meines Geschlechtes«, erwiderte der Barbier nicht ohne Würde, »doch warum frugen Sie das, wenn ich fragen darf?« Der Fremde schwieg jedoch, bis er barbiert und gesäubert, und erst als alles beendigt und der Ehrensold entrichtet war, fuhr er fort: »In Augsburg kannte ich einen alten reichen Kauz, welcher öfter versicherte, seine Großmutter sei eine geborene Kabis von Seldwyla in der Schweiz gewesen, und es nehme ihn höchlich wunder, ob da noch Leute dieses Geschlechtes lebten.«

Hierauf entfernte sich der Mann. Hans Kohlköpfle dachte nach und dachte nach und kam in eine große Aufregung, als er sich endlich dunkel erinnerte, dass eine Vorfahrin von ihm sich wirklich vor langen Jahren nach Deutschland verheiratet haben sollte, die seither verschollen war. Ein rührendes Familiengefühl erwachte plötzlich in ihm, ein romantisches Interesse für Stammbäume, und es ward ihm bange, ob der Gereiste auch wiederkommen würde.

Nach der Art seines Bartwuchses musste er in zwei Tagen wieder erscheinen. In der Tat kam der Mann pünktlich um diese Zeit. John seifte ihn ein und schabte ihn beinahe zitternd vor Neugierde. Als er fertig war, platzte er heraus und erkundigte sich angelegentlich nach den näheren Umständen. Der Mann sagte: »Es ist einfach ein Herr Adam Litumlei, hat eine Frau, aber keine Kinder, und wohnt in der und der Straße zu Augsburg.«

John beschlief sich den Handel noch eine Nacht und fasste in derselben den Mut, doch noch tüchtig glücklich zu werden. Am nächsten Morgen schloss er seinen Ladenstreifen, packte seinen Sonntagsanzug in einen alten Tornister und alle seine wohlerhaltenen Wahrzeichen in ein besonderes Paketlein, und nachdem er sich mit hinlänglichen Ausweisschriften und pfarrbücherlichen Auszügen versehen, trat er unverweilt die Reise nach Augsburg an, still und unscheinbar, wie ein älterer Handwerksbursche.

Als er die Türme und die grünen Wälle der Stadt vor sich sah, überzählte er seine Barschaft und fand, dass er sich sehr knapp halten müsse, wenn er im ungünstigen Falle den Rückweg wieder bestehen wolle. Darum kehrte er in der bescheidensten Herberge ein, welche er nach einigem Suchen auffinden konnte; er trat in die Gaststube und sah verschiedene Handwerkszeichen über den Tischen hangen, worunter auch dasjenige der Schmiede. Unter dieses setzte er sich als ein Schmied seines Glückes, der guten Vorbedeutung wegen, und stärkte sein Leibliches durch ein Frühstück, da es noch zeitig am Tage. Dann ließ er sich ein eigenes Kämmerchen geben, wo er sich umkleidete. Er stutzte sich auf jegliche Weise auf und behing sich mit dem ganzen Zierat; auch schraubte er das Perspektivfässchen auf den Stock. So trat er aus der Kammer hervor, dass die Wirtin erschrak ob all der Pracht. Es dauerte ziemlich lang, eh er die Straße fand, nach der sein Herz begehrte.

Doch endlich sah er sich in einer weiten Gasse, worin mächtige alte Häuser standen; aber kein lebendes Wesen war zu erblicken. Endlich wollte doch ein Mägdlein mit einem blanken schäumenden Kännchen Bier an ihm vorüberhuschen. Er hielt es fest und fragte nach Herrn Adam Litumlei, und das Mädchen zeigte ihm das Haus, vor welchem er gerade stand.

Neugierig schaute er daran hinauf. Über einem ansehnlichen Portale türmten sich mehrere Stockwerke mit hohen Fenstern empor, deren starke Gesimse und Profile ein senkrechtes Meer von kühnen Verkürzungen vor dem Auge des armen Glücksuchers ausbreiteten, so dass es ihm fast bänglich wurde und er befürchtete, eine zu großartige Sache unternommen zu haben; denn er stand vor einem förmlichen Palast. Dennoch drückte er sachte an dem schweren Torflügel, schlüpfte hinein und befand sich in einem prächtigen Treppenhaus. Eine steinerne Doppeltreppe baute sich mit breiten Absätzen in die Höhe, von einem reich geschmiedeten Geländer eingefasst. Unter der Treppe hindurch und durch die hintere offene Haustüre sah man Sonnenschein und Blumenbeete.

John ging leise dahin, um vielleicht einen Dienstboten oder einen Gärtner zu finden, sah aber nichts als einen großen altfränkischen Garten, der voll der schönsten Blumen war, sowie einen steinernen Brunnen mit vielen Figuren.

Alles war wie ausgestorben; er ging wieder zurück und begann, die Treppe hinaufzusteigen. An den Wänden hingen große vergilbte Landkarten, Pläne alter Reichsstädte mit ihren Festungswerken, mit stattlichen allegorischen Darstellungen in den Ecken. Eine eichene Türe unter mehreren war bloß angelehnt; der Eindringling öffnete sie zur Hälfte und sah eine ziemlich hübsche Frau auf einem Ruhebette ausgestreckt, welcher das Strickzeug entfallen war und die ein geruhiges

Schläfchen tat, obgleich es erst zehn Uhr vormittags war. Mit klopfendem Herzen hielt John Kabys, da das Zimmer sehr tief war, seinen Stock ans Auge und betrachtete die Erscheinung durch das Perspektivchen von Perlmutter; das seidene Kleid, die rundlichen Formen der Schläferin ließen ihm das Haus immer mehr wie ein verzaubertes Schloss erscheinen, und höchst gespannt zog er sich zurück und stieg weiter hinauf, sachte und vorsichtig.

Zuoberst war das Treppenhaus eine ordentliche Rüstkammer, da es behangen war mit Rüstungen und Waffen aus allen Jahrhunderten; rostige Panzerhemden, Eisenhüte, Galakürasse aus der Zopfzeit, Schlachtschwerter, vergoldete Luntenstäbe, alles hing durcheinander, und in den Ecken standen ziervolle kleine Geschütze, grün vor Alter. Kurz, es war das Treppenhaus eines großen Patriziers, und Herrn John wurde es feierlich zumute.

Da ließ sich plötzlich eine Art Geschrei vernehmen, ganz in der Nähe, wie von einem größern Kinde, und als es nicht aufhörte, benutzte John den Anlass, ihm nachzugehen und so zu Leuten zu kommen. Er öffnete die nächste Türe und sah einen weitläufigen Ahnensaal, von unten bis oben mit Bildnissen angefüllt. Der Boden bestand aus sechseckigen Fliesen verschiedener Farbe, die Decke aus Gipsstuckaturen mit lebensgroßen, fast frei schwebenden Menschen- und Tiergestalten, Fruchtkränzen und Wappen. Vor einem zehn Fuß hohen Kaminspiegel aber stand ein winziges eisgraues Greischen, nicht schwerer als ein Zicklein, in einem Schlafrock von scharlachrotem Sammet, mit eingeseiftem Gesicht. Das strampelte vor Ungeduld, schrie weinerlich und rief: »Ich kann mich nicht mehr rasieren! Ich kann mich nicht mehr rasieren! Mein Messer schneidet nicht! Niemand hilft mir, oje, oje!«

Als es im Spiegel den Fremden sah, schwieg es still, kehrte sich um und sah mit dem Messer in der Hand verblüfft und furchtsam auf Herrn John, welcher, den Hut in der Hand, mit vielen Bücklingen vordrang, den Hut abstellte, lächelnd dem Männchen das Messer aus der Hand nahm und dessen Schneide prüfte. Er zog sie einige Mal auf seinem Stiefel, dann auf dem Handballen ab, prüfte hierauf die Seife und schlug einen dichtern Schaum, kurz, er barbierte das Männchen in weniger als drei Minuten aufs herrlichste.

»Verzeihen Sie, hochgeehrter Herr!«, sagte hierauf Kabys, »die Freiheit, die ich mir genommen habe! Allein da ich Sie in solcher Verlegenheit sah, glaubte ich mich dergestalt auf die natürlichste Weise bei Ihnen einzuführen, insofern ich etwa die Ehre habe, vor Herren Adam Litumlei zu stehen.«

Das Alterchen betrachtete noch immer erstaunt den Fremden; dann schaute es in den Spiegel und fand sich sauber rasiert, wie lange nicht mehr, worauf es, Wohlgefallen mit Misstrauen vermischend, den Künstler abermals besah und mit Zufriedenheit wahrnahm, dass es ein anständiger Fremder sei. Doch fragte es mit immer noch unwirschem Stimmchen, wer er sei und was er wolle?

John räusperte sich und versetzte: er sei ein gewisser Kabys aus Seldwyla, und da er sich gerade auf Reisen befinde und hiesige Stadt passiere, so habe er nicht versäumen wollen, die Nachkommen einer Ahne seines Hauses aufzusuchen und zu begrüßen. Und er tat, als ob er von Kindheit auf nur von Herren Litumlei sprechen gehört hätte.

Dieser war auf einmal freudig überrascht und rief freundlich und wohlgemut: »Ha! so blühet also das Geschlecht der Kabisse noch! Ist es zahlreich und angesehen?«

John hatte schon gleich einem Wandergesellen, der vor dem Torschreiber steht, seine Schriften ausgepackt und vorgelegt. Indem er auf sie wies, sprach er ernst: »Zahlreich ist es nicht mehr, denn ich bin der Letzte des Geschlechtes! Aber seine Ehre steht noch unbewegt!« Erstaunt und gerührt ob solchen Reden bot ihm der Alte die Hand und hieß ihn willkommen.

Die beiden Herren verständigten sich schnell über den Grad ihrer Verwandtschaft; abermals rief Litumlei: »So nahe berühren sich unsere Lebenszweige! Kommen Sie, lieber Vetter, hier sehen Sie Ihre edle und treffliche Urgroßtante, meine leibliche Großmama!«

Und er führte ihn im mächtigen Saale umher, bis sie vor einem schönen Frauenbilde standen in der Tracht des vorigen Jahrhunderts. In der Tat bezeichnete ein Papierkärtchen, welches in der Ecke des Rahmens befestigt war, die besagte Dame, so wie auch eine Anzahl der andern Bilder mit solchen Zetteln versehen war. Freilich zeigten die Gemälde selbst noch andere Inschriften in lateinischer Sprache, welche mit den angehefteten Papierchen nicht übereinstimmten. Aber John Kabys stand und stand und überlegte in seinem Innern: So hast du denn doch gut geschmiedet! Denn hier blickt auf dich hernieder, hold und freundlich, die Ahnfrau deines Glückes im reichen Rittersaal!

Melodisch zu dieser Selbstansprache klangen die Worte des Herren Litumlei, welcher sagte, dass nun von einer Weiterreise keine Rede sein dürfe, sondern der werteste Vetter zur Begründung eines engern Verhältnisses vorerst, so lange, als es dessen Zeit erlaube, sein Gast sein müsse. Denn das flunkernde Ziergeräte des Herren Großneffen, welches ihm schon in die Augen gefallen, versah trefflich seinen Dienst und erfüllte ihn mit Vertrauen. Darum zog er jetzt mit aller

Jean-Jacques Sempé

Macht an einer Glocke, worauf allmählich einige Dienstboten herbeischlurften, um nach ihrem kleinen Gebieter zu sehen, und endlich erschien auch die Dame, welche im ersten Stock geschlafen hatte, noch gerötet von ihrem Schläfchen und mit halboffenen Augen. Als ihr aber der angekommene Gast vorgestellt wurde, tat sie dieselben ganz auf, neugierig und vergnüglich, wie es schien, über die unerwartete Begebenheit.

John wurde nun in andere Räume geführt und musste eine gehörige Erfrischung einnehmen, wobei ihm das Ehepaar so eifrig half wie Kinder, die zu jeder Stunde Esslust haben. Dies gefiel dem Gast über die Maßen, da er sah, dass es Leute waren, die sich nichts abgehen ließen und welche noch Freude an den guten Dingen hätten. Seinerseits aber verfehlte er auch nicht, stündlich einen angenehmern Eindruck zu machen, ja schon beim bald folgenden Mittagessen stellte sich derselbe entschieden fest, als jedes der beiden Leutchen seine eigenen Leibgerichte auftragen ließ und John Kabys von allem aß und alles trefflich fand und seine angewöhnte ruhige Würde seinem Urteil einen noch höhern Wert gab. Es wurde aufs rühmlichste gegessen und getrunken, und noch nie genossen drei wackere Leute zusammen ein reichlicheres und zugleich schuldloseres Dasein.

Es war für John ein Paradies, in welchem kein Sündenfall möglich schien. Genug, es begab sich alles auf das beste.

Bereits lebte er acht Tage in dem ehrwürdigen Hause und kannte dasselbe schon in allen Ecken. Er vertrieb dem Alten die Zeit auf tausenderlei Weise, ging mit ihm spazieren und rasierte ihn so leicht wie ein Zephir, was dem Männchen vor allem aus gefiel. John merkte, dass Herr Litumlei über irgendetwas nachzusinnen begann und erschrak, wenn jener von seiner Abreise sprach, was er etwa in ernsten Andeutungen tat.

Da fand er, es sei Zeit, jetzt wieder einen kleinen Meisterschlag zu wagen, und kündigte seinem Gönner am Ende des achten Tages deutlicher seine demnächstige Abreise an, zum Grunde nehmend, dass er sich durch längeres Zaudern den Abschied und die Gewöhnung an ein einfacheres Leben nicht erschweren dürfe. Denn männlich wolle er sein Schicksal ertragen, das Schicksal eines Letzten seines Geschlechtes, der da in strenger Arbeit und Zurückgezogenheit die Ehre des Hauses bis zum Erlöschen zu wahren habe.

»Kommen Sie mit mir hinauf, in den Rittersaal!«, erwiderte Herr Adam Litumlei; sie gingen; als dort der Alte einige Mal feierlich auf und ab gewandelt, begann er wieder: »Hören Sie meinen Entschluss und meinen Vorschlag, lieber Großneffe! Sie sind der Letzte Ihres Geschlechtes, es ist dies ein ernstes Schicksal! Allein ein nicht minder ernstes habe ich zu tragen! Blicken Sie mich an, wohlan! Ich bin der Erste des meinigen!«

Stolz richtete er sich auf, und John sah ihn an, konnte aber nicht entdecken, was das heißen sollte. Aber jener fuhr fort: »Ich bin der Erste des meinigen will so viel heißen als: Ich habe mich entschlossen, ein solch großes und rühmliches Geschlecht zu gründen, wie Sie hier an den Wänden dieses Saales gemalt sehen! Dieses sind nämlich nicht meine Ahnen, sondern die Glieder eines ausgestorbenen Patriziergeschlechtes dieser Stadt. Als ich vor dreißig Jahren hier einwanderte, war das Haus mit all seinem Inhalt und seinen Denkmälern eben käuflich, und ich erstand sogleich den ganzen Apparat als Grundlage zur Verwirklichung meines Lieblingsgedankens. Denn ich besaß ein großes Vermögen, aber keinen Namen, keine Vorfahren, und ich kenne nicht einmal den Taufnamen meines Großvaters, welcher eine Kabis geheiratet hat. Ich entschädigte mich anfänglich damit, die hier gemalten Herren und Frauen als meine Vorfahren zu erklären und einige zu Litumleis, andere zu Kabissen zu machen mittelst solcher Zettel, wie Sie sehen; doch meine Familienerinnerungen reichten nur für sechs oder sieben Personen aus, die übrige Menge dieser Bilder, das Ergebnis von vier Jahrhunderten, spottete meiner Bestrebungen. Umso dringender war ich an die Zukunft gewiesen, an die Notwendigkeit, selbst ein lang andauerndes Geschlecht zu stiften, dessen gefeierter Stammvater ich bin. Mein Bild habe ich längst anfertigen lassen sowie einen Stammbaum, an dessen Wurzel mein Name steht. Aber ein hartnäckiger Unstern verfolgt mich! Schon habe ich die dritte Frau, und noch hat mir keine ein Mädchen, geschweige denn einen Sohn und Stammhalter geschenkt. Die beiden früheren Weiber, von denen ich mich scheiden ließ, haben seither mit andern Männern aus Bosheit verschiedene Kinder gehabt, und die gegenwärtige, welche ich auch schon sieben Jahre besitze, würde es gewisslich geradeso machen, wenn ich sie laufen ließe.

Ihre Erscheinung, teurer Großneffe! hat mir nun eine Idee eingegeben, diejenige einer künstlichen Nachhilfe, wie sie in der Geschichte, in großen und kleinen Dynastien, vielfach gebraucht wurde. Was sagen Sie hiezu: Sie leben bei uns wie das Kind im Hause, ich setze Sie gerichtlich zu meinem Erben ein! Dagegen haben Sie zu leisten: Sie opfern äußerlich Ihre eigene Familienüberlieferung (sind Sie ja doch der Letzte Ihres Geschlechtes) und nehmen nach meinem Tode, das heißt bei Antritt des Erbes, meinen Namen an! Ich verbreite unter der Hand das Gerücht, dass Sie ein natürlicher Sohn von mir seien, die Frucht eines tollen Jugendstreiches; Sie nehmen diese Auffassung an, widersprechen ihr nicht! Vielleicht lässt sich in der Folge eine schriftliche Kundgebung darüber aufsetzen, ein Memoire, ein kleiner Roman, eine denkwürdige Liebesgeschichte, worin ich eine feurige, wenn auch unbesonnene Figur mache, Unheil anrichte, das ich im Alter wieder gut mache. Endlich verpflichten Sie sich, diejenige Gattin von meiner Hand anzunehmen, die ich unter den angesehenen Töchtern der Stadt für Sie aussuchen werde, zur weiteren Verfolgung meines Zieles. Das ist im Ganzen und im Besondern mein Vorschlag!«

John war während dieser Rede abwechselnd rot und bleich geworden, aber nicht aus Scham und Schreck, sondern vor Freude und Erstaunen über das endlich eingetroffene Glück und über seine eigene Weisheit, welche dasselbe herbeigeführt habe. Aber mitnichten ließ er sich davon überrumpeln, sondern er tat, als ob er sich nur schwer entschließen könnte wegen der Aufopferung seines ehrbaren Familiennamens und seiner ehelichen Geburt. Er nahm sich eine Bedenkzeit von vierundzwanzig Stunden, in höflichen und wohlgesetzten Worten, und fing darnach an, in dem schönen Garten höchst nachdenklich auf und ab zu spazieren.

Die lieblichen Blumen, die Levkojen, Nelken und Rosen, die Kaiserkronen und Lilien, die Geranienbeete und Jasminlauben, die Myrten- und Oleanderbäumchen, alle äugelten ihn höflich an und huldigten ihm als ihrem Herren.

Als er eine halbe Stunde lang den Duft und Sonnenschein, den Schatten und die Frische des Brunnens genossen, ging er ernsthaft hinaus auf die Straße, um die Ecke, und trat in einen Gebäckladen, wo er drei warme Pastetchen samt zwei Spitzgläsern feinen Weines zu sich nahm. Hierauf kehrte er in den Garten zurück und spazierte abermals eine halbe Stunde, doch diesmal eine Zigarre dazu rauchend.

Da entdeckte er ein Beet voll kleiner zarter Radieschen. Er zog ein Büschel davon aus der Erde, reinigte sie am Brunnen, dessen steinerne Tritonen ihn mit den Augen ergebenst anzwinkerten, und begab sich damit in ein kühles Bräuhaus, wo er einen Krug schäumendes Bier dazu trank. Er unterhielt sich vortrefflich mit den Bürgern und versuchte schon, seinen Heimatdialekt in das weichere Schwäbische umzuwandeln, da er voraussichtlich unter diesen Leuten einen hervorragenden Mann abgeben würde.

Absichtlich versäumte er die Mittagsstunde und verspätete sich beim Essen. Um dort eine kritische Appetitlosigkeit durchzuführen, aß er vorher noch drei Münchner Weißwürste und trank einen zweiten Krug Bier, der ihm noch besser schmeckte als der erste.

Endlich runzelte er doch seine Stirn und begab sich mit derselben zum Essen, wo er die Suppe anstarrte. Das Männchen Litumlei, welches durch unerwartete Hindernisse einem leidenschaftlichen Eigensinn zu verfallen pflegte und keinen Widerspruch ertragen konnte, empfand schon zornige Angst, dass seine letzte Hoffnung, ein Geschlecht zu gründen, zu Wasser werde, und beobachtete den unbestechlichen Gast mit misstrauischen Blicken.

Endlich ertrug er die Ungewissheit, ob er ein Stammvater sein solle oder keiner, nicht länger, sondern forderte den Bedenkzeitler auf, jene vierundzwanzig Stunden abzukürzen und seinen Entschluss sogleich zu fassen. Denn er fürchtete, die strenge Tugend seines Vetters möchte mit jeder Stunde wachsen. Er holte eigenhändig eine uralte Flasche Rheinwein aus dem Keller, von welchem John noch keine Ahnung gehabt. Als die entfesselten Sonnengeister unsichtbar über den Kristallgläsern dufteten, die gar fein erklangen, und mit jedem Tropfen des flüssigen Goldes, das man auf die Zunge brachte, schnell ein Blumengärtlein unter die Nase zu wachsen schien, da erweichte endlich der rauhe Sinn John Kabyssens, und er gab sein Jawort.

Schnell wurde der Notar geholt und bei einem herrlichen Kaffee ein rechtsgültiges Testament aufgesetzt. Schließlich umarmten sich der künstlich-natürliche Sohn und der geschlechtergründende Erzvater; aber es war nicht wie eine warme Umarmung von Fleisch und Blut, sondern weit feierlicher, eher wie das Zusammenstoßen von zwei großen Grundsätzen, die auf ihren Wurfbahnen sich treffen.

Nun saß John im Glücke. Er hatte jetzt weiter nichts zu tun, als seiner angenehmen Bestimmung inne zu sein, etwas rücksichtsvoll sich gegen seinen Herren Vater zu benehmen und ein reichliches Taschengeld auf die Art zu verzehren, die ihm am meisten zusagte. Dies geschah alles auf die anständigste und ruhigste Weise, und er kleidete sich dabei wie ein Baron. Von Wertgegenständen brauchte er nicht einen einzigen mehr anzuschaffen; es zeigte sich jetzt sein Genie, indem die vor Jahren erworbenen auch jetzt noch gerade ausreichten und einem genau entworfenen Schema glichen, welches durch die Fülle des Glückes nun vollkommen gedeckt wurde. Die Schlacht von Waterloo blitzte und donnerte auf einer zufriedenen Brust; Ketten und Klunkern schaukelten sich auf einem wohlgefüllten Magen, durch die goldene Brille guckte ein vergnügtes und stolzes Auge, der Stock zierte mehr einen klugen Mann, als er ihn stützte, und die schöne Zigarrentasche war mit guten Stengeln angefüllt, welche er aus dem Mazepparöhrchen mit Verstand rauchte. Das wilde Pferd war schon glänzend braun, der Mazeppa darauf aber erst hell rötlich, beinahe fleischfarbig, so dass das doppelte Kunstwerk des Schnitzers und des Rauchers die rechte Bewunderung der Sachverständigen erregte.

Auch Papa Litumlei wurde höchlich davon eingenommen und lernte bei seinem Pflegesöhnchen eifrig Meerschäume anrauchen. Es wurde eine ganze Sammlung solcher

Pfeifen angeschafft; doch der Alte war zu unruhig und ungeduldig in der edlen Kunst; der Junge musste überall nachhelfen und gut machen, was jenem wiederum Achtung und Zutrauen einflößte.

Jedoch fand sich bald eine noch wichtigere Tätigkeit für die beiden Männer vor, als der Papa darauf drang, nun gemeinschaftlich jenen Roman zu erfinden und aufzuschreiben, durch welchen John zu seinem natürlichen Sohn erhoben wurde. Es sollte ein geheimes Familiendokument werden in der Form fragmentarischer Denkwürdigkeiten. Um Eifersucht und Unruhe der Frau Litumlei zu verhüten, musste es in geheimen Sitzungen abgefasst und sollte ganz im Stillen in das zu gründende Familienarchiv verschlossen werden, um erst in künftigen Zeiten, wenn das Geschlecht in Blüte stände, an das Tageslicht zu treten und von der Geschichte des Litumleiblutes zu reden.

John hatte sich schon vorgenommen, nach dem Absterben des Alten sich nicht schlechtweg Litumlei, sondern Kabys de Litumley zu nennen, da er für seinen eigenen Namen, den er so zierlich geschmiedet, eine verzeihliche Vorliebe hegte; ebenso nahm er sich vor, das zu errichtende Schriftstück, wodurch er um seine ehrliche Geburt und zu einer liederlichen Mutter kommen sollte, dereinst ohne weiteres zu verbrennen. Aber dennoch musste er jetzt daran mitarbeiten, was eine leise Trübung seines Wohlseins verursachte. Doch schickte er sich weislich in die Sache und schloss sich eines Morgens mit dem Alten in einem Gartenzimmer ein, um das Werk zu beginnen.

Da saßen sie nun an einem Tische sich gegenüber und entdeckten plötzlich, dass ihr Vorhaben schwieriger war, als sie gedacht, indem keiner von ihnen je hundert Zeilen nacheinander geschrieben hatte. Sie konnten durchaus keinen

Anfang finden, und je näher sie die Köpfe zusammensteckten, desto weniger wollte ihnen etwas einfallen.

Endlich besann sich der Sohn, dass sie eigentlich zuerst ein Buch starkes und schönes Papier haben müssten, um ein dauerhaftes Schriftstück zu errichten. Das leuchtete ein; sie machten sich sogleich auf, ein solches zu kaufen, und durchstreiften einträchtig die Stadt. Als sie gefunden, was sie suchten, rieten sie einander, da es ein warmer Tag war, in ein Schenkhaus zu gehen und sich allda zu erfrischen und zu sammeln. Vergnügt tranken sie mehrere Kännchen und aßen Nüsse, Brot, Würstchen, bis John plötzlich sagte, er hätte jetzt den Anfang der Geschichte erfunden und wolle stracks nach Hause laufen, um ihn aufzuschreiben, damit er ihn nicht wieder verliere.

»So lauf nur schnell«, sagte der Alte, »ich will unterdessen hier die Fortsetzung erfinden, ich merke, dass sie mir schon auf dem Weg ist!«

John eilte wirklich mit dem Buch Papier nach jenem Zimmer und schrieb: »Es war im Jahr 17..., als es ein gesegnetes Jahr war. Der Eimer Wein kostete 7 Gulden, der Eimer Äpfelmost ½ Gulden und die Maß Kirschbranntwein 4 Batzen. Ein zweipfündiges Weißbrot 1 Batzen, ein ditto Roggenbrot ½ Batzen und ein Sack Erdäpfel 8 Batzen. Auch war das Heu gut geraten, und der Scheffel Haber kostete 2 Gulden. Auch waren die Erbsen und Bohnen gut geraten, und der Flachs und Hanf waren nicht gut geraten, dagegen wieder die Ölfrüchte und der Talg oder Unschlitt, so dass alles in allem die merkwürdige Sachlage stattfand, dass die bürgerliche Gesellschaft gut genährt und getränkt, notdürftig gekleidet und wiederum wohl beleuchtet war. So ging das Jahr ohne weiteres zu Ende, wo nun jedermann mit Recht neugierig war zu erleben, wie sich das neue Jahr anlassen würde.

Der Winter bezeigte sich als ein gehöriger und regelrechter Winter, kalt und klar; eine warme Schneedecke lag auf den Feldern und schützte die junge Saat. Aber dennoch ereignete sich zuletzt etwas Seltsames. Es schneite, taute und fror wieder während des Monats Hornung in so häufigem Wechsel, dass nicht nur viele Menschen krank wurden, sondern auch eine solche Menge Eiszapfen entstand, dass das ganze Land aussah wie ein großes Glasmagazin und jedermann ein kleines Brett auf dem Kopfe trug, um von den fallenden Spitzen nicht angestochen zu werden. Im Übrigen behaupteten sich die Preise der Lebensmittel noch immer, wie oben bemerkt, und schwankten endlich einem merkwürdigen Frühling entgegen.«

Hier kam der kleine Alte eifrig hergerannt, nahm den Bogen an sich, und ohne das bisher Geschriebene zu lesen oder etwas zu sagen, schrieb er weiter. »Nun kam Er und hieß Adam Litumlei. Er verstand keinen Spaß und war geboren Anno 17… Er kam dahergestürmt wie ein Frühlingswetter. Er war einer von denjenigen. Er trug einen roten Sammetrock, einen Federhut und einen Degen. Er trug eine goldene Weste mit dem Wahlspruch: Jugend hat keine Tugend! Er trug goldene Sporen und ritt auf einem weißen Hengst; er stellte denselben in den ersten Gasthof und rief: ›Ich kümmere mich den Teufel darum, denn es ist Frühling und Jugend muss austoben!‹ Er zahlte alles bar, und alles wunderte sich über ihn. Er trank den Wein, er aß den Braten, er sagte: ›Das taugt mir alles nichts!‹ Ferner sagte er: ›Komm, du holdes Liebchen, du taugst mir besser als Wein und Braten, als Silber und Gold! Was kümmere ich mich darum? Denke, was du willst, was sein muss, muss sein!‹«

Hier blieb er plötzlich stecken und konnte durchaus nicht weiter. Sie lasen zusammen das Geschriebene, fanden es nicht übel und sammelten sich wieder während acht Tagen, wobei sie ein lockeres Leben führten; denn sie gingen öfter ins Bierhaus, um einen neuen Anlauf zu gewinnen; allein das Glück lachte nicht alle Tage.

Endlich erwischte John wieder einen Zipfel, lief nach Hause und fuhr fort: »Diese Worte richtete der junge Litumlei nämlich an eine gewisse Jungfrau Liselein Federspiel, welche in den äußersten Häusern der Stadt wohnte, wo die Gärten sind und bald ein Wäldchen oder Hölzchen kommt. Dieses war eine der reizendsten Schönheiten, welche die Stadt je hervorgebracht hat, mit blauen Augen und kleinen Füßen. Sie war so schön gewachsen, dass sie kein Korsett brauchte und aus dieser Ersparnis, denn sie war arm, allmählich ein violettes Seidenkleid kaufen konnte. Aber alles dies war verklärt durch eine allgemeine Traurigkeit, welche nicht nur über die lieblichen Gesichtszüge, sondern über die ganze Gliederharmonie des Fräulein Federspiel zitterte, dass man in aller Windstille die wehmütigen Akkorde einer Äolsharfe zu hören glaubte. Denn es war jetzt ein gar denkwürdiger Maimonat angebrochen, in welchem sich alle vier Jahreszeiten zusammenzudrängen schienen. Es gab im Anfang noch einen Schnee, dass die Nachtigallen mit Schneeflocken auf dem Kopfe sangen, als ob sie weiße Zipfelmützchen trügen; dann trat eine solche Wärme ein, dass die Kinder im Freien badeten und die Kirschen reiften, und die Chronik bewahrt davon den Reim auf:

Eis und Schnee
Buben baden im See,
Reife Kirschen und blühender Wein
Mocht alles in einem Maimond sein.

Diese Naturerscheinungen machten die Menschen nachdenklich und wirkten auf verschiedene Weise. Die Jungfer Liselein Federspiel, welche besonders tiefsinnig war, grübelte auch nach und ward zum ersten Mal inne, dass sie ihr Wohl und Wehe, ihre Tugend und ihren Fall in der eigenen Hand trage, und indem sie nun die Waage hielt und diese verantwortliche Freiheit erwog, ward sie ebenso traurig darüber. Wie sie nun dastand, kam jener verwegene Rotrock und sagte unverweilt: ›Federspiel, ich liebe dich!‹ Worüber sie durch eine sonderbare Fügung plötzlich ihren vorigen Gedankengang änderte und in ein helles Gelächter ausbrach.«

»Jetzt lass mich fortfahren!«, rief der Alte, welcher erhitzt nachgelaufen kam und dem Jungen über die Schulter las, »es passt mir nun eben recht!« und setzte die Geschichte folgendermaßen fort: »›Da ist nichts zu lachen!‹, sagte jener, ›denn ich verstehe keinen Spaß!‹ Kurz, es kam, wie es kommen musste; wo das Wäldchen auf der Höhe stand, saß mein Federspiel im Grünen und lachte noch immer; aber schon sprang der Ritter auf seinen Schimmel und flog so schnell in die Ferne, dass er durch die platzgreifende Luftperspektive in wenig Augenblicken ganz bläulich aussah. Er verschwand, kehrte nicht mehr zurück; denn er war ein Teufelsbraten!«

»Ha, nun ist's geschehen!«, schrie Litumlei und warf die Feder hin, »nun habe ich das Meinige getan, führe du nun den Schluss herbei, ich bin ganz erschöpft von diesen höllischen Erfindungen! Beim Styx! Es nimmt mich nicht wunder, dass man die Ahnherren großer Häuser so hochhält und in Lebensgröße malt, da ich spüre, welche Mühe mich die Gründung des meinigen kostet! Aber habe ich das Ding nicht kühn behandelt?«

John schrieb nun weiter: »Die arme Jungfer Federspiel

empfand eine große Unzufriedenheit, als sie plötzlich vermerkte, dass der verführerische Jüngling entschwunden war, fast gleichzeitig mit dem denkwürdigen Maimonat. Doch hatte sie die Geistesgegenwart, schnell das Vorgefallene in ihrem Innern für ungeschehen zu erklären, um so den frühern Zustand einer gleichschwebenden Waage wieder herzustellen. Aber sie genoss dieses Nachspiel der Unschuld nur kurze Zeit. Der Sommer kam, man schnitt das Korn; es ward einem gelb vor den Augen, wohin man blickte, vor all dem goldnen Segen; die Preise gingen wieder bedeutend herunter, Liselein Federspiel stand auf jenem Hügel und schaute allem zu; aber sie sah nichts vor lauter Verdruss und Reue. Es kam der Herbst, jeder Weinstock war ein fließender Brunnen, vom Fallen der Äpfel und Birnen trommelte es fortwährend auf der Erde; man trank, man sang, kaufte und verkaufte. Jeder versorgte sich, das ganze Land war ein Jahrmarkt, und so reichlich und wohlfeil alles war, so wurde doch das Überflüssige noch gelobt und gehätschelt und dankbar angenommen. Nur allein der Segen, den Liselein brachte, sollte nichts gelten und keiner Nachfrage wert sein, als ob der im Überfluss schwimmende Menschenhaufen nicht ein einziges Mäulchen mehr brauchen könnte. Da hüllte sie sich in ihre Tugend und gebar, einen Monat zu früh, ein munteres Knäblein, welches so recht darauf angewiesen war, der Schmied seines eigenen Glückes zu werden. Dieser Sohn führte sich auch so wacker durch ein vielbewegtes Leben, dass er, durch wunderbare Schicksale endlich mit seinem Vater vereinigt, von demselben zu Ehren gezogen und in seine Rechte eingesetzt wurde, und ist dies der zweite bekannte Stammherr des Geschlechtes der Litumlei.«

Unter dieses Dokument schrieb der Alte: »Eingesehen und bestätigt, Johann Polykarpus Adam Litumlei.« Und John unterschrieb ebenfalls. Dann drückte Herr Litumlei noch sein Siegel bei, dessen Wappenschild drei halbe goldene Fischangeln im blauen Felde und sieben weiß und rot quadrierte Bachstelzen auf einem schräglaufenden grünen Balken zeigte. Sie wunderten sich aber, dass das Schriftstück nicht größer geworden; denn sie hatten kaum einen Bogen von dem Buch Papier beschrieben. Nichtsdestoweniger legten sie es in das Archiv, wozu sie einstweilen eine alte eiserne Kiste bestimmten; und waren zufrieden und guter Dinge.

Unter solchen und andern Beschäftigungen verging die Zeit auf das angenehmste; es wurde dem glückhaften John beinahe unheimlich, dass es auch gar nichts mehr zu hoffen und zu fürchten, zu schmieden und zu spekulieren gab.

Indem er sich so nach neuer Tätigkeit umsah, wollte es ihn bedünken, dass die Gemahlin des Hausherren ein etwas unzufriedenes und verdächtiges Gesicht gegen ihn zeige; es dünkte ihn nur, bestimmt konnte er es nicht behaupten. Er hatte diese Frau, welche fast immer schlief oder, wenn sie wachte, etwas Gutes aß, über seinen anderweitigen Bestrebungen wenig beachtet, da sie sich in nichts mischte und mit allem zufrieden schien, wenn ihre Ruhe nicht gestört wurde. Jetzt fürchtete er plötzlich, sie könnte ihm irgendeine nachteilige Wandlung der Dinge bereiten, ihren Mann umstimmen und dergleichen. Er legte den Finger an die Nase und sagte: »Halt! Hier dürfte es geraten sein, dem Werke noch die letzte Feile zu geben! Wie konnte ich nur diese wichtige Partie so lange aus den Augen setzen! Gut ist gut, aber besser ist besser!«

Der Alte war eben fort, um im Stillen an der Ausmittelung einer zweckmäßigen Gattin für seinen Stammhalter tätig zu sein, wovon er selbst diesem nichts verriet.

John beschloss unverweilt, sich zu der Dame zu begeben mit der unbestimmten Vorstellung, ihr auf irgendeine Weise den Hof zu machen und sich bei ihr einzuschmeicheln, um das Versäumte nachzuholen. Er säuselte ehrbarlich die Treppe hinunter bis zu dem Gemach, wo sie sich aufzuhalten pflegte, und fand wie gewöhnlich die Türe halb offen stehen; denn sie war bei aller Trägheit neugierig und liebte immer gleich zu hören, was vorging. Er trat vorsichtig hinein und sah sie wieder schlummernd daliegen, ein halb aufgegessenes Himbeertörtchen in der Hand. Ohne recht zu wissen, was eigentlich beginnen, ging er endlich auf den Zehen hin, ergriff ihre runde Hand und küsste sie ehrerbietig. Sie regte sich nicht im mindesten; doch öffnete sie die Augen zur Hälfte und sah ihn, ohne den Mund zu verziehen, mit einem höchst seltsamen Blick an, solang er dastand. Verblüfft und stotternd zog er sich endlich zurück und lief in sein Zimmer. Dort setzte er sich in eine Ecke, jenen Blick aus schmaler Augenzwinkerung immer vor sich. Er eilte wieder hinunter, die Frau verhielt sich unbeweglich wie vorhin, und wie er näher trat, taten sich die Augen wieder halb auf. Wiederum zog er sich zurück, wiederum saß er in der Ecke seiner Kammer, zum dritten Mal fuhr er in die Höhe, stieg die Treppe hinunter, huschte hinein und blieb nun dort, bis der Patriarch nach Hause kehrte.

Es verging nun kaum ein Tag, wo die zwei Leute sich nicht zusammenzutun und den Alten zu hintergehen wussten, dass es eine Art hatte. Die schläfrige Frau wurde auf einmal munter in ihrer Weise; John aber ergab sich dem leidenschaftlichsten Undank gegen seinen Wohltäter, immer in der Absicht, seine Stellung zu befestigen und das Glück recht an die Wand zu nageln.

Beide Sünder taten indessen nur umso freundlicher

und ergebener gegen den betrogenen Litumlei, der dabei sich ganz behaglich fühlte und sein Haus auf das Beste bestellt zu haben glaubte, so dass man nicht entscheiden konnte, welcher von beiden Herren mehr mit sich zufrieden war.

Eines Morgens schien jedoch der Alte den Sieg davonzutragen infolge einer vertraulichen Unterredung, welche seine Frau mit ihm gepflogen; denn er ging ganz sonderbar herum, stand keinen Augenblick still und suchte fortwährend allerlei Sätzchen zu pfeifen, was aber wegen Mangels an Zähnen nicht gelang. Er schien um mehrere Zoll gewachsen zu sein über Nacht, kurz, er war der Inbegriff der Selbstzufriedenheit.

Aber denselben Tag noch neigte sich der Sieg wieder auf die Seite des Jüngern, als ihn der Alte unversehens frug, ob er nicht Lust habe, eine tüchtige Reise zu machen, um auch noch die Welt ein wenig kennenzulernen und besonders auch, indem er sich selber bilde, die verschiedenen Arten der Jugenderziehung in den Ländern in Betracht zu nehmen und sich über die diesfalls herrschenden Grundsätze zu unterrichten, namentlich mit Bezug auf die vornehmeren Stände? Nichts konnte ihm willkommener sein als solch herrlicher Antrag, und freudig genehmigte er denselben.

Er wurde schnell für die Reise ausgerüstet und mit Wechseln versehen, und er fuhr in höchster Gloria davon.

Zuerst bereiste er Wien, Dresden, Berlin und Hamburg; dann wagte er sich nach Paris, und überall führte er ein prächtiges und weises Leben. Er patrouillierte alle Vergnügungsorte, Sommertheater und Spektakelplätze ab, lief durch die Raritätenkammern der Schlösser und stand allmittags in der Sonnenhitze auf den Paradeplätzen, um die Musik zu hören und die Offiziere anzugaffen, eh er zur Tafel ging. Wenn er all die Herrlichkeiten unter tausend andern Menschen mit ansah, so wurde er ganz stolz und schrieb sich von allem Glanz und Getön das alleinige Verdienst zu, jeden für einen unwissenden Tropf haltend, der nicht dabei war. Mit dem behenden Genießen verband er aber die größte Weisheit, um seinem Wohltäter zu zeigen, dass er keinen Hasen auf Reisen geschickt habe. Keinem Bettler gab er etwas, keinem armen Kinde kaufte er je etwas ab, den Dienstbaren in den Gasthäusern wusste er beharrlich mit dem Trinkgelde durchzugehen, ohne Schaden zu leiden, und um jeden Dienst feilschte er lange, ehe er ihn annahm. Am meisten Spaß machte ihm das Vexieren und Foppen der verlorenen Wesen, mit denen er sich im Vereine mit zwei oder drei Gleichgesinnten auf den öffentlichen Bällen unterhielt. Mit einem Wort: er lebte so sicher und vergnügt wie ein alter Weinreisender.

Zum Schlusse konnte er sich nicht versagen, einen Abstecher nach seiner Heimat Seldwyla zu machen. Dort logierte er im ersten Gasthof, saß geheimnisvoll und einsilbig an der Mittagstafel und ließ seine Mitbürger sich die Köpfe darüber zerbrechen, was aus ihm geworden sei. Sie waren überzeugt, dass nicht viel hinter der Sache stecke, und doch lebte er zurzeit unzweifelhaft im Wohlstand, so dass sie einstweilen ihren Spott zurückhielten und mit krausen Nasenflügeln nach dem Golde blinzelten, das er sehen ließ. Er aber regulierte sie nicht mit einer einzigen Flasche Wein, obgleich er vor ihren Augen vom Besten trank, und sann, wie er ihnen noch weiteres antun könne.

Da gedachte er, am Ende seiner Reise, plötzlich des Auftrages, der ihm zur Erforschung des Erziehungswesens in den durchreisten Ländern geworden, um die Grundsätze festzustellen, nach welchen die Kinder des von Litumlei gegründeten und von Kabys fortzupflanzenden Geschlechtes erzogen werden sollten. Diese Aufgabe in Seldwyla zu lösen kam ihm nun trefflich zustatten, da er in den Mantel einer höheren Mission gehüllt als eine Art Edukationsrat auftreten und die Seldwyler noch mehr foppen konnte. Er kam auch gerade vor die rechte Schmiede. Denn seit einiger Zeit schon waren sie auf einen herrlichen Erwerbszweig geraten, indem sie alle ihre Mädchen zu Erzieherinnen machten und versandten. Kluge und unkluge, gesunde und kränkliche Kinder wurden in dieser Weise zubereitet in eigenen Anstalten und für alle Bedürfnisse. Wie man Forellen verschiedentlich behandelt, sie blau absiedet oder backt oder spickt und so weiter, so wurden die guten Mädchen entweder mehr positiv christlich oder mehr weltlich, mehr für die Sprachen oder mehr für die Musik, für vornehme Häuser oder für mehr bürgerliche Familien zugerichtet, je nach der Weltgegend, für welche sie bestimmt waren und von wo die Nachfrage kam. Das Seltsame dabei war, dass die Seldwyler für alle diese verschiedenen Zweckbestimmungen sich vollkommen neutral und gleichgültig verhielten und auch von den betreffenden Lebenskreisen durchaus keine Kenntnis besaßen, und der gute Absatz ließ sich nur dadurch erklären, dass die Abnehmer des Exportartikels ebenso gleichgültig und kenntnislos waren. Ein Seldwyler, der den unversöhnlichsten Kirchenfeind spielte, konnte seine nach England bestimmten Kinder auf Gebet und Sonntagsheiligung einüben lassen; ein anderer, der in öffentlichen Reden von der edlen Stauffacherin, der Zierde des freien Schweizerhauses, schwärmte, hatte seine fünf oder sechs Töchter nach den russischen Steppen oder in andere unwirtliche Gegenden verbannt, wo sie in ferner Trostlosigkeit schmachteten. Die Hauptsache war, dass die wackeren Bürger die armen Wesen sobald als möglich, mit einem Reisepass und Regenschirm versehen, hinausjagen und mit dem heimgesandten Erwerbe derselben sich gütlich tun konnten. Aus alledem war aber bald eine gewisse Überlieferung und Geschicklichkeit für die äußerliche Zurichtung der Mädchen entstanden, und John Kabys hatte vollauf zu tun, die kuriosen Grundsätze, die hierin walteten, mit noch kurioserer Auffassungsgabe einzusammeln und sich zu notieren.

Er ging in den verschiedenen Fabriklein herum, wo die Mädchen zubereitet wurden, befragte Vorsteherinnen und Lehrer und suchte sich vorzüglich ein Bild davon zu entwerfen, wie die Erziehung eines Knäbchens in einem großen Hause von Anfang an standesmäßig betrieben würde und zwar so recht auf Kosten der hiefür bezahlten Leute und ohne Mühsal noch Verdruss der Eltern. Hierüber fertigte er ein merkwürdiges Memorandum an, welches in einigen Tagen, dank seinen fleißigen Notizen, zu mehreren Bogen anschwoll und mit dem er sich Aufsehen erregend beschäftigte. Er verwahrte die Schrift zusammengerollt in einer runden Blechkapsel und trug dieselbe an einem Lederriemchen beständig an der Hüfte.

Als aber die Seldwyler das bemerkten, glaubten sie, er sei abgesandt, ihnen das Geheimnis ihrer Industrie abzustehlen und in das Ausland zu verpflanzen. Sie erbosten sich über ihn und trieben ihn drohend und scheltend davon. Erfreut, dass er sie habe ärgern können, reiste er ab und langte endlich in Augsburg an, gesund und fröhlich wie ein junger Hecht. Er trat wohlgemut ins Haus und fand dasselbe ebenso froh belebt. Eine muntere schöne Landfrau mit hohem Busen war das Erste, was er antraf; sie trug eine Schüssel mit warmem Wasser, und er hielt sie für eine neue Köchin und betrachtete sie vorläufig nicht ohne Wohlgefallen. Doch drängte es ihn, die Hausfrau schnell zu begrüßen; allein sie war nicht zu sprechen und lag im Bett, obgleich das Haus von einem seltsamen Geräusch widerhallte. Dieses rührte vom alten Litumlei her, welcher herumrannte, sang, rief, lachte und krakeelte und endlich zum Vorschein kam, blasend, pustend, die Augen rollend und ganz rot vor Freude, Stolz und Hochmut. Ausgelassen und würdeatmend zugleich hieß er seinen Günstling willkommen und eilte wieder davon, um etwas anderes zu verrichten; denn er schien alle Hände voll zu tun zu haben. Zwischendurch ließ sich von einer Gegend her wiederholt ein gedämpftes Quieken vernehmen, wie von einem Kreuzertrompetchen; die vollbusige Bäuerin ging wieder über die Szene mit einer Handvoll weißer Tüchelchen und rief aus ihrer weißen Kehle: »Gleich, mein Schätzchen! Gleich, mein Bübchen!«

»Dass dich!«, sagte John. »Was ist das für ein leckerer Bissen!« Aber er horchte wieder auf jenes Quieken, das sich fort und fort vernehmen ließ.

»Nun?«, rief Litumlei, der wieder hergeträppelt kam, »singt der Vogel nicht schön? Was sagst du dazu, mein Bursche?« – »Welcher Vogel?«, fragte John. »Ei, Herr Jesus! Du weißt am Ende noch gar nichts?«, rief der Alte; »ein Sohn ist uns allendlich geboren, ein Stammhalter, so munter wie ein Ferkel, liegt uns in der Wiege! Alle meine Wünsche, meine alten Pläne sind erfüllt!«

Der Schmied seines Glückes stand wie eine Bildsäule, ohne jedoch die Folgen des Ereignisses schon zu übersehen, so einfach sie auch sein mochten; er fühlte nur, dass es ihm höchst widerstrebend zumute war, machte ganz runde Augen und spitzte den Mund, wie wenn er einen Igel küssen müsste.

»Nun«, fuhr der vergnügte Alte fort, »sei nur nicht zu verdrießlich! Etwas verändert wird allerdings unser Verhältnis, habe auch bereits das Testament umgestoßen und verbrannt, sowie jenen lustigen Roman, dessen wir nun nicht mehr bedürfen! Du aber bleibst im Hause, du sollst bei der Erziehung meines Sohnes die Oberleitung übernehmen, du sollst mein Rat sein und mein Helfer in allen Dingen, und es soll dir nichts abgehen, solang ich lebe! Nun ruh' dich aus, ich muss dem kleinen Kreuzkerl einen rechten Namen zusammensuchen! Schon dreimal hab' ich den Kalender durchgesehen, will jetzt noch eine alte Chronik durchstöbern, dort gibt's so alte Stammbäume mit ganz merkwürdigen Taufnamen!«

John begab sich endlich auf sein Zimmer und setzte sich in jene Ecke; die Blechkapsel mit der Erziehungsdenkschrift hatte er noch umhängen und er hielt sie unbewusst zwischen den Knien. Er sah die Sachlage ein, er verwünschte die böse Frau, welche ihm diesen Streich gespielt und einen Erben untergeschoben; er verwünschte den Alten, der da glaubte, er hätte einen rechtmäßigen Sohn; nur sich selbst verwünschte er nicht, der doch der wirkliche und alleinige Urheber des kleinen Schreiers war und sich so selbst enterbt hatte. Er zappelte in einem unzerreißlichen Netze, rannte aber wieder nach dem Alten, um ihm törichterweise die Augen zu öffnen. »Glauben Sie denn wirklich«, sagte er mit gedämpfter Stimme zu ihm, »dass das Kind das Ihrige sei?« – »Wie, was?«, sagte Herr Litumlei und sah von seiner Chronik auf. John fuhr fort, in abgebrochenen Redensarten ihm zu verstehen zu geben, dass er selbst ja nie imstande gewesen sei, Vater zu werden, dass seine Frau wahrscheinlich sich eine Untreue habe zuschulden kommen lassen, und so fort.

Sobald ihn das kleine Männchen ganz verstand, fuhr es wie besessen in die Höhe, stampfte auf den Boden, schnaubte und schrie endlich: »Aus den Augen mir, undankbares Scheusal, verleumderischer Schuft! Warum sollte ich nicht imstande sein, einen Sohn zu haben? Sprich, Elender! Ist das der Dank für meine Wohltaten, dass du die Ehre meines Weibes und meine eigene Ehre begeiferst mit deiner niederträchtigen Zunge? Welch ein Glück, dass ich noch rechtzeitig erkenne, welch eine Schlange ich an meinem Busen genährt habe! Wie werden doch solche großen Stammhäuser gleich in der Wiege schon vom Neid und von der Selbstsucht attackiert! Fort! Aus dem Hause mit dir von Stund' an!« Er lief zitternd vor Wut nach seinem Schreibtische, nahm eine Handvoll Goldstücke, wickelte sie in ein Papier und warf es dem Unglücklichen vor die Füße. »Hier ist noch ein Zehrpfennig und damit fort auf immer!« Hiermit entfernte er sich, immer zischend wie eine Schlange. John hob das Päcklein auf, ging aber nicht aus dem Hause, sondern schlich auf seine Kammer, mehr tot als lebendig, zog sich aus bis auf das Hemde, obschon es noch nicht Abend war, und legte sich ins Bett, schlotternd und erbärmlich stöhnend. In allem Jammer zählte er, da er keinen Schlaf finden konnte, das erhaltene Geld und das, welches er auf der Reise in obenbeschriebener Weise erspart. »Unnütz!«, sagte er, »ich denke nicht daran fortzugehen, ich will und muss hierbleiben!«

Da klopften zwei Polizeimänner an die Türe, traten herein und hießen ihn aufstehen und sich anziehen. Voll Angst und Schrecken tat er es; sie befahlen ihm, seine Sachen zusammenzupacken; es war aber alles noch auf das schönste beisammen, da er seine Reisekoffer noch gar nicht geöffnet hatte. Darauf führten sie ihn aus dem Hause; ein Knecht trug die Sachen nach, setzte sie auf die Straße und schloss die Türe vor seiner Nase zu. Hierauf lasen ihm die Männer von einem Papier ein Verbot vor, bei Strafe nicht mehr dies Haus zu betreten. Dann gingen sie fort; er aber blickte nochmals an das Haus seines verlorenen Glückes hinauf, als eben einer der hohen Fensterflügel sich ein wenig öffnete, jene hübsche Amme eine in ländlicher Weise dort getrocknete Windel hereinlangte und gleichzeitig das Stimmchen des Kindes sich wieder vernehmen ließ. Da floh er endlich mit seiner Habe in einen Gasthof, zog sich dort wiederum aus und legte sich nun ungestört ins Bett.

Am andern Tage lief er aus Verzweiflung noch zu einem Advokaten, um zu erfahren, ob denn gar nichts mehr zu machen sei? Sobald der aber seine Rede halb angehört, rief er zornig: »Machen Sie, dass Sie fortkommen, Sie Esel, mit Ihrer einfältigen Erbschleicherei, oder ich lasse Sie verhaften!«

Ganz verstürmt reisete er allendlich nach seinem guten Seldwyla, wo er erst vor einigen Tagen gewesen war. Er setzte sich wieder in den Gasthof und zehrte einige Zeit nachdenklich von seiner Barschaft, und je mehr sie sich verminderte, desto kleinlauter wurde er. Humoristisch gesellten sich die Seldwyler zu ihm, und als sie, da er nun zugänglicher geworden, sein Schicksal so ziemlich erforscht hatten und ihn im Besitze seines abnehmenden kleinen Vermögens sahen, verkauften sie ihm eine kleine alte Nagelschmiede vor dem Tore, die gerade feilstand und, wie sie sagten, ihren Mann nährte. Er musste aber, um den Kaufschilling voll zu machen, alle seine Attribute und Kleinode veräußern, was er um so leichter tat, als er nun keine Hoffnung mehr auf diese Dinge setzte; sie hatten ihn ja immer betrogen, und er mochte nicht mehr um sie Sorge tragen.

Mit der Nagelschmiede, in der zwei oder drei Arten einfacher Nägel gemacht wurden, ging ein alter Geselle in den Kauf, von dem der neue Inhaber die Hantierung selbst ohne viel Mühe erlernte und dabei noch ein wackerer Nagel-

Jean-Jacques Sempé

Nehmen Sie's mir nicht übel, aber unglücklich finde ich Sie eigentlich viel interessanter, als wenn alles so glatt läuft wie jetzt.

schmied wurde, der erst in leidlicher, dann in ganzer Zufriedenheit so dahinhämmerte, als er das Glück einfacher und unverdrossener Arbeit spät kennenlernte, das ihn wahrhaft aller Sorge enthob und von seinen schlimmen Leidenschaften reinigte. Dankbarlich ließ er schöne Kürbisstauden und Winden an dem niedrigen schwärzlichen Häuschen emporranken, das außerdem von einem großen Holunderbaum überschattet war und dessen Esse immer ein freundliches Feuerlein hegte.

Nur in stillen Nächten bedachte er etwa noch sein Schicksal, und einige Mal, wenn der Jahrestag wiederkehrte, wo er die Dame Litumlei bei dem Himbeertörtchen gefunden hatte, stieß der Schmied seines Glückes den Kopf gegen die Esse, aus Reue über die unzweckmäßige Nachhilfe, welche er seinem Glück hatte geben wollen. Allein, auch diese Anwandlungen verloren sich allmählich, je besser die Nägel gerieten, welche er schmiedete.

Arthur Schopenhauer
Glück

Alle Befriedigung, oder was man gemeinhin Glück nennt, ist eigentlich und wesentlich immer nur negativ und durchaus nie positiv. Es ist nicht eine ursprünglich und von selbst auf uns kommende Beglückung, sondern muss immer die Befriedigung eines Wunsches seyn. Denn Wunsch, d. h. Mangel, ist die vorhergehende Bedingung jedes Genusses. Mit der Befriedigung hört aber der Wunsch und folglich der Genuss auf. Daher kann die Befriedigung oder Beglückung nie mehr seyn, als die Befreiung von einem Schmerz, von einer Not: denn dahin gehört nicht nur jedes wirkliche, offenbare Leiden, sondern auch jeder Wunsch, dessen Importunität [Ungelegenheit] unsere Ruhe stört, ja sogar auch die ertödtende Langeweile, die uns das Daseyn zur Last macht. – Nun aber ist es so schwer, irgend etwas zu erreichen und durchzusetzen: jedem Vorhaben stehn Schwierigkeiten und Bemühungen ohne Ende entgegen, und bei jedem Schritt häufen sich die Hindernisse. Wann aber endlich Alles überwunden und erlangt ist, so kann doch nie etwas Anderes gewonnen seyn, als daß man von irgend einem Leiden, oder einem Wunsche, befreit ist, folglich nur sich so befindet, wie vor dessen Eintritt. – Unmittelbar gegeben ist uns immer nur der Mangel, d. h. der Schmerz. Die Befriedigung aber und den Genuß können wir nur mittelbar erkennen, durch Erinnerung an das vorhergegangene Leiden und Entbehren, welches bei seinem

Eintritt aufhörte. Daher kommt es, daß wir der Güter und Vortheile, die wir wirklich besitzen, gar nicht recht inne werden, noch sie schätzen, sondern nicht anders meinen, als eben es müsse so seyn: denn sie beglücken immer nur negativ, Leiden abhaltend. Erst nachdem wir sie verloren haben, wird uns ihr Werth fühlbar: denn der Mangel, das Entbehren, das Leiden ist das Positive, sich unmittelbar Ankündigende. Daher auch freut uns die Erinnerung überstandener Noth, Krankheit, Mangel u. dgl., weil solche das einzige Mittel die gegenwärtigen Güter zu genießen ist. Auch ist nicht zu leugnen, daß in dieser Hinsicht und auf diesem Standpunkt des Egoismus, der die Form des Lebenswollens ist, der Anblick oder die Schilderung fremder Leiden uns auf eben jenem Wege Befriedigung und Genuß giebt, wie es Lukretius schön und offenherzig ausspricht, im Anfang des zweiten Buches:

Suave, mari magno, turbantibus aequora ventis,
E terra magnum alterius spectare laborem:
Non, quia vexari quemquam est jucunda voluptas;
Sed, quibus ipse malis careas, quia cernere suave est.
[Freude macht es am Meer, wenn stürmische Winde
es peitschen,
An dem Ufer zu stehn und zu sehn, wie der Schiffer
in Not ist.
Nicht als machte es Lust, zu sehn, wie der andre
gequält wird,
Sondern weil es dich freut, vom Übel befreit dich
zu wissen.
De rerum natura, II, 1.]

Jedoch wird sich uns weiterhin zeigen, daß diese Art der Freude, durch so vermittelte Erkenntniß seines Wohlseyns, der Quelle der eigentlichen positiven Bosheit sehr nahe liegt.

Daß alles Glück nur negativer, nicht positiver Natur ist, daß es eben deshalb nicht dauernde Befriedigung und Beglückung seyn kann, sondern immer nur von einem Schmerz oder Mangel erlöst, auf welchem entweder ein neuer Schmerz, oder auch languor, leeres Sehnen und Langeweile folgen muß: dies findet einen Beleg auch in jenem treuen Spiegel des Wesens der Welt und des Lebens, in der Kunst, besonders in der Poesie. Jede epische, oder dramatische Dichtung nämlich kann immer nur ein Ringen, Streben und Kämpfen um Glück, nie aber das bleibende und vollendete Glück selbst darstellen. Sie führt ihren Helden durch tausend Schwierigkeiten und Gefahren bis zum Ziel: sobald es erreicht ist, läßt sie schnell den Vorhang fallen. Denn es bliebe ihr jetzt nichts übrig, als zu zeigen, daß das glänzende Ziel, in welchem der Held das Glück zu finden wähnte, auch ihn nur geneckt hatte, und er nach dessen Erreichung nicht besser daran war, als zuvor. Weil ein ächtes, bleibendes Glück nicht möglich ist, kann es kein Gegenstand der Kunst seyn. Zwar ist der Zweck des Idylls wohl eigentlich die Schilderung eines solchen: allein man sieht auch, daß das Idyll als solches sich nicht halten kann. Immer wird es dem Dichter unter den Händen entweder episch, und ist dann nur ein sehr unbedeutendes Epos, aus kleinen Leiden, kleinen Freuden und kleinen Bestrebungen zusammengesetzt: dies ist der häufigste Fall; oder aber es wird zur bloß beschreibenden Poesie, schildert die Schönheit der Natur, d. h. eigentlich das reine willensfreie Erkennen, welches freilich auch in der That das einzige reine Glück ist, dem weder Leiden noch Bedürfniß vorhergeht, noch auch Reue, Leiden, Leere, Ueberdruß nothwendig folgt: nur kann dieses Glück nicht das ganze Leben füllen, sondern bloß Augenblicke desselben. – Was wir in der Poesie sehn, finden wir in der Musik wieder, in deren Melodie wir ja die allgemein ausgedrückte innerste Geschichte des sich selbst bewußten Willens, das geheimste Leben, Sehnen, Leiden und Freuen, das Ebben und Fluthen des menschlichen Herzens wiedererkannt haben. Die Melodie ist immer ein Abweichen vom Grundton, durch tausend wunderliche Irrgänge, bis zur schmerzlichsten Dissonanz, darauf sie endlich den Grundton wiederfindet, der die Befriedigung und Beruhigung des Willens ausdrückt, mit welchem aber nachher weiter nichts mehr zu machen ist und dessen längeres Anhalten nur lästige und nichtssagende Monotonie wäre, der Langenweile entsprechend.

Alles was diese Betrachtungen deutlich machen sollten, die Unerreichbarkeit dauernder Befriedigung und die Negativität alles Glückes, findet seine Erklärung in Dem, was am Schlusse des zweiten Buches gezeigt ist: daß nämlich der Wille, dessen Objektivation das Menschenleben wie jede Erscheinung ist, ein Streben ohne Ziel und ohne Ende ist. Das Gepräge dieser Endlosigkeit finden wir auch allen Theilen seiner gesammten Erscheinung aufgedrückt, von der allgemeinsten Form dieser, der Zeit und dem Raum ohne Ende an, bis zur vollendetsten aller Erscheinungen, dem Leben und Streben des Menschen. – Man kann drei Extreme des Menschenlebens theoretisch annehmen und sie als Elemente des wirklichen Menschenlebens betrachten. Erstlich, das gewaltige Wollen, die großen Leidenschaften (Radscha-Guna). Es tritt hervor in den großen historischen Charakteren; es ist geschildert im Epos und Drama: es kann sich aber auch in der kleinen Sphäre zeigen, denn die Größe der Objekte mißt sich hier nur nach dem Grade, in welchem sie den Willen bewegen, nicht nach ihren äußeren Verhältnissen. Sodann zweitens das reine Erkennen, das Auffassen der Ideen, bedingt durch Befreiung der Erkenntniß vom Dienste des Willens: das Leben des Genius (Satwa-Guna). Endlich drittens, die größte Lethargie des Willens und damit der an ihn gebundenen Erkenntniß, leeres Sehnen, lebenerstarrende Langeweile (Tama-Guna). Das Leben des Individuums, weit entfernt in einem dieser Extreme zu verharren, berührt sie nur selten, und ist meistens nur ein schwaches und schwankendes Annähern zu dieser oder jener Seite, ein dürftiges Wollen kleiner Objekte, stets wiederkehrend und so der Langenweile entrinnend. – Es ist wirklich unglaublich, wie nichtssagend und bedeutungsleer, von außen gesehn, und wie dumpf und besinnungslos, von innen empfunden, das Leben der allermeisten Menschen dahinfließt. Es ist ein mattes Sehnen und Quälen, ein träumerisches Taumeln durch die vier Lebensalter hindurch zum Tode, unter Begleitung einer Reihe trivialer Gedanken. Sie gleichen Uhrwerken, welche aufgezogen werden und gehn, ohne zu wissen warum; und jedesmal, daß ein Mensch gezeugt und geboren worden, ist die Uhr des Menschenlebens aufs Neue aufgezogen, um jetzt ihr schon zahllose Male abgespieltes Leierstück abermals zu wiederholen, Satz vor Satz und Takt vor Takt, mit unbedeutenden Variationen. – Jedes Individuum, jedes Menschengesicht und dessen Lebenslauf ist nur ein kurzer Traum mehr des unendlichen Naturgeistes, des beharrlichen Willens zum Leben, ist nur ein flüchtiges Gebilde mehr, das er spielend hinzeichnet auf sein unendliches Blatt, Raum und Zeit, und eine gegen diese verschwindend kleine Weile bestehn läßt, dann auslöscht, neuen Platz zu machen. Dennoch, und hier liegt die bedenkliche Seite des Lebens, muß jedes dieser flüchtigen Gebilde, dieser schaalen Einfälle, vom ganzen Willen

Jean-Jacques Sempé

Wenn ich deprimiert bin, dann sind die Gründe meiner Depression tief, wesentlich, fundamental. Natürlich kommt es auch vor, dass ich glücklich bin. Doch sind die Gründe, derentwegen ich glücklich bin, so läppisch und schwach, dass es mich deprimiert …

zum Leben, in aller seiner Heftigkeit, mit vielen und tiefen Schmerzen und zuletzt mit einem lange gefürchteten, endlich eintretenden bittern Tode bezahlt werden. Darum macht uns der Anblick eines Leichnams so plötzlich ernst.

Das Leben jedes Einzelnen ist, wenn man es im Ganzen und Allgemeinen übersieht und nur die bedeutsamsten Züge heraushebt, eigentlich immer ein Trauerspiel; aber im Einzelnen durchgegangen, hat es den Charakter des Lustspiels. Denn das Treiben und die Plage des Tages, die rastlose Neckerei des Augenblicks, das Wünschen und Fürchten der Woche, die Unfälle jeder Stunde, mittelst des stets auf Schabernack bedachten Zufalls, sind lauter Komödienscenen. Aber die nie erfüllten Wünsche, das vereitelte Streben, die vom Schicksal unbarmherzig zertretenen Hoffnungen, die unsäligen Irrthümer des ganzen Lebens, mit dem steigenden Leiden und Tode am Schlusse, geben immer ein Trauerspiel. So muß, als ob das Schicksal zum Jammer unsers Daseyns noch den Spott fügen gewollt, unser Leben alle Wehen des Trauerspiels enthalten, und wir dabei doch nicht ein Mal die Würde tragischer Personen behaupten können, sondern, im breiten Detail des Lebens, unumgänglich läppische Lustspielcharaktere seyn.

So sehr nun aber auch große und kleine Plagen jedes Menschenleben füllen und in steter Unruhe und Bewegung erhalten, so vermögen sie doch nicht die Unzulänglichkeit des Lebens zur Erfüllung des Geistes, das Leere und Schaale des Daseyns zu verdecken, oder die Langeweile auszuschließen, die immer bereit ist jede Pause zu füllen, welche die Sorge läßt. Daraus ist es entstanden, daß der menschliche Geist, noch nicht zufrieden mit den Sorgen, Bekümmernissen und Beschäftigungen, die ihm die wirkliche Welt auflegt, sich in der Gestalt von tausend verschiedenen Superstitionen [Aberglauben] noch eine imaginäre Welt schafft, mit dieser sich dann auf alle Weise zu thun macht und Zeit und Kräfte an ihr verschwendet, sobald die wirkliche ihm die Ruhe gönnen will, für die er gar nicht empfänglich ist. Dieses ist daher auch ursprünglich am meisten der Fall bei den Völkern, welchen die Milde des Himmelstriches und Bodens das Leben leicht macht, vor allen bei den Hindus, dann bei den Griechen, Römern, und später bei den Italiänern, Spaniern u.s.w. – Dämonen, Götter und Heilige schafft sich der Mensch nach seinem eigenen Bilde; diesen müssen dann unablässig Opfer, Gebete, Tempelverzierungen, Gelübde und deren Lösung, Wallfahrten, Begrüßungen, Schmückung der Bilder u.s.w. dargebracht werden. Ihr Dienst verwebt sich überall mit der Wirklichkeit, ja verdunkelt diese: jedes Ereigniß des Lebens wird dann als Gegenwirkung jener Wesen aufgenommen: der Umgang mit ihnen füllt die halbe Zeit des Lebens aus, unterhält beständig die Hoffnung und wird, durch den Reiz der Täuschung, oft interessanter, als der mit wirklichen Wesen. Er ist der Ausdruck und das Symptom der doppelten Bedürftigkeit des Menschen, theils nach Hülfe und Beistand, und theils nach Beschäftigung und Kurzweil: und wenn er auch dem ersten Bedürfniß oft gerade entgegenarbeitet, indem, bei vorkommenden Unfällen und Gefahren, kostbare Zeit und Kräfte, statt auf deren Abwendung, auf Gebete und Opfer unnütz verwendet werden; so dient er dem zweiten Bedürfniß dafür desto besser, durch jene phantastische Unterhaltung mit einer erträumten Geisterwelt: und dies ist der gar nicht zu verachtende Gewinn aller Superstitionen.

Jean-Jacques Sempé

Und wie steht es mit Eurem Prozess?

Anton Čechov

Die Stachelbeeren

Bereits seit dem frühen Morgen bedeckten Regenwolken den Himmel; es war still, nicht warm und eintönig, wie immer an grauen, trüben Tagen, wenn die Wolken schon lange über dem Land hängen und man auf den Regen wartet, der nicht kommt. Der Tierarzt Ivan Ivanyč und der Gymnasiallehrer Burkin waren schon müde vom Gehen, und die Ebene schien ihnen endlos. In der Ferne konnte man gerade noch die Windmühlen des Dorfes Mironosickoe erkennen, rechts zog sich eine Hügelkette hin, die weit hinter dem Dorf verschwand, und beide wussten, dass dort das Flussufer war; da gab es Wiesen, grüne Weiden und Gutshöfe, und stand man auf einem dieser Hügel, so erblickte man eine ebenso endlose Ebene, Telegrafenmasten und die Eisenbahn, die von ferne einer kriechenden Raupe glich; und an klaren Tagen sah man von dort aus sogar die Stadt. Jetzt, bei dem stillen Wetter, da die ganze Natur einen sanftmütigen und verträumten Eindruck machte, erfüllte Ivan Ivanyč und Burkin eine tiefe Liebe zu dieser Gegend, und beide dachten daran, wie groß und wie wunderschön doch dieses Land sei.

»Das letzte Mal, als wir in der Scheune des Dorfältesten Prokofij saßen, wollten Sie eine Geschichte erzählen«, sagte Burkin.

»Ja, ich wollte Ihnen damals etwas von meinem Bruder erzählen.«

Ivan Ivanyč seufzte tief und zündete sein Pfeifchen an, um danach mit der Geschichte zu beginnen, aber gerade in diesem Augenblick fing es zu regnen an. Nach fünf Minuten goss es bereits in Strömen, und es war kaum abzusehen, wann dieser Regen wieder aufhören würde. Ivan Ivanyč und Burkin blieben stehen und überlegten; die Hunde, die schon ganz nass waren, standen mit eingezogenem Schwanz da und schauten sie ergeben an.

»Wir müssen uns irgendwo unterstellen«, sagte Burkin, »gehen wir zu Alëchin. Das ist nicht weit von hier.«

»Gut, gehen wir.«

Sie bogen vom Weg ab und gingen über ein abgemähtes Feld, erst geradeaus, dann nach rechts, bis sie auf die Landstraße kamen. Bald tauchten Pappeln auf, ein Garten und rote Scheunendächer; der Fluss schimmerte, und vor ihren Blicken breitete sich der Wehrteich mit einer Mühle und mit einem Badehaus. Das war Sofjino, wo Alëchin wohnte.

Die Mühle arbeitete, sie übertönte das Geräusch des Regens; das Wehr zitterte. Dort standen neben den Bauernwagen mit gesenkten Köpfen nasse Pferde, und Leute, die sich Säcke umgehängt hatten, liefen hin und her. Es war feucht, schmutzig und ungemütlich, und der Fluss sah kalt und unfreundlich aus. Ivan Ivanyč und Burkin verspürten ein Unbehagen und fühlten die Nässe und Unsauberkeit bereits am ganzen Körper, ihre Schuhe waren schwer von dem Schlamm, und als sie das Wehr überquert hatten und zu den herrschaftlichen Speichern hinaufstiegen, schwiegen sie, als seien sie böse miteinander.

In einem der Speicher ratterte eine Worfelmaschine; die Tür stand offen, und Staub drang heraus. Auf der Schwelle stand Alëchin, ein Mann von etwa vierzig Jahren, er war groß, beleibt und glich mit seinem langen Haar eher einem Professor und Künstler als einem Gutsbesitzer. Er trug ein weißes, lange nicht mehr gewaschenes Hemd mit einem Strick als Gürtel, statt der Beinkleider hatte er Unterhosen an, und an seinen Stiefeln klebten Schmutz und Stroh. Nase und Augen waren schwarz von Staub. Er erkannte Ivan Ivanyč und Burkin und freute sich offensichtlich sehr.

»Bitte gehen Sie ins Haus, meine Herren«, sagte er lächelnd. »Ich komme sofort nach.«

Das Haus war groß und zweistöckig. Alëchin bewohnte im Erdgeschoss zwei Zimmer mit gewölbter Decke und kleinen Fenstern, wo einst die Verwalter gewohnt hatten; die Einrichtung war einfach, und es roch nach Roggenbrot, billigem Wodka und Pferdegeschirr. Oben in den Paradezimmern hielt er sich selten auf, nur wenn Gäste kamen.

Im Haus wurden Ivan Ivanyč und Burkin von dem Stubenmädchen begrüßt, einer jungen Frau, die so schön war, dass sie beide gleichzeitig stehen blieben und einander ansahen.

»Sie können sich nicht vorstellen, wie ich mich freue, Sie zu sehen, meine Herren«, sagte Alëchin, der hinter ihnen die Diele betreten hatte. »Das habe ich nicht erwartet! Pelageja«, fuhr er, zu dem Stubenmädchen gewandt, fort, »geben Sie den Gästen etwas zum Umziehen. Zuerst muss ich mich aber waschen, mir kommt es so vor, als hätte ich mich seit dem Frühling nicht mehr gewaschen. Kommen Sie doch mit ins Badehaus, meine Herren, inzwischen wird hier alles vorbereitet.«

Die schöne Pelageja, die so zart und dem Aussehen nach sehr sanft war, brachte Badetücher und Seife, und Alëchin ging mit seinen Gästen zum Badehaus.

»Ja, schon lange habe ich mich nicht mehr richtig gewaschen«, sagte er beim Auskleiden. »Wie Sie sehen, habe ich ein schönes Badehaus, mein Vater hat es noch gebaut, doch zum Waschen komme ich nie.«

Er setzte sich auf eine Stufe und seifte seine langen Haare und den Hals ein, und das Wasser zu seinen Füßen färbte sich braun.

»Ja, das glaube ich gern…«, meinte Ivan Ivanyč bedeutsam und schaute Alëchins Kopf an.

»Schon lange habe ich mich nicht mehr richtig gewaschen«, wiederholte Alëchin verlegen und seifte sich noch einmal ein, wobei das Wasser dunkelblau wurde wie Tinte.

Ivan Ivanyč ging hinaus, stürzte sich geräuschvoll ins Wasser und schwamm durch den Regen, weit mit den Armen ausholend, und Wellen gingen von ihm aus, auf denen sich weiße Seerosen schaukelten. Er schwamm bis zur Mitte des Flusses und tauchte, kam eine Minute darauf an anderer Stelle wieder hoch und schwamm weiter, und immerzu tauchte er, bemüht, auf den Grund zu gelangen. »Ach, mein Gott«, wiederholte er genießerisch. »Ach, mein Gott …« Er schwamm bis zur Mühle, unterhielt sich dort mit den Bauern und kehrte dann um; in der Mitte des Flusses legte er sich auf den Rücken und bot sein Gesicht dem Regen dar. Burkin und Alëchin waren angekleidet und wollten schon gehen, er aber schwamm und tauchte immer noch.

»Ach, mein Gott …«, sagte er, »Herr, erbarme dich.«

»Nun ist es aber genug!«, rief Burkin ihm zu.

Sie kehrten ins Haus zurück. Doch erst als oben in dem großen Salon die Lampe angezündet wurde und Burkin und Ivan Ivanyč, mit seidenen Schlafröcken angetan, in warmen Pantoffeln in den Lehnstühlen saßen und Alëchin, gewaschen und frisiert, in einem neuen Rock durch den Salon schritt und sichtlich die Wärme, die Sauberkeit, die trockene

Kleidung und das leichte Schuhwerk genoss und als die schöne Pelageja, die lautlos über den Teppich glitt und weich lächelte, auf einem Tablett Tee mit Varenje reichte – erst da begann Ivan Ivanyč mit seiner Erzählung, und es schien, als hörten ihm nicht nur Burkin und Alëchin zu, sondern auch die alten und jungen Damen und die Männer in Uniformen, die friedlich und streng aus ihren goldenen Rahmen blickten.

»Wir sind zwei Brüder«, begann er, »ich, Ivan Ivanyč, und Nikolaj Ivanyč, der zwei Jahre jünger ist als ich. Ich studierte und wurde Tierarzt, während Nikolaj schon mit neunzehn Jahren im Steueramt saß. Unser Vater Čimša-Gimalajskij war Kantonist, aber nachdem er sich den Offiziersrang erdient hatte, hinterließ er uns den erblichen Adel und ein kleines Gut. Nach seinem Tod wurde uns das Gut der vielen Schulden halber wegprozessiert, aber, wie dem auch sei, unsere Kindheit verlebten wir auf dem Lande in völliger Freiheit. Wie die Bauernkinder verbrachten wir Tag und Nacht auf dem Feld und im Wald, wir hüteten Pferde, schälten Bast, fingen Fische und dergleichen mehr… Sie wissen ja, wer auch nur einmal im Leben einen Kaulbarsch gefangen oder im Herbst die davonfliegenden Drosseln beobachtet hat, wenn sie an klaren kalten Tagen in Schwärmen über das Dorf ziehen, der taugt nicht mehr zum Städter, und bis zu seinem Tod wird es ihn in die Freiheit ziehen. Mein Bruder verzehrte sich in seinem Steueramt vor Sehnsucht. Die Jahre vergingen, aber er saß immer noch auf derselben Stelle, füllte immer noch die gleichen Papiere aus und dachte immer noch nur an das eine – wie er aufs Land kommen könnte. Diese Sehnsucht verwandelte sich nach und nach in einen bestimmten Wunsch, in den Traum, sich einen kleinen Gutshof zu kaufen, irgendwo am Ufer eines Flusses oder Sees.

Er war ein gutmütiger, sanfter Mensch, ich mochte ihn gern, aber diesen Wunsch, sich für das ganze Leben auf einem eigenen Landgut zu vergraben, konnte ich nie nachfühlen. Man sagt zwar, der Mensch brauche nur drei Aršin Erde. Aber drei Aršin Erde braucht doch der Leichnam, nicht der Mensch. Und man sagt jetzt auch, es sei gut, dass unsere Intelligenz den Drang nach Landbesitz verspüre, dass es sie auf die Gutshöfe ziehe. Aber diese Gutshöfe sind doch dasselbe wie die drei Aršin Erde. Die Stadt zu verlassen, dem Kampf, dem Getümmel des Lebens zu entfliehen und sich auf einem Gut zu verstecken – das ist kein Leben, das ist Egoismus, das ist Trägheit, ein Mönchtum besonderer Art, aber ein Mönchtum ohne Heldenmut. Der Mensch braucht nicht drei Aršin Erde, kein Landgut, sondern den ganzen Erdball, die ganze Natur, wo er alle Eigenschaften und Besonderheiten seines freien Geistes ungehindert entfalten kann.

Mein Bruder Nikolaj, der in seinem Steueramt saß, träumte davon, wie er seine eigene Kohlsuppe essen würde, deren schmackhafter Duft über den ganzen Hof zöge; er würde draußen auf dem grünen Rasen essen, in der Sonne schlafen, stundenlang vorm Tor auf dem Bänkchen sitzen und in Wald und Feld hinausschauen. Broschüren über Landwirtschaft und allerlei Kalenderhinweise bereiteten ihm große Freude, sie waren seine geistige Lieblingsnahrung; er las gern Zeitungen, doch las er nur die Anzeigen, dass soundso viel Desjatinen Ackerland mit Wiesen, mit einem Gutshof, mit Fluss, Obstgarten, Mühle und Abflussteichen zum Verkauf stünden. Er malte sich in seiner Phantasie Gartenwege aus, Blumen, Früchte, Starkästen, Teiche voller Karauschen und lauter solche Sachen, wissen Sie. Diese Phantasiebilder waren ganz unterschiedlich, entsprechend den Anzeigen, die ihm ins Auge fielen, aber Gott weiß warum, in jedem von ihnen kamen unbedingt Stachelbeeren vor. Er konnte sich kein Landgut, keinen idyllischen Winkel ohne Stachelbeeren vorstellen.

›Das Landleben hat seine Bequemlichkeiten‹, sagte er immer. ›Du sitzt auf dem Balkon, trinkst Tee, auf dem Teich schwimmen deine Enten, es duftet so schön, und … und es wachsen die Stachelbeeren.‹

Er entwarf immer wieder Pläne für sein Gut, aber jedes Mal kam es auf ein und dasselbe heraus: a) das Herrenhaus, b) das Gesindehaus, c) der Gemüsegarten, d) die Stachelbeeren. Er lebte äußerst bescheiden: er aß sich nie satt, er trank sich nie satt, er kleidete sich Gott weiß wie, geradezu wie ein Bettler, und trug alles Ersparte auf die Bank. Er war schrecklich knauserig. Es tat mir weh, wenn ich ihn so sah; zu den Feiertagen gab und schickte ich ihm immer mal etwas, er aber legte auch das zurück. Wenn ein Mensch erst einmal von einer Idee besessen ist, kann man nichts machen.

Die Jahre vergingen, er wurde in ein anderes Gouvernement versetzt, er hatte die vierzig schon überschritten, aber immer noch las er die Anzeigen in den Zeitungen und sparte. Dann hörte ich, er habe geheiratet. Alles mit dem gleichen Ziel – um sich ein Landgut mit Stachelbeersträuchern zu kaufen, heiratete er eine alte, hässliche Witwe, ohne jedes Gefühl für sie, nur weil sie ein bisschen Geld besaß. Er lebte auch mit ihr überaus sparsam, ließ sie hungern und trug ihr Geld unter seinem Namen auf die Bank. Früher war sie mit einem Postmeister verheiratet und bei ihm an Piroggen und Fruchtlikör gewöhnt gewesen, bei ihrem zweiten Mann aber bekam sie nicht einmal genug Schwarzbrot; solch ein Leben ließ sie langsam dahinsiechen, und nach drei Jahren befahl sie Gott ihre Seele. Natürlich dachte mein Bruder nicht einen Augenblick daran, dass er an ihrem Tod schuld sei. Das Geld macht wie der Wodka aus dem Menschen einen Narren. In unserer Stadt starb ein Kaufmann. Vor seinem Tod ließ er sich einen Teller Honig bringen und aß sein ganzes Geld und seine Papiere zusammen mit dem Honig auf, denn niemand sollte es bekommen. Auf einem Bahnhof musste ich einmal Viehherden begutachten, da geriet ein Pferdehändler unter die Lokomotive, und ihm wurde ein Bein abgefahren. Wir brachten ihn in den Wartesaal, das Blut floss, eine schreckliche Geschichte, er aber bat, man möge sein Bein suchen, und war ganz unruhig – in dem Stiefel des abgefahrenen Beines steckten zwanzig Rubel, die durften nicht verlorengehen.«

»Das ist schon aus einer anderen Oper«, warf Burkin ein.

»Nach dem Tod seiner Frau«, fuhr Ivan Ivanyč nach kurzem Nachdenken fort, »begann sich mein Bruder nach einem Gut umzusehen. Natürlich, man kann fünf Jahre lang suchen und macht schließlich doch einen Fehler und kauft sich gar nicht das, wovon man geträumt hat. Mein Bruder Nikolaj kaufte über einen Vermittler unter Übernahme der Hypotheken hundertzwölf Desjatinen Land mit einem Herrenhaus, einem Gesindehaus und einem Park, aber es gab weder einen Obstgarten noch Stachelbeeren, noch Teiche mit Entchen; ein Fluss war da, aber das Wasser war schwarz wie Kaffee, weil auf der einen Seite des Gutes eine Ziegelei stand, auf der anderen eine Knochenbrennerei. Aber meinen Nikolaj Ivanyč kümmerte das wenig, er bestellte sich zwanzig Stachelbeersträucher, pflanzte sie ein und ließ sich als Gutsbesitzer nieder.

Im vergangenen Jahr habe ich ihn besucht. Ich dachte, du wirst mal hinfahren und dir ansehen, wie er so lebt. In seinen Briefen nannte mein Bruder sein Gut ›Gimalajskijs

Einöde‹; am Nachmittag traf ich also in ›Gimalajskijs Einöde‹ ein. Es war heiß. Überall Gräben, Gatter, Zäune, in Reihen gepflanzte Fichten, man wusste nicht, wie man in den Hof fahren und wo man das Pferd lassen sollte. Ich ging zum Haus, und mir entgegen kam ein fuchsroter feister Hund, der aussah wie ein Schwein. Er wollte bellen, war aber zu faul. Aus der Küche kam die Köchin, sie war barfuß und dick und sah ebenfalls aus wie ein Schwein, sie sagte, der Herr halte gerade Mittagsruhe. Ich ging zu meinem Bruder hinein, er saß im Bett, die Knie mit einer Decke zugedeckt; er war alt geworden, dick, gleichsam aufgeschwemmt; seine Wangen, seine Nase und seine Lippen hatte es nach vorn gezogen, und es schien, als wolle er jeden Augenblick in die Bettdecke grunzen.

Wir umarmten uns und weinten vor Freude und vor Kummer, dass wir einmal jung gewesen, jetzt aber alt und grau waren und ans Sterben denken mussten. Er zog sich an und führte mich herum, um mir sein Gut zu zeigen.

›Na, wie lebst du hier?‹, fragte ich ihn.

›Es geht so, Gott sei Dank, ich lebe gut.‹

Das war nicht mehr der schüchterne, arme Beamte von früher, sondern ein richtiger Gutsbesitzer, ein Herr. Er hatte sich hier schon ganz eingelebt und fand Geschmack an diesem Leben; er aß viel, badete in der Sauna, er war dick geworden, prozessierte mit der Gemeinde und mit beiden Fabriken, und es kränkte ihn sehr, wenn ihn die Bauern nicht mit ›Euer Hochwohlgeboren‹ anredeten. Auch für sein Seelenheil sorgte er würdevoll, nach Herrenart, und gute Taten vollbrachte er nicht schlicht und einfach, sondern würdevoll. Doch was für gute Taten waren das? Er kurierte die Bauern von allen möglichen Krankheiten mit Soda und Rizinus, und an seinem Namenstag ließ er im Dorf einen Dankgottesdienst abhalten, danach spendierte er einen halben Eimer Wodka, weil er meinte, das sei notwendig. Ach, diese schrecklichen halben Eimer! Heute schleppt ein dicker Gutsbesitzer seine Bauern wegen eines Flurschadens vor die Obrigkeit, und morgen, am Feiertag, spendiert er ihnen einen halben Eimer, und sie singen und schreien ›hurra‹, und die Betrunkenen verneigen sich vor ihm bis zur Erde. Die Wandlung des Lebens zum Besseren, die Sattheit und der Müßiggang entwickeln im russischen Menschen den unverschämtesten Dünkel. Nikolaj Ivanyč, der sich einst in seinem Steueramt sogar davor gefürchtet hatte, eigene Anschauungen zu haben, gab jetzt nur noch Wahrheiten von sich, und zwar im Ton eines Ministers: ›Bildung ist notwendig, für das Volk jedoch noch verfrüht‹, ›Die Prügelstrafe ist im Allgemeinen schädlich, aber in manchen Fällen nützlich und unentbehrlich!‹

›Ich kenne das Volk und verstehe mit ihm umzugehen‹, sagte er. ›Das Volk liebt mich. Ich brauche nur den kleinen Finger zu rühren, und das Volk tut für mich alles, was ich will.‹

Und das, verstehen Sie, sagte er mit einem weisen, wohlwollenden Lächeln. An die zwanzigmal wiederholte er: ›Wir Adligen‹, ›Ich als Adliger‹; offenbar dachte er gar nicht mehr daran, dass unser Großvater Bauer und unser Vater Soldat gewesen war. Selbst unser Name Čimša-Gimalajskij, der in Wirklichkeit unmöglich ist, erschien ihm nun klangvoll, vornehm und sehr elegant.

Doch es handelt sich jetzt nicht um ihn, sondern um mich selbst. Ich will Ihnen erzählen, welche Wandlung in diesen wenigen Stunden, da ich auf seinem Gut weilte, in mir vorging. Am Abend, als wir Tee tranken, stellte die Köchin einen Teller voller Stachelbeeren auf den Tisch. Das waren keine gekauften, sondern seine eigenen Stachelbeeren, die ersten, seitdem die Sträucher gepflanzt worden waren. Nikolaj Ivanyč lachte und blickte die Stachelbeeren ein Weilchen schweigend an, mit Tränen in den Augen – er konnte vor Rührung nicht sprechen; dann aber steckte er sich eine Beere in den Mund, schaute mich triumphierend an wie ein Kind, das endlich sein geliebtes Spielzeug bekommen hat, und sagte:

›Wie schmackhaft!‹

Er aß gierig und wiederholte immer wieder: ›Ach, wie schmackhaft! Probier mal!‹

Die Beeren waren hart und sauer, aber wie Puškin sagt, ›teurer als die bittere Wahrheit ist uns der erhabene Wahn‹. Ich sah einen glücklichen Menschen vor mir, dessen sehnlichster Wunschtraum ganz offensichtlich in Erfüllung gegangen war, der sein Ziel im Leben erreicht, der das bekommen hatte, was er haben wollte, der wirklich mit seinem Schicksal und mit sich selber zufrieden war. Meinen Gedanken über das menschliche Glück hatte sich immer etwas Wehmütiges beigesellt, nun aber, beim Anblick dieses glücklichen Menschen, übermannte mich ein bedrückendes Gefühl, das an Verzweiflung grenzte. Besonders bedrückend war es in der Nacht. Man hatte mir ein Bett im Zimmer neben dem Schlafgemach meines Bruders hergerichtet, und ich konnte hören, dass er nicht schlief und immer wieder aufstand, zu dem Teller mit den Stachelbeeren ging und sich eine Beere nahm. Ich überlegte mir, wie viele zufriedene, glückliche Menschen es eigentlich gibt. Was für eine überwältigende Macht ist das! Sehen Sie sich dieses Leben an: Unverfrorenheit und Müßiggang der Starken, Unwissenheit und Tierähnlichkeit der Schwachen, ringsum unglaubliche Armut, Enge, Entartung, Trunkenheit, Heuchelei, Lügen … Dabei herrscht in allen Häusern und auf den Straßen Ruhe und Frieden; unter fünfzigtausend Menschen, die in der Stadt leben, ist kein Einziger, der aufschreien oder laut protestieren würde. Wir sehen die Menschen, die auf den Markt gehen und Lebensmittel einkaufen, die am Tag essen, nachts schlafen, die Unsinn reden, heiraten, alt werden und seelenruhig ihre Verstorbenen auf den Friedhof schleppen; aber wir sehen und hören nicht diejenigen, die leiden, und das Schreckliche im Leben spielt sich irgendwo hinter den Kulissen ab. Alles ist still und friedlich, und es protestiert nur die stumme Statistik: soundso viele haben den Verstand verloren, soundso viele Eimer Schnaps wurden ausgetrunken, soundso viele Kinder sind an Unterernährung zugrunde gegangen ... Und eine solche Ordnung ist offenbar notwendig; offenbar fühlt sich der Glückliche nur deshalb wohl, weil die Unglücklichen ihre Last schweigend tragen, und ohne dieses Schweigen wäre das Glück unmöglich. Das ist eine allgemeine Hypnose. An der Tür eines jeden zufriedenen, glücklichen Menschen müsste jemand mit einem Hämmerchen stehen und ständig mit seinem Klopfen daran erinnern, dass es Unglückliche gibt, dass das Leben, so glücklich es auch sein mag, ihm früher oder später seine Krallen zeigen wird und dass auch ihn das Unglück treffen wird – Krankheit, Armut, Verluste –, und dann wird ihn niemand sehen und hören, so wie er jetzt die anderen nicht hört oder sieht. Doch den Menschen mit dem Hämmerchen gibt es nicht, der Glückliche lebt zu seinem Vergnügen, und die kleinen Sorgen des Lebens bewegen ihn nur leicht wie der Wind die Espe – und alles ist zum Besten bestellt.

In jener Nacht wurde mir klar, dass auch ich zufrieden und glücklich war«, fuhr Ivan Ivanyč fort und stand auf. »Auch ich belehrte beim Essen und auf der Jagd die anderen, wie man leben, glauben und das Volk leiten müsse. Auch ich sagte, Wissen, Licht und Bildung seien notwendig, aber für die einfachen Menschen genüge einstweilen Lesen und Schreiben. Die Freiheit sei ein hohes Gut, sagte ich, ohne sie gehe es ebenso wenig wie ohne Luft, aber man müsse abwarten. Ja, so sprach ich, jetzt aber frage ich: Warum wollen wir warten?« Ivan Ivanyč sah Burkin böse an. »Warum sollen wir warten, frage ich Sie? Aus welchen Überlegungen heraus? Man sagt mir, es geht nicht alles auf einmal, jede Idee werde allmählich und zu ihrer Zeit verwirklicht. Aber wer sagt das? Wo sind die Beweise, dass das richtig ist? Man bezieht sich auf die natürliche Ordnung der Dinge, auf die Gesetzmäßigkeit der Erscheinungen, aber liegt denn Ordnung und Gesetzmäßigkeit darin, dass ich, ein lebendiger, denkender Mensch, am Graben stehe und warte, bis er von selber zuwächst, oder bis er verschlammt, während ich vielleicht hinüberspringen oder eine Brücke darüber schlagen könnte? Und noch einmal: Warum sollen wir warten? Warten, wenn man keine Kraft zum Leben hat und dabei doch leben muss und will!

Ich fuhr damals von meinem Bruder am frühen Morgen ab, und seitdem wurde es mir unerträglich, in der Stadt zu leben. Mich bedrücken die Stille und der Frieden, ich habe Angst, in die Fenster zu schauen, denn es gibt für mich jetzt keinen schrecklicheren Anblick als eine glückliche Familie, die um den Tisch herum sitzt und Tee trinkt. Ich bin schon alt und tauge nicht mehr für den Kampf, ich bin sogar unfähig zu hassen. Ich gräme mich nur in meinem Herzen, ich bin gereizt und ärgerlich, nachts glüht mir der Kopf von dem Ansturm der Gedanken, und ich kann nicht schlafen … Ach, wenn ich doch noch jung wäre!«

Ivan Ivanyč schritt erregt aus einer Ecke in die andere und wiederholte:

»Wenn ich doch noch jung wäre!«

Plötzlich trat er zu Alëchin und drückte ihm bald die eine, bald die andere Hand.

»Pavel Konstantinyč«, sagte er mit flehender Stimme, »geben Sie sich nicht der Ruhe hin, lassen Sie sich nicht einlullen! Solange Sie jung, stark und rüstig sind, dürfen Sie nicht müde werden, Gutes zu tun! Es gibt kein Glück, und es soll auch keines geben, und wenn das Leben Sinn und Zweck hat, so liegt dieser Sinn und Zweck nicht in unserem Glück, sondern in etwas Vernünftigerem, Größerem. Tun Sie Gutes!«

Das alles sagte Ivan Ivanyč mit einem hilflosen, flehenden Lächeln, als bitte er für sich selbst.

Dann saßen sie alle drei in ihren Lehnstühlen, an verschiedenen Ecken des Salons, und schwiegen. Ivan Ivanyčs Geschichte befriedigte weder Burkin noch Alëchin. Während die Generale und die Damen, die in der Dämmerung lebendig zu sein schienen, aus ihren goldenen Rahmen auf sie herabblickten, war es nicht sehr unterhaltsam, sich die Geschichte von dem armen Beamten anzuhören, der Stachelbeeren aß. Man wollte lieber etwas von eleganten Menschen, von Frauen hören. Allein die Tatsache, dass sie im Salon saßen, wo alles – der Kronleuchter in seinem Überzug, die Lehnstühle und die Teppiche – davon sprach, dass diese selben Menschen, die jetzt aus den Rahmen blickten, einstmals hier umhergegangen waren, gegessen und Tee getrunken hatten, wie auch die Tatsache, dass jetzt die schöne Pelageja nur lautlos hin und her lief – das war besser als alle Geschichten.

Alëchin sehnte sich sehr nach Schlaf, er war wegen der Wirtschaft früh aufgestanden, in der dritten Morgenstunde, und jetzt fielen ihm die Augen zu, aber er fürchtete, seine Gäste könnten in seiner Abwesenheit etwas Interessantes erzählen, und deshalb ging er nicht. Ob es klug und richtig war, was Ivan Ivanyč soeben gesagt hatte, konnte er nicht beurteilen; die Gäste sprachen nicht von Grütze, Heu oder Teer, sondern von etwas, was zu seinem Leben nicht in unmittelbarer Beziehung stand, und er freute sich und wollte, dass sie weitersprachen …

»Es ist aber Zeit zum Schlafen«, sagte Burkin und erhob sich. »Gestatten Sie, dass ich Ihnen eine gute Nacht wünsche.«

Alëchin verabschiedete sich und ging hinunter in sein Zimmer, während die Gäste oben blieben. Man hatte den beiden für die Nacht ein großes Zimmer zugewiesen, in dem zwei alte Holzbetten mit Schnitzereien standen; in einer Ecke des Zimmers hing ein Kruzifix aus Elfenbein. Die breiten kühlen Betten, die die schöne Pelageja hergerichtet hatte, dufteten angenehm nach frischer Wäsche.

Ivan Ivanyč zog sich schweigend aus und legte sich nieder.

»Herr, vergib uns Sündern!«, sagte er und zog sich die Decke über den Kopf.

Von seinem Pfeifchen, das auf dem Tisch lag, roch es stark nach Tabakasche. Und Burkin konnte lange nicht einschlafen und begreifen, woher dieser schwere Geruch kam.

Der Regen trommelte die ganze Nacht hindurch gegen die Fensterscheiben.

Jean-Jacques Sempé

Was ich will, ist:
Stille, Sinnenlust und Pracht!

Johann Peter Hebel
Glück und Unglück

Auf eine so sonderbare Weise ist Glück im Unglück und Unglück im Glück noch selten beisammen gewesen wie in dem Schicksal zweier Matrosen in dem letzten Seekrieg zwischen den Russen und Türken. Denn in einer Seeschlacht, als es sehr hitzig zuging, die Kugeln sausten, die Bretter und Mastbäume krachten, die Feuerbrände flogen, da und dort brach auf einem Schiff die Flamme aus und konnte nicht gelöscht werden. Es muss schrecklich sein, wenn man keine andere Wahl hat, als dem Tod ins Wasser entgegenzuspringen oder im Feuer zu verbrennen. Aber unsern zwei russischen Matrosen wurde diese Wahl erspart. Ihr Schiff fing Feuer in der Pulverkammer und flog mit entsetzlichem Krachen in die Luft. Beide Matrosen wurden mit in die Höhe geschleudert, wirbelten unter sich und über sich in der Luft herum, fielen nahe hinter der feindlichen Flotte wieder ins Meer hinab und waren noch lebendig und unbeschädigt, und das war ein Glück. Allein die Türken fuhren jetzt wie die Drachen auf sie heraus, zogen sie wie nasse Mäuse aus dem Wasser und brachten sie in ein Schiff; und weil es Feinde waren, so war der Willkomm kurz. Man fragte sie nicht lange, ob sie vor ihrer Abreise von der russischen Flotte schon zu Mittag gegessen hätten oder nicht, sondern man legte sie in den untersten feuchten und dunkeln Teil des Schiffes an Ketten, und das war kein Glück. Unterdessen sausten die Kugeln fort, die Bretter und Mastbäume krachten, die Feuerbrände flogen, und paff! sprang auch das türkische Schiff, auf welchem die Gefangenen waren, in tausend Trümmern in die Luft. Die Matrosen flogen mit, kamen wieder neben der russischen Flotte ins Wasser herab, wurden eilig von ihren Freunden hereingezogen und waren noch lebendig, und das war ein großes Glück. Allein für diese wiedererhaltene Freiheit und für das zum zweiten Mal gerettete Leben mussten diese guten Leute doch ein teures Opfer geben, nämlich die Beine. Diese Glieder wurden ihnen beim Losschnellen von den Ketten, als das türkische Schiff auffuhr, teils gebrochen, teils jämmerlich zerrissen, und mussten ihnen, sobald die Schlacht vorbei war, unter dem Knie weg abgenommen werden, und das war wieder ein großes Unglück. Doch hielten beide die Operation aus und lebten in diesem Zustande noch einige Jahre. Endlich starb doch einer nach dem andern, und das war nach allem, was vorhergegangen war, nicht das Schlimmste.

Diese Geschichte hat ein glaubwürdiger Mann bekanntgemacht, welcher beide Matrosen ohne Beine selber gesehen und die Erzählung davon aus ihrem eigenen Munde gehört hat.

Mark Twain

Aurelias unglücklicher Bräutigam

Bosc

Die in vorliegendem Falle mitgeteilten Tatsachen erfuhr ich aus dem Schreiben einer jungen Dame, die in der schönen Stadt San José lebt. Diese Dame ist mir völlig unbekannt, und sie hat ihren Brief nur mit Aurelia Marie unterschrieben, was möglicherweise ein Pseudonym ist. Aber, wie dem auch sei, dem armen Mädchen will ob dem Missgeschick, das sie betroffen, fast das Herz brechen. Sie ist von den sich widersprechenden Ratschlägen missleiteter Freunde und tückischer Feinde so verwirrt, dass sie nicht weiß, wie sie sich aus dem Netz von Schwierigkeiten herauswinden könnte, in dem sie hoffnungslos verstrickt zu sein scheint. In diesem Dilemma wendet sie sich an mich um Hilfe und erbittet mit einer rührenden Beredsamkeit, die ein steinernes Herz erweichen könnte, meinen Rat und Beistand. Hier folgt nun die traurige Geschichte.

Als sie sechzehn Jahre alt war, schreibt sie, lernte sie einen um etwa sechs Jahre älteren jungen Mann aus New Jersey kennen. Er hieß Williamson Breckinridge Caruthers, und sie verliebte sich in ihn mit der ganzen Glut eines leidenschaftlichen Wesens. Sie verlobten sich mit Zustimmung ihrer Angehörigen, und es schien längere Zeit, dass ihr Leben von allen Sorgen befreit sein sollte, die im Dasein sich gewöhnlich geltend machen. Endlich wendete sich aber das Glück. Caruthers bekam die Pocken, und als er nach längerer Krankheit genas, glich sein Gesicht einem Reibeisen, und seine Schönheit war für immer dahin. Anfangs beabsichtigte nun Aurelia die Verlobung zu lösen, doch das Mitleid mit dem unglückseligen Bräutigam überwog, und sie verschob nur die Hochzeit auf einige Monate später, um während dieser Zeit mit der veränderten Lage vertrauter zu werden.

Am Tage, an dem nun die Hochzeit hätte stattfinden sollen, fiel Breckinridge, als sein Blick dem Fluge eines Luftballons folgte, in einen Graben und er brach ein Bein, das ihm schließlich oberhalb des Knies abgenommen werden musste. Wieder war Aurelia nahe daran, die Verbindung aufzuheben, aber wieder siegte die Liebe, und sie schob nur abermals den Hochzeitstag hinaus, um sich wieder an die Verhältnisse zu gewöhnen.

Doch nochmals überkam ein Missgeschick den unglücklichen jungen Mann. Ein verfrühter Kanonenschuss anlässlich der Unionsfeier ließ ihn einen Arm verlieren, und den zweiten riss ihm drei Monate später eine Dreschmaschine fort. Diese Unglücksfälle zermalmten Aurelias Herz fast. Es schmerzte sie aufs tiefste zu sehen, wie ihr Bräutigam vor ihren Augen in Stücke ging. Sie wusste, dass er unter diesem fürchterlichen Reduktionsprozess nicht mehr lange bestehen konnte, doch sie kannte kein Mittel, um dem abzuhelfen. In ihrer tränenreichen Verzweiflung mochte sie fast bedauern, dass sie ihn nicht gleich nach dem ersten Unfall geheiratet hatte, wie ein Mann von der Börse, der sich sofort beim ersten Kursrückgang zu decken sucht. Indessen überwand sie alle ihre Empfindungen und entschloss sich, mit ihres Bräutigams unnatürlicher Veranlagung zu befreunden.

Wieder nahte der festgesetzte Hochzeitstag, und wieder stellte sich das Unglück ein. Caruthers verfiel in eine Krankheit und erblindete an einem Auge. Die Verwandten der Braut meinten nun, sie hätte bereits mehr getan, als vernünftigerweise von ihr zu fordern war, und verlangten, dass sie die Verlobung als gelöst betrachte. Doch nach einigem Schwanken erklärte Aurelia mit aller Großmut, die sie auszeichnete, sie habe ruhig über die Sache nachgedacht, könne aber nichts entdecken, was Breckinridge irgendwie zur Last gelegt werden könne.

So schob sie denn den Verbindungstag wieder hinaus, und er brach indessen das andere Bein.

Es war ein trauriger Tag für das arme Mädchen, als sie sah, wie die Ärzte mit ernsten Mienen die Bahre forttrugen, deren Anwendung durch die vorhergegangenen Erfahrungen sie kannte, und ihr Herz sagte ihr die bittere Wahrheit, dass wieder ein Teil ihres Bräutigams dahin sei. Sie fühlte aber auch, dass ihre Neigung zu ihm immer kräftiger wurde, und widersetzte sich dem Drängen ihrer Angehörigen umso mehr, indem sie ihr Verlöbnis erneuerte.

Kurz bevor die Hochzeit hätte stattfinden sollen, ereignete sich ein neues Unglück. In diesem Jahre skalpierten die Owens-River-Indianer nur einen Mann, und dieser eine war gerade Williamson Breckinridge Caruthers aus New Jersey. Während er frohen Herzens nach Hause humpelte, verlor er sein Haar für immer. In dieser Stunde der Bitterkeit war er daran, diese ungnädige Gnade zu verfluchen, die sein Haupt nicht ganz zum Opfer werden ließ.

Nun ist Aurelia in Verlegenheit, was sie tun soll. Sie liebt noch ihren Breckinridge. Sie schreibt mit echt weiblichem Gefühl, sie liebe noch, was von ihm vorhanden sei. Doch ihre Eltern sind entschieden gegen diese Verbindung, denn er hat kein Vermögen, ist dabei arbeitsunfähig, und sie hat nicht genügend Mittel, um den Unterhalt beider bestreiten zu können. »Was soll ich nun tun?«, fragt sie in schmerzlicher und ängstlicher Verlegenheit.

Es ist dies eine heikle Frage, eine Frage, die das lebenslängliche Glück eines Weibes und ungefähr zwei Drittel des Mannes betrifft, und ich fühle, ich nähme hier eine zu große Verantwortung auf mich, wenn ich eine entscheidende Antwort gäbe. Wie wäre es, wenn man versuchen würde, ihn wiederherzustellen? Hätte Aurelia die Mittel, so könnte sie ihren verstümmelten Bräutigam mit hölzernen Armen und Füßen, mit einem Glasauge und Perücke ausrüsten, was ihm ein anderes Aussehen gäbe. Sie könnte ihm ferner noch eine neunzigtägige Frist gewähren und, wenn er in dieser Zeit nicht den Hals bricht, ihn heiraten und den Dingen ihren Lauf lassen. Meines Erachtens riskiert Aurelia hierbei keineswegs viel, denn wenn er fernerhin die besondere Eigenart bekundet, zu Schaden zu kommen, sooft sich dafür eine gute Gelegenheit bietet, so dürfte sein nächstes Experiment sein Ende herbeiführen und dann wird sie, verheiratet oder ledig, der Sache einmal los. Ist sie dann bereits verheiratet, so würden die hölzernen Gliedmaßen und ähnliche Werte der Witwe zufallen. Sie hätte dann höchstens nur den Verlust des Bruchteils eines edlen, aber unglücklichen Ehemannes zu beklagen, der redlich bemüht war, alles aufs beste zu machen, aber ganz ungewöhnliche Instinkte wider sich hatte. Aurelia soll es versuchen. Ich habe mir die Sache gut und sorgfältig überlegt und finde, dass es für sie der einzige Ausweg ist. Es wäre seitens Caruthers ein prächtiger Einfall gewesen, wenn er die Sache mit seinem Hals begonnen und den zuerst gebrochen hätte. Da er aber einen andern Weg einschlug und die Sache so lang wie möglich hinausschiebt, so glaube ich nicht, dass wir ihm dabei irgendwie hinderlich sein dürfen. Wir müssen unter solchen Umständen das Beste tun, was sich machen lässt, und den Dingen ihren Lauf lassen.

BOSC

Katherine Mansfield

Glück

Obwohl Bertha Young dreißig war, kannte sie noch Augenblicke wie diesen, wo sie Lust hatte, lieber zu rennen statt zu gehen, auf dem Bürgersteig herumzutanzen, Reifen zu treiben, etwas in die Luft zu werfen und aufzufangen oder stillzustehen und zu lachen – über nichts – einfach über nichts.

Was kann man auch tun, wenn man dreißig ist und an der eigenen Straßenecke plötzlich von einem Glücksgefühl, von einem Gefühl reinen Glücks überwältigt wird, als hätte man plötzlich einen leuchtenden Schnitz Nachmittagssonne verschluckt und als brennte es einem in der Brust und jagte einen kleinen Funkenregen durch den ganzen Körper, bis in jeden Finger und Zeh? …

Oh, gibt es denn keine Möglichkeit, das auszudrücken, ohne ›öffentliches Ärgernis zu erregen‹? Wie blöd ist die Zivilisation! Warum hat man einen Körper bekommen, wenn man ihn wie eine kostbare Geige in einen Kasten einsperren muss?

›Nein, das mit der Geige ist nicht ganz, was ich meine‹, dachte sie, während sie die Treppe hinaufsprang und in ihrer Handtasche nach dem Schlüssel wühlte – sie hatte ihn vergessen, wie üblich – und am Briefkasten ratterte. ›Das ist es nicht, was ich meine, denn –‹

»Danke, Mary!« Sie trat in den Flur. »Ist das Kindermädchen wieder da?«

»Ja, M'm.«

»Und ist das Obst gekommen?«

»Ja, M'm. Alles ist da.«

»Tragen Sie bitte das Obst ins Esszimmer! Ich will es nett anordnen, ehe ich hinaufgehe.«

Im Esszimmer war es dämmerig und ziemlich kühl. Trotzdem zog Bertha ihren Mantel aus; sie konnte die enge Hülle keinen Augenblick länger ertragen, und die kalte Luft prallte auf ihre Arme.

Doch in ihrer Brust war immer noch die helle, glühende Stelle – und der kleine Funkenregen, den sie aussandte. Es war beinah unerträglich. Sie wagte kaum zu atmen, vor Angst, es dadurch höher anzufachen, und doch holte sie ganz tief Atem. Sie wagte es kaum, in den kalten Spiegel zu blicken – doch sie blickte hinein, und er zeigte ihr eine strahlende Frau mit lächelnden, zitternden Lippen, mit großen dunklen Augen und einem Ausdruck, als lausche sie, als warte sie, dass etwas … Himmlisches sich ereignete … von dem sie wusste, dass es geschehen musste … unweigerlich.

Mary brachte auf einem Tablett das Obst, zusammen mit einer Glasschüssel und einer wunderschönen blauen Schale, die seltsam schimmerte, als wäre sie in Milch getaucht worden.

»Soll ich das Licht einschalten, M'm?«

»Nein, danke. Ich sehe noch genug.«

Tangerinen und Äpfel mit erdbeerroten Backen waren da, ein paar gelbe, seidig glatte Birnen, einige weiße Trauben mit silbrigem Flaum und eine riesengroße mit dunkelblauen Beeren. Die hatte sie gekauft, weil sie mit dem neuen Esszimmerteppich übereinstimmen sollte. Sicher, es klang etwas weit hergeholt und verrückt, aber es war tatsächlich der Grund, weshalb sie sie gekauft hatte. Im Geschäft hatte sie gedacht: ›Ich muss ein paar dunkelblaue haben, um den Teppich zur Geltung zu bringen.‹ Und dort war es ihr ganz sinnvoll vorgekommen.

Als sie fertig war und aus den leuchtenden, runden Bällchen zwei Pyramiden aufgebaut hatte, trat sie vom Tisch zurück, um die Wirkung zu prüfen. Es war tatsächlich äußerst merkwürdig. Denn der dunkle Tisch schien in das dämmerige Licht hineinzuschmelzen, und die Glasschüssel und die blaue Schale schienen in der Luft zu schweben. In ihrer gegenwärtigen Stimmung war es natürlich so unglaublich schön … Sie musste lachen.

›Aber nein, ich werde noch hysterisch!‹ Und sie nahm ihre Handtasche und den Mantel und lief ins Kinderzimmer hinauf.

Die Kinderschwester saß an einem niedrigen Tisch und gab Klein-B. nach dem Bad sein Abendessen. Das Baby hatte ein weißes Flanellhemd und ein blaues Wolljäckchen an, und sein dunkles, feines Haar war zu einem lustigen kleinen Schopf hinaufgebürstet. Klein-B. blickte auf, als es die Mutter sah, und begann zu zappeln.

»Komm, Liebchen, iss schön brav auf!«, sagte die Kinderschwester und kniff die Lippen auf eine Art zusammen, die Bertha wohlbekannt war und bedeutete, dass sie wieder mal im verkehrten Augenblick ins Kinderzimmer gekommen war.

»War sie brav, Nanny?«

»Den ganzen Nachmittag ist sie ein süßer Schatz gewesen«, flüsterte Nanny. »Wir waren im Park, und ich habe mich auf einen Stuhl gesetzt und sie aus dem Wagen gehoben, und ein großer Hund kam daher und legte seinen Kopf auf mein Knie, und sie griff nach seinem Ohr und zupfte daran. Oh, Sie hätten sie sehen sollen!«

Bertha hätte gern gefragt, ob es nicht recht gefährlich sei, wenn das Baby einen fremden Hund an den Ohren zupfte. Aber sie wagte es nicht. Sie stand da und schaute mit herabhängenden Armen zu, wie ein armes kleines Mädchen vor einem reichen kleinen Mädchen mit Puppe steht.

Das Baby blickte wieder zu ihr auf, sah sie an und lächelte dann so reizend, dass Bertha nicht mehr an sich halten konnte und rief: »O Nanny, lassen Sie mich das Baby zu Ende füttern! Sie können unterdessen die Badesachen wegräumen!«

»Aber, M'm, sie sollte nicht in andre Hände kommen, während sie isst«, antwortete Nanny, noch immer flüsternd. »Es macht sie unruhig, und wahrscheinlich bekommt es ihr nicht.« Wie unsinnig das war! Wozu hatte sie ein Baby, wenn es zwar nicht gerade wie eine kostbare Geige in einem Kasten aufbewahrt werden musste, jedoch in den Armen einer andern Frau liegen sollte?

»Ich möchte aber!«, sagte sie.

Schwer gekränkt reichte Nanny ihr das Kind.

»Aber regen Sie sie ja nicht nach dem Essen auf, M'm! Sie wissen doch, dass Sie's immer tun, und ich habe dann hinterher die Plage!«

Gott sei Dank ging Nanny mit den Badetüchern aus dem Zimmer!

»Jetzt habe ich dich ganz für mich allein, mein kleiner Schatz«, sagte Bertha, als sich das Baby an sie lehnte.

Sie aß so niedlich, hielt ihr Mündchen dem Löffel entgegen und zappelte mit den Händen. Manchmal wollte sie den Löffel nicht loslassen, und manchmal, wenn Bertha ihn gerade gefüllt hatte, schlug sie ihn in alle Winde.

Als die Suppe aufgegessen war, drehte sich Bertha zum Kaminfeuer um.

»Du bist süß, du bist ganz, ganz süß!«, sagte sie und küsste ihr warmes Baby. »Ich liebe dich, ich liebe dich!«

Und tatsächlich liebte sie Klein-B. so sehr, den Nacken, wenn sie sich vornüberbeugte, und die wunderfeinen Zehlein, die im Flammenschein durchsichtig schimmerten, dass ihr ganzes Glücksgefühl wiederkehrte, und wieder wusste sie nicht, wie sie es äußern, was sie damit anfangen sollte.

»Sie werden am Telefon gewünscht!«, sagte Nanny, die triumphierend zurückkam und *ihr* Baby in Besitz nahm.

Sie flog hinunter.

Es war Harry.

»Oh, bist du's, Ber? Hör mal, ich bin heute Abend etwas spät dran. Ich werde ein Taxi nehmen und komme, so rasch ich kann, aber schiebe das Abendessen zehn Minuten hinaus, ja? Ist es recht?«

»Ja, sicher! Oh, Harry…«

»Ja?«

Was hatte sie ihm noch zu sagen? Nichts. Sie wollte nur einen Augenblick länger in Verbindung mit ihm bleiben. Sie konnte nicht so verrückt sein und ihm zurufen: ›Ist es nicht ein himmlischer Tag?‹

»Was ist denn?«, kläffte die dünne Stimme.

»Nichts. *Entendu*«, sagte Bertha, hängte den Hörer auf und dachte, dass die Zivilisation noch viel mehr als nur blöd sei.

Zum Abendessen hatten sie Gäste. Die Norman Knights kamen – ein sehr einwandfreies Paar –, er war im Begriff, ein Theater zu gründen, und sie beschäftigte sich leidenschaftlich mit Innendekoration; dann ein junger Mann, Eddie Warren, der gerade einen kleinen Gedichtband veröffentlicht hatte und den jedermann zum Essen einlud, und noch Pearl Fulton, eine ›Entdeckung‹ Berthas. Was Miss Fulton tat, wusste Bertha nicht; sie hatten sich im Klub kennengelernt, und Bertha hatte sich in sie verliebt, wie sie sich immer in schöne Frauen verliebte, die etwas Seltsames an sich hatten.

Es war irritierend, dass sie zwar gelegentlich zusammen gewesen waren und miteinander gesprochen hatten, dass Bertha sie aber trotzdem nicht durchschauen konnte. Bis zu einem bestimmten Punkt war Miss Fulton von einer seltenen, herrlichen Offenheit, aber eben über den bestimmten Punkt ging sie nie hinaus.

Gab es überhaupt etwas darüber hinaus? Harry sagte: ›Nein!‹ Er hielt sie für langweilig und ›kalt wie alle Blondinen – vielleicht mit einem Anflug von seelischer Blutarmut‹. Aber Bertha mochte ihm nicht recht geben, jedenfalls noch nicht.

»Nein, die Art, wie sie dasitzt und den Kopf ein bisschen auf die Seite legt und lächelt, Harry – da steckt was dahinter, und ich muss herausfinden, was es ist.«

»Wahrscheinlich eine gute Verdauung«, erwiderte Harry.

Er tat es ganz bewusst, Bertha mit Antworten dieser Art etwas zu bremsen … ›Leberstauungen, liebes Kind‹ oder ›nichts als Blähungen‹ oder ›nierenkrank‹ … und so weiter. Aus irgendeinem sonderbaren Grund hatte Bertha es gern und bewunderte es nachgerade an ihm.

Sie ging in den Salon und zündete das Kaminfeuer an; dann hob sie der Reihe nach die Kissen auf, die Mary so sorgfältig aufgestellt hatte, und schleuderte sie wieder auf die Stühle und Sofas zurück. Es war ein himmelweiter Unterschied: das Zimmer bekam sofort Leben. Als sie gerade das letzte hinwerfen wollte, überraschte sie sich dabei, wie sie es plötzlich stürmisch an sich drückte. Doch das löschte das Feuer in ihrer Brust nicht.

O nein, ganz im Gegenteil!

Die Fenster des Salons gingen auf einen Balkon, der den Garten überblickte. Am andern Ende, vor der Mauer, ragte ein hoher, schlanker Birnbaum in vollster, üppigster Blüte auf; vollkommen still stand er da und hob sich vom jadegrünen Himmel ab. Bertha glaubte selbst aus dieser Entfernung feststellen zu können, dass er keine einzige unerschlossene Knospe und auch keine welke Blüte hatte. Weiter unten, auf den Gartenbeeten, schmiegten sich die roten und gelben Tulpen mit ihren schweren Kelchen in die Dämmerung hinein. Eine graue Katze kroch mit schleppendem Bauch über den Rasen, und eine andere, eine schwarze, folgte ihr wie ihr Schatten. Der Anblick der beiden, die so gespannt und aufmerksam dahinschlichen, ließ Bertha erschauern.

»Was für gruselige Tiere Katzen doch sind!«, stammelte sie, wandte sich vom Fenster weg und begann hin und her zu gehen …

Wie stark die Narzissen in dem warmen Zimmer dufteten! Zu stark? O nein! Und doch warf sie sich wie überwältigt auf ein Sofa und drückte die Hände auf die Augen.

»Ich bin glücklich – zu glücklich!«, murmelte sie.

Und es schien ihr, als sähe sie hinter den Augenlidern den schönen Birnbaum mit seinen weit offenen Blüten als Symbol ihres eigenen Lebens.

Doch – doch – sie hatte alles! Sie war jung. Harry und sie waren ineinander so verliebt wie nur je, und sie kamen herrlich miteinander aus und waren wirklich gute Kameraden. Sie hatte ein hinreißendes Baby. Sie hatten keinerlei Geldsorgen. Sie besaßen ein in jeder Hinsicht zufriedenstellendes Haus und den Garten. Und sie hatten Freunde, moderne, anregende Freunde, Schriftsteller und Maler und Dichter oder Leute, die sich brennend für soziale Fragen interessierten –

genau die Art Freunde, die sie haben wollten. Und außerdem Musik und Bücher, und sie hatte eine fabelhafte kleine Schneiderin entdeckt, und im Sommer reisten sie ins Ausland, und ihre neue Köchin machte die köstlichsten Omeletten …

»Ich bin verrückt! Verrückt!« Sie setzte sich auf, aber sie war ganz benommen, wie berauscht. Es musste der Frühling sein.

Ja, es war sicher der Frühling! Jetzt war sie so müde, dass sie sich kaum die Treppe hinaufschleppen konnte, um sich umzuziehen.

Ein weißes Kleid, eine Kette aus Jadekugeln, grüne Schuhe und Strümpfe. Sie hatte es nicht erst jetzt beabsichtigt: sie hatte sich diese Zusammenstellung schon vor Stunden ausgedacht, lange bevor sie vom Salonfenster aus den Birnbaum betrachtet hatte.

Wie mit Blütenblättern rauschte sie leise auf den Flur und küsste Mrs Norman Knight, die einen furchtbar lustigen Mantel ablegte: orangefarben, mit einer Prozession schwarzer Äffchen unten am Saum und an den Vorderkanten.

»… Ach je, meine Liebe, dass unsre Mittelklasse auch gar so spießig ist – so gänzlich ohne Sinn für Humor! Es ist der reinste Glücksfall, dass ich überhaupt hier bin – wobei Norman der beschützerische Glücksfall ist! Denn meine süßen Äffchen haben alle Leute im Zug in solche Aufregung versetzt, dass sie wie ein Mann aufstanden und mich geradezu mit den Augen verschlangen. Sie haben nicht gelacht – sie fanden es nicht lustig –, das hätte mir ja gefallen. Nein, sie haben bloß geglotzt – und mich furchtbar angeödet.«

»Aber was der Glanzpunkt war«, sagte Norman und klemmte sich ein großes, in Schildpatt gefasstes Monokel ins Auge, »ich darf's doch erzählen, Face, ja?« (Zu Hause und unter Freunden nannten sie sich Face und Mug.) »Der Glanzpunkt war es dann, als sie es gründlich satthatte und sich an die Frau neben ihr wandte und fragte: ›Haben Sie noch nie im Leben einen Affen gesehen?‹«

»Ach ja!« Mrs Norman Knight stimmte in das Gelächter ein. »War das nicht wirklich glänzend?«

Und was noch komischer war: dass sie jetzt, ohne ihren Mantel, tatsächlich wie ein sehr gescheites Äffchen aussah, das sich sogar das gelbe Seidenkleid – aus abgeschabten Bananenschalen – selbst gemacht hatte. Und ihre Bernsteinohrringe: glichen sie nicht baumelnden kleinen Nüssen?

»Ein äußerst trauriger Fall!«, sagte Mug und blieb nachdenklich vor Klein-B.s Kinderwagen stehen. »Kommt ins Haus, der Kinderwagen …« Den Rest des Zitats überging er. Es läutete an der Haustür. Der magere, blasse Eddie Warren erschien – wie üblich in einem Zustand größter Bedrängnis.

»Das muss doch das *richtige* Haus sein, nicht wahr?«, rief er flehend.

»Vermutlich – hoffentlich!«, entgegnete Bertha strahlend.

»Ich hatte so ein *entsetzliches* Erlebnis mit einem Taxifahrer! Ein ganz *finsterer* Kerl! Ich konnte ihn nicht dazu bringen, dass er *hielt*! Je *mehr* ich klopfte und rief, umso *schneller* fuhr er! Dazu im Mondschein die *bizarre* Gestalt, mit dem *verkürzten* Kopf über das *kleine* Lenkrad geduckt …«

Er schauderte und legte einen riesigen weißen Seidenschal ab. Bertha stellte fest, dass auch seine Socken weiß waren – äußerst elegant.

»Nein, wie grässlich!«, rief sie.

»Ja, das war es wirklich«, sagte Eddie und folgte ihr in den Salon. »Ich sah mich in einem *zeitlosen* Taxi durch die *Ewigkeit* fahren!«

Jean-Jacques Sempé

Und glauben Sie mir, mein lieber Gilbert, mit genau dieser – sorgfältig einstudierten! – winzigen Spur von Verzweiflung im Blick habe ich die tiefsten Hoffnungen in so manchen Frauenherzen aufkeimen lassen.

Mit den Norman Knights war er bekannt. Er wollte ja ein Stück für N. K. schreiben, wenn sich der Plan mit dem Theater verwirklichte.

»Sieh da, Warren! Was macht das Stück?«, fragte Norman Knight, ließ das Monokel fallen und gönnte seinem Auge eine Pause, in der es an die Oberfläche steigen konnte, bevor er es hinunterzwängte.

Und Mrs Norman Knight rief: »Oh, Mr. Warren, was für hinreißende Socken!«

»Ich freue mich *so,* dass sie Ihnen gefallen«, sagte er und blickte auf seine Füße. »Sie sind anscheinend *sehr* viel weißer geworden, seit der Mond aufgegangen ist!« Dabei wandte er Bertha sein schmales, melancholisches junges Gesicht zu. »Der Mond ist nämlich *aufgegangen!*«

Am liebsten hätte sie gerufen: »Allerdings – und noch oft – noch oft!«

Er war wirklich ein äußerst interessanter junger Mensch. Aber interessant war auch Face, die in ihrem Bananenkleid vor dem Feuer kauerte, und Mug, der eine Zigarette rauchte, die Asche ins Feuer schnippte und fragte: »Was säumt der Bräutigam so lange?«

»Da kommt er schon!«

Die Haustür flog krachend auf und wieder zu. Harry rief laut: »Hallo, ihr Leute! Bin in fünf Minuten unten!« Und sie hörten ihn die Treppe hinaufbrausen. Bertha musste lächeln; sie wusste, wie sehr er es liebte, alles unter Hochdruck zu tun. Was kam es schließlich auf die fünf Minuten an? Aber er wollte sich selbst vormachen, dass es ganz gewaltig darauf ankam. Und dann ließ er es sich sehr angelegen sein, betont kühl und beherrscht im Salon zu erscheinen.

Harry war von einem glühenden Lebenshunger besessen. Wie sehr sie das an ihm schätzte! Und seine Leidenschaft, sich durchzusetzen – in allem, was ihm in den Weg kam, eine neue Probe seiner Kraft und seines Mutes zu erkennen –, auch die konnte sie verstehen. Selbst wenn er dadurch andern Leuten, die ihn nicht gut kannten, dann und wann etwas lächerlich erscheinen mochte … Denn es kam vor, dass er sich in die Schlacht stürzte, wo überhaupt keine war … Sie plauderte und lachte, und erst, als er auftrat (und zwar genau so, wie sie es sich vorgestellt hatte), kam es ihr wieder in den Sinn, dass Pearl Fulton noch nicht eingetroffen war.

»Ob Miss Fulton es vergessen hat?«

»Das ist anzunehmen«, sagte Harry. »Hat sie Telefon?«

»Oh, da kommt gerade ein Taxi!« Und Bertha lächelte mit einem Anflug von Besitzerstolz, den sie sich stets beilegte, solange ihre weiblichen ›Entdeckungen‹ neu und geheimnisvoll waren. »Sie haust in Taxis!«

»Wenn sie das tut, wird sie zu dick«, erklärte Harry kühl und läutete, das Zeichen zum Auftragen gebend. »Sehr gefährlich für Blondinen!«

»Oh, Harry – lass!«, warnte Bertha und blickte lachend zu ihm auf.

Ein kurzer Augenblick noch, während sie lachend und plaudernd warteten und ein ganz klein bisschen zu unbefangen, ein bisschen zu ahnungslos taten. Dann erschien Miss Fulton, ganz in Silber, mit einem silbernen Stirnband, das ihr hellblondes Haar zusammenhielt, und lächelte, den Kopf ein wenig auf die Seite geneigt.

»Habe ich mich verspätet?«

»Nein, durchaus nicht!«, sagte Bertha. »Kommen Sie!« Sie nahm ihren Arm, und zusammen gingen sie ins Esszimmer. Was hatte der kühle Arm nur an sich, dass er das Glücksgefühl wieder anfachte, anfachte und auflodern ließ, mit dem Bertha nichts anzufangen wusste?

Miss Fulton sah Bertha nicht an; aber sie blickte den Leuten nur selten offen ins Gesicht. Ihre schweren Lider waren gesenkt, und das seltsame halbe Lächeln um ihre Lippen kam und ging, so als ob sie mehr lauschte als sah. Doch Bertha wusste auf einmal, und als hätten sie einen ganz langen, vertrauten Blick miteinander getauscht, ja als hätten sie einander zugerufen: ›Wie? Du auch?‹, dass Pearl Fulton, während sie die schöne rote Suppe in ihrem grauen Teller umrührte, genau dasselbe empfand wie sie.

Und die andern? Face und Mug, Eddie und Harry, die ihre Löffel hoben und senkten, sich die Lippen mit der Serviette abtupften, Brot zerkrümelten, mit Gabeln und Gläsern spielten und plauderten?

»Ich traf sie auf der Alpha-Ausstellung – eine ganz unmögliche kleine Person! Hatte sich nicht nur das Haar abgeschnitten, sondern schien auch an Beinen und Armen und Hals und der armseligen kleinen Nase herumgeschnippelt zu haben.«

»Ist sie nicht sehr mit Michael Oat liiert?«

»Mit dem, der *Love in False Teeth* geschrieben hat?«

»Der will ein Stück für mich schreiben. Einen Einakter. Nur eine Person. Der Held beschließt, Selbstmord zu begehen. Gibt alle Gründe für und wider an. Und gerade, als er sich entschlossen hat, es zu tun (oder zu lassen) – Vorhang. Kein schlechter Einfall!«

»Wie will er es nennen? ›Leibweh‹?«

»Ich *glaube,* ich bin dem *gleichen* Einfall schon einmal begegnet, in einer unbedeutenden französischen Zeitschrift, *völlig* unbekannt in England.«

Nein, sie alle empfanden nicht, was Bertha empfand. Es waren furchtbar nette Menschen, und sie genoss es, sie hier an ihrem Tisch zu haben und ihnen köstliches Essen und erlesenen Wein vorzusetzen. Sie sehnte sich geradezu danach, ihnen zu sagen, wie reizend sie seien und was für eine dekorative Gruppe sie bildeten und wie sie einer den andern zur Geltung brachten und sie an ein Stück von Čechov erinnerten.

Harry genoss sein Essen. Es gehörte zu einem Teil seiner, nein, nicht gerade seiner Natur und erst recht nicht seiner Pose oder was es sonst sein mochte, über das Essen zu reden und in seiner ›schamlosen Leidenschaft für weißes Hammelfleisch‹ und für ›grünes Pistazieneis‹ zu schwelgen, das ›so grün und kühl wie die Lider ägyptischer Tänzerinnen war‹.

Als er aufsah und zu ihr sagte: »Bertha, das ist ein bewundernswertes Soufflé!«, hätte sie fast weinen können vor kindlicher Freude.

Oh, warum empfand sie heute Abend eine so große Zärtlichkeit für die ganze Welt? Alles war gut – war richtig. Alles, was geschah, schien den randvollen Kelch ihres Glücks nur noch mehr zu füllen.

Und immer blühte im Grunde ihres Denkens der Birnbaum! Er musste jetzt, im Mondlicht des lieben guten Eddie, silbern strahlen – so silbern wie Miss Fulton, die dasaß und eine Tangerine in ihren schlanken Fingern herumdrehte, in Fingern, die so blass waren, dass ein Licht von ihnen auszugehen schien.

Sie konnte einfach nicht begreifen – es war so übernatürlich –, wieso sie Miss Fultons Stimmung so genau und jählings erraten hatte. Denn sie zweifelte keinen Augenblick, dass sie recht hatte – und doch, was für Beweise hatte sie? Keine, überhaupt keine!

›Ich glaube, zwischen Frauen kann so etwas vorkommen, doch selten, sehr selten, und zwischen Männern nie‹, dachte Bertha. ›Aber wenn ich im Salon den Kaffee vorbereite, gibt sie vielleicht ein Zeichen.‹

Was sie damit meinte, wusste sie nicht, und was danach geschehen würde, konnte sie sich nicht vorstellen.

Während sie daran dachte, sah sie sich plaudern und lachen. Sie musste plaudern, weil sie gar zu gern lachen wollte.

›Ich muss lachen, sonst halte ich es nicht aus!‹

Aber als sie Faces komische kleine Gewohnheit bemerkte, an ihrem Ausschnitt herumzufingern, als hätte sie dort einen heimlichen kleinen Nussvorrat versteckt, musste Bertha ihre Nägel in die Hände graben, um nicht laut loszulachen.

Endlich war es vorbei. Bertha sagte: »Sehen Sie sich meine neue Kaffeemaschine an!«

»Wir haben bloß alle vierzehn Tage eine neue Kaffeemaschine«, sagte Harry. Face nahm diesmal seinen Arm. Miss Fulton folgte ihnen – mit gesenktem Kopf.

Im Salon war das Kaminfeuer zu einem roten züngelnden ›Nest von Phönixjungen‹ heruntergebrannt, wie Face sagte. »Oh, macht noch nicht Licht! Es ist so schön!« Und sie kauerte sich wieder vor den Kamin. Sie fror immer… ›Begreiflich‹, dachte Bertha, ›ohne ihr rotes Wolljäckchen!‹

In diesem Augenblick gab Miss Fulton ›das Zeichen‹.

»Haben Sie einen Garten?«, fragte die kühle, verschlafene Stimme.

Das war so wunderbar, dass Bertha nicht anders konnte als gehorchen. Sie ging durchs Zimmer, zog die Vorhänge auseinander und öffnete die hohen Fenster.

»Da!«, hauchte sie.

Und die beiden Frauen standen nebeneinander und blickten auf den schlanken blühenden Baum. Obwohl er so ruhig dastand, schien er sich wie die Flamme einer Kerze zu recken und aufwärts zu deuten und in der klaren Luft zu zittern, ja vor ihren Augen höher und höher zu werden und fast den Rand des vollen silbernen Mondes zu berühren.

Wie lange standen sie so? Beide gefangen in diesem Kreis überirdischen Lichts, einander völlig verstehend, Geschöpfe einer andern Welt, verwundert, was sie in der Welt hier unten mit der Glücksfülle anfangen sollten, die ihnen in der Brust brannte und in silbernen Blüten von Haar und Händen tropfte?

Schon immer – oder nur einen Augenblick? Hatte Miss Fulton wirklich geflüstert? »Ja, *das* ist es!« Oder hatte Bertha es geträumt?

Dann wurde das Licht angeknipst, und Face machte den Kaffee, und Harry sagte: »Meine liebe Mrs Knight, fragen Sie mich nicht nach meinem Töchterchen! Ich sehe sie nie. Sie wird mich erst ernstlich zu interessieren beginnen, wenn sie einen Liebhaber hat«, und Mug holte sein Auge aus dem Glashaus, jedoch nur für einen kurzen Moment, dann steckte er es wieder unter Glas, und Eddie Warren trank seinen Kaffee und stellte die Tasse mit einem so besorgten Gesicht hin, als hätte er eine Spinne gesehen – und verschluckt.

»Vor allem liegt mir daran, den jungen Männern zu einer Bühne zu verhelfen. Ich glaube, dass London geradezu wimmelt von erstklassigen, ungeschriebenen Theaterstücken. Deshalb möchte ich ihnen sagen können: ›Da habt ihr euer Theater! Nun legt los!‹«

»Wissen Sie, meine Liebe, ich soll nämlich ein Zimmer für die Jacob Nathans einrichten. Ach, es reizt mich so, alles im Bratfischstil zu machen, die Stuhllehnen wie Bratpfannen geformt und die Vorhänge ganz und gar mit hübschen Kartoffelchips bestickt.«

Jean-Jacques Sempé

Das Glück meint es gut mit Ihnen!

»Der Kummer mit unsern jungen Schriftstellern ist, dass sie noch immer zu romantisch sind. Man kann nicht zur See gehen, ohne seekrank zu werden und ein Becken zu benutzen. Warum trauen sie sich also nicht an die Becken ran?«

»Ein *greuliches* Gedicht über ein *Mädchen,* das von einem Bettler *ohne* Nase in einem Gehölz vergewaltigt wurde ...«

Miss Fulton sank in den niedrigsten, tiefsten Sessel, und Harry reichte Zigaretten herum. Aus der Art, wie er vor Miss Fulton stand, die silberne Dose schüttelte und schroff sagte: »Ägyptische? Türkische? Virginische? Sie sind alle durcheinandergeraten«, schloss Bertha, dass sie ihn nicht nur langweilte – er konnte sie wirklich nicht leiden. Und an der Art, wie Miss Fulton sagte: »Nein, danke, ich möchte nicht rauchen«, erkannte sie, dass auch Miss Fulton es empfand und gekränkt war.

›Oh, Harry, du solltest nichts gegen sie haben! Du täuschst dich sehr in ihr! Sie ist wundervoll, ganz wundervoll. Und überdies: wie kannst du so anders für jemanden empfinden, der mir so viel bedeutet? Wenn wir heute Nacht im Bett sind, werde ich versuchen, dir zu schildern, was geschehen ist: was sie und ich gemeinsam erlebt haben.‹

Bei diesem Gedanken tauchte etwas Seltsames und fast Erschreckendes in Berthas Geist auf. Und dieses unkenntliche und lächelnde Etwas flüsterte ihr zu: ›Bald sind all diese Leute weggegangen. Dann ist das Haus still, ganz still. Die Lichter sind gelöscht. Und du und er – ihr werdet allein sein – im dunklen Zimmer – im warmen Bett ...‹

Sie sprang von ihrem Sessel auf und lief zum Klavier hinüber.

»Wie schade, dass niemand spielt!«, rief sie. »Wie schade, dass niemand hier ist, der spielt!«

Zum ersten Mal in ihrem Leben begehrte Bertha Young ihren Mann.

Oh, sie hatte ihn geliebt – natürlich war sie in ihn verliebt gewesen –, auf jede Art, jedoch nicht so. Und natürlich hatte sie auch eingesehen, dass es bei ihm anders war. Sie hatten so oft darüber gesprochen. Zuerst hatte es sie sehr bekümmert, als sie merkte, dass sie frigide war, aber nach einiger Zeit schien es nicht mehr so wichtig zu sein. Sie waren so offen miteinander – zwei gute Kameraden. Das war das Beste am Modernsein.

Aber jetzt – war sie glühend, glühend! Das Wort schmerzte in ihrem glühenden Körper. Dahin also hatte das Glücksgefühl geführt? Aber dann … dann …

»Meine Liebe«, sagte Mrs Norman Knight, »Sie kennen unser Pech! Wir sind die Opfer von Zeit und Fahrplan. Wir wohnen in Hampstead! Es war ein entzückender Abend!«

»Ich begleite Sie an die Tür«, sagte Bertha. »Ich habe es so genossen, Sie bei uns zu haben. Aber den letzten Zug dürfen Sie nicht verpassen. Das wäre ja grässlich, wie?«

»Noch einen Whisky, ehe Sie gehen, Knight?«, rief Harry.

»Nein, danke, mein Lieber!«

Dafür drückte ihm Bertha die Hand, als sie ihn verabschiedete.

»Gute Nacht, gute Nacht!«, rief sie von der obersten Treppenstufe und wusste, dass ihr bisheriges Selbst für immer Abschied von ihnen nahm.

Als sie in den Salon zurückkehrte, waren auch die andern im Begriff aufzubrechen.

»… dann können Sie ein Stückchen Wegs in meinem Taxi mitkommen!«

»Oh, ich bin Ihnen so *dankbar,* dass ich nicht *noch* eine

Fahrt *allein* machen muss – nach meinem *schrecklichen* Erlebnis!«

»Ein Taxi können Sie gleich am Ende der Straße am Standplatz bekommen. Sie brauchen nur ein paar Schritte zu laufen.«

»Wie angenehm! Ich will nur noch meinen Mantel anziehen.« Miss Fulton wollte auf den Flur gehen, und Bertha war im Begriff, ihr zu folgen, da drängte sich Harry zwischen sie. Bertha wusste, dass er seine Unhöflichkeit bereute, und ließ ihn gehen. Was für ein großer Junge er doch in mancher Hinsicht war – so impulsiv! Und so einfach!

Und sie und Eddie blieben beim Kaminfeuer zurück.

»Haben Sie wohl Bilks *neues* Gedicht *Table d'hôte* gelesen?«, fragte Eddie leise. »Es ist *so* bezaubernd! In der neuesten Nummer der *Anthology*. Haben Sie eine? Ich würde es Ihnen so gerne *zeigen*! Es fängt mit einer *unvorstellbar* herrlichen Zeile an: ›Warum muss es denn immer Tomatensuppe sein?‹«

»Ja«, sagte Bertha. Und geräuschlos ging sie zu einem Tischchen gegenüber von der Salontür, und Eddie glitt ihr geräuschlos nach. Sie hob das kleine Buch auf und gab es ihm; es war alles lautlos vor sich gegangen.

Während er das Gedicht suchte, fiel ihr Blick auf den Flur. Und dort sah sie … Harry, mit Miss Fultons Mantel im Arm – und Miss Fulton, die ihm den Rücken zugekehrt hatte und den Kopf senkte. Er warf den Mantel beiseite, legte ihr die Hände auf die Schultern und drehte sie ungestüm zu sich herum. Seine Lippen sagten: »Ich bete dich an«, und Miss Fulton legte ihre Mondscheinfinger auf seine Wangen und lächelte ihr verschlafenes Lächeln. Harrys Nasenflügel zitterten; seine Lippen verzogen sich in einem hässlichen Grinsen, und er flüsterte: »Morgen!«, und Miss Fulton antwortete mit ihren Augenlidern: ›Ja!‹

»Hier ist es!«, sagte Eddie. »›Warum muss es immer Tomatensuppe sein?‹ Es ist so *tief* empfunden, finden Sie nicht auch? Tomatensuppe ist so *schrecklich* ewig.«

»Wenn es Ihnen lieber ist«, drang Harrys Stimme sehr laut vom Flur her, »kann ich Ihnen ein Taxi telefonisch vor die Haustür bestellen!«

»O nein, das ist nicht nötig«, sagte Miss Fulton, kam auf Bertha zu und reichte ihr die schlanken Finger.

»Gute Nacht! Und vielen Dank!«

»Gute Nacht!«, sagte Bertha.

Miss Fulton hielt Berthas Hand noch eine Sekunde fest. »Ihr herrlicher Birnbaum!«, murmelte sie.

Und dann war sie fort, mit Eddie im Gefolge – wie die schwarze Katze, die der grauen folgte.

»Dann mache ich den Laden dicht«, sagte Harry übertrieben kühl und beherrscht.

›Ihr herrlicher Birnbaum – Birnbaum – Birnbaum!‹

Bertha rannte förmlich zu den hohen Fenstern.

»Oh, was soll jetzt nur werden?«, rief sie.

Aber der Birnbaum war so herrlich wie zuvor, so voller Blüten, und so still.

ZU GROSS
ZU KLEIN
ZU FLACH
ZU MÄNNLICH
ZU BREIT
ZU MONDÄN
ZU BESCHÄFTIGT
ZU JUNG
ZU GEWÖHNLICH
ZU GUT FÜR MICH!

Bosc

Robert Walser

Glückliche Menschen

Dort sind sie alle reich und groß,
ernähren von Gedänkelchen sich bloß,
den denkbar reinlichsten und besten
und haben allerliebste Gesten,
ziehn aus den Taschen ihrer Westen
die nützlichsten, verwendlichsten Ideen.
Keinen von ihnen sah man anders gehn,
als so, wie man ihn gern gesehn,
fröhlich erhobnen Kopfs, im Herzen
nichts als Gefühlelein, die lächelnd scherzen.
Alles, was dort die Menschen je erstreben,
hat ihnen Gottes Güte hübsch gegeben,
und wenn man fragt, wer diese Leute sind,
man zum Ergebnis kommt, daß sich ein Kind
sich sie so eingebildet hat. Geschwind
spring' ich dorthin,
damit ich glücklich bin.

Denis Diderot

Ein glücklicher Mensch ist ein Weiser

Der Herr: »Könntest du mir sagen, was ein Tor ist und was ein Weiser?«

Jakob: »Warum nicht? … Ein Tor … Wartet einmal … ist ein unglücklicher Mensch. Und demzufolge ist ein glücklicher Mensch ein Weiser.«

Der Herr: »Was ist nun aber ein glücklicher oder ein unglücklicher Mensch?«

Jakob: »Das ist gar nicht schwer zu erklären. Ein glücklicher Mensch ist einer, dessen Glück dort oben geschrieben steht; und folglich ist der ein unglücklicher Mensch, dessen Unglück in den Sternen geschrieben steht.«

Der Herr: »Und wer hat dort oben in den Sternen Glück und Unglück aufgeschrieben?«

Jakob: »Und wer hat die große Rolle erschaffen, auf der alles geschrieben steht? – Ein Hauptmann, der mit meinem Hauptmann befreundet war, hätte gar zu gern einen Taler drum gegeben, wenn er es gewusst hätte. Mein Hauptmann aber hätte keinen roten Heller dafür gegeben, und ich auch nicht. Denn wozu wäre mir das schon nütze? Könnte ich dadurch der Grube ausweichen, in der ich mir dereinst das Genick brechen soll?«

Der Herr: »Ich glaube, das könntest du.«

Jakob: »Und ich glaube, ich könnte es nicht. Denn dann müsste ja eine falsche Zeile auf der großen Rolle eingezeichnet sein, und diese Rolle enthält doch die Wahrheit, nichts als die lautere Wahrheit und die ganze Wahrheit! Es stünde auf der großen Rolle geschrieben: Jakob wird an dem und dem Tage das Genick brechen. – Und nun würde sich Jakob den Hals nicht brechen! Könnt Ihr verstehen, dass so etwas möglich sein kann, wer auch immer der Schöpfer dieser großen Rolle sein mag?«

Der Herr: »Darüber ließe sich noch mancherlei sagen …«

Jakob: »Mein Hauptmann war der Ansicht, Klugheit sei eine Eigenschaft, die vorausgesetzt werden müsse, und bei welcher die Erfahrung uns ermächtige, die Umstände, in denen wir uns befinden, als Ursachen bestimmter, für die Zukunft zu erhoffender oder zu befürchtender Wirkungen anzusehen.«

Der Herr: »Und das hast du verstanden?«

Jakob: »Freilich. Nach und nach hatte ich mich an seine Ausdrucksweise gewöhnt. ›Aber‹, pflegte er zu sagen, ›wer kann sich rühmen, er besitze allzu viel Erfahrung? Ist der nie betrogen worden, der sich dem schmeichelhaften Glauben hingab, er sei damit am allerbesten versehen? Und zudem: Gibt es überhaupt einen Menschen, der imstande ist, die Verhältnisse richtig einzuschätzen, in denen er lebt? Die Rechnung, die wir in unsern Köpfen anstellen, und die Rechnung, die dort oben auf der großen Rolle feststeht, sind zwei völlig verschiedene Rechnungen. Lenken denn wir das Schicksal? Oder lenkt das Schicksal uns? Wie mancher weise ausgeklügelte Plan ist fehlgeschlagen, und wie viele Pläne werden noch fehlschlagen! Wie mancher sinn- und zwecklose Plan ist gut herausgekommen, und wie viele werden noch gut ausgehen!‹

Das hat mir mein Hauptmann nach der Eroberung von Berg-op-Zoom und nach der Einnahme von Port-Mahon immer und immer wieder gesagt. Und er pflegte hinzuzusetzen, Vorsicht und Klugheit sicherten uns zwar nicht einen vollen Erfolg, aber sie trösten uns über einen Misserfolg hinweg und entschuldigen ihn. Darum schlief er auch jeweils in der Nacht vor einer Schlacht genauso ruhig wie in seiner Garnison und ging in den Kampf, wie er auf einen Ball gegangen wäre. Auf ihn hätte Euer Ausspruch trefflich gepasst: Der war ein Teufelskerl!«

Bosc

Baltasar Gracián

Für große Bissen des Glücks einen Magen haben

Glücks-Regeln

Wir sehen die Großen dieser Erde im Besitze der Güter dieser Welt. Sie leben in Herrlichkeit und Überfluss, die Schätze der Kunst und der Natur scheinen sich um sie und für sie zu versammeln, und darum nennt man sie Günstlinge des Glücks. Aber der Unmut trübt ihre Blicke, der Schmerz bleicht ihre Wangen, der Kummer spricht aus allen ihren Zügen.

Die Kunst, Glück zu haben

Es giebt Regeln für das Glück: denn für den Klugen ist nicht alles Zufall. Die Bemühung kann dem Glücke nachhelfen. Einige begnügen sich damit, sich wohlgemuth an das Thor der Glücksgöttin zu stellen und zu erwarten, daß sie öffne. Andere, schon besser, streben vorwärts und machen ihre kluge Kühnheit geltend, damit sie, auf den Flügeln ihres Werthes und ihrer Tapferkeit, die Göttin erreichen und ihre Gunst gewinnen mögen. Jedoch richtig philosophiert, giebt es keinen andern Weg als den der Tugend und Umsicht; indem Jeder gerade so viel Glück und so viel Unglück hat, als Klugheit oder Unklugheit.

Herz und Kopf:

die beiden Pole der Sonne unserer Fähigkeiten: eines ohne das andere, halbes Glück. Verstand reicht nicht hin; Gemüth ist erfordert. Ein Unglück der Thoren ist Verfehlung des Berufs im Stande, Amt, Lande, Umgang.

Glück und Ruhm:

so unbeständig jenes, so dauerhaft ist dieser: jenes für das Leben, dieser nachher: jenes gegen den Neid, dieser gegen die Vergessenheit. Glück wird gewünscht, bisweilen befördert; Ruhm wird erworben.

Die Glücklichen und Unglücklichen kennen,

um sich zu jenen zu halten und diese zu fliehen. Das Unglück ist meistentheils Strafe der Thorheit, und für die Theilnahme ist keine Krankheit ansteckender. Man darf nie dem kleineren Uebel die Thür öffnen: denn hinter ihm werden sich stets viele andere und größere einschleichen. Die feinste Kunst beim Spiel besteht im richtigen Ekartiren: und die kleinste Karte der Farbe, die jetzt Trumpf ist, ist wichtiger als die größte derjenigen, die es vorher war. Ist man zweifelhaft, so ist das Gescheuteste, sich zu den Klugen und Vorsichtigen zu halten, da diese früh oder spät das Glück einholen.

Sein Glück erwogen haben

um zu handeln, um sich einzulassen. Daran ist mehr gelegen, als an der Beobachtung seines Temperaments. Ist aber der ein Thor, welcher im vierzigsten Jahre sich an den Hippokrates, seiner Gesundheit halber, wendet, so ist es der noch mehr, welcher dann erst an den Seneka, der Weisheit wegen. Es ist eine große Kunst, sein Glück zu leiten zu wissen, indem man bald es abwartet, denn auch mit Warten ist bei ihm etwas auszurichten, bald es zur rechten Zeit benutzt, da es Perioden hält und Gelegenheiten darbietet; obwohl man ihm seinen Gang nicht ablernen kann, so regellos sind seine Schritte. Wer es günstig befunden hat, schreite keck vorwärts; denn es liebt die Kühnen leidenschaftlich, und, als schönes Weib, auch die Jünglinge. Wer aber Unglück hat, thue nichts mehr; sondern ziehe sich zurück, damit er nicht zu dem Unstern, der schon über ihm steht, einen zweiten heranrufe.

Vom Glücke beim Gewinnen scheiden:

so machen es alle Spieler von Ruf. Ein schöner Rückzug ist eben so viel werth, als ein kühner Angriff. Man bringe seine Thaten, wann ihrer genug, wann ihrer viele sind, in Sicherheit. Ein lange anhaltendes Glück ist allemal verdächtig: das unterbrochene ist sicherer und das Süßsaure desselben sogar dem Geschmack angenehmer. Je mehr sich Glück auf Glück häuft, desto mehr Gefahr laufen sie auszugleiten und alle mit einander niederzustürzen. Die Höhe der Gunst des Glücks wird oft durch die Kürze ihrer Dauer aufgewogen: denn das Glück wird es müde, Einen so lange auf den Schultern zu tragen.

Für große Bissen des Glücks einen Magen haben

Am Leibe der Gescheutheit ist ein nicht unwichtiger Theil ein großer Magen: denn das Große besteht aus großen Theilen. Große Glücksfälle setzen den nicht in Verlegenheit, der noch größrer würdig ist. Was Manchem schon Ueberfüllung, ist dem Andern noch Hunger. Vielen giebt ein ansehnliches Gericht gleich Unverdaulichkeit, wegen der Kleinheit ihrer Natur, die zu hohen Aemtern weder geboren, noch erzogen ist: ihr Benehmen zeigt danach gleich eine gewisse Säure, die von der unverdienten Ehre aufsteigenden Dämpfe machen ihnen den Kopf schwindlig, wodurch sie an hohen Orten große Gefahr laufen, und sie möchten platzen, weil ihr Glück in ihnen keinen Raum findet. Dagegen zeige der große Mann, daß er noch viel Gelaß für größere Dinge hat und mit besondrer Sorgfalt meide er Alles, was Anzeichen eines kleinen Herzens geben könnte.

Nicht mit seinem Glücke prahlen

Es ist beleidigender, mit Stand und Würde zu prunken, als mit persönlichen Eigenschaften. Das Sich breit machen ist verhaßt; man sollte am Neide genug haben. Hochachtung erlangt man desto weniger, je mehr man darauf ausgeht: denn sie hängt von der Meinung Andrer ab, weshalb man sie sich nicht nehmen kann, sondern sie von den Andern verdienen und abwarten muß. Hohe Aemter erfordern ein ihrer Ausübung angemessenes Ansehn, ohne welches sie nicht würdig verwaltet werden können: daher erhalte man ihnen die Ehre, die nöthig ist, um seiner Pflicht nachkommen zu können: man dringe nicht auf Ehrerbietung, wohl aber befördere man sie. Wer mit seinem Amte viel Aufhebens macht, verräth, daß er es nicht verdient hat und die Würde für seine Schultern zu viel ist. Wenn man ja sich geltend machen will, so sei es eher durch das Ausgezeichnete seiner Talente, als durch zufällige Aeußerlichkeiten. Selbst einen König soll man mehr wegen seiner persönlichen Eigenschaften ehren als wegen seiner äußerlichen Herrschaft.

Im Glück aufs Unglück bedacht seyn

Es ist eine gute Vorsorge, für den Winter im Sommer und mit mehr Bequemlichkeit den Vorrath zu sammeln. Zur Zeit des Glücks ist die Gunst wohlfeil und Ueberfluß an Freundschaften. Es ist gut, sie zu bewahren für die Zeit des Mißgeschicks, als welche eine sehr theuere und von Allem entblößte ist. Man erhalte sich daher einen Vorrath von Freunden und Verpflichteten: denn einst wird man hoch schätzen, was man jetzt nicht achtet. Gemeine Seelen haben im Glück keine Freunde: und weil sie jetzt solche nicht kennen, werden diese dereinst im Unglück sie nicht kennen.

Die Unglückstage kennen:

denn es giebt dergleichen: an solchen geht nichts gut, und ändert sich auch das Spiel, doch nicht das Mißgeschick. Auf zwei Würfen muß man die Probe gemacht haben und sich zurückziehen, je nachdem man merkt, ob man seinen Tag hat oder nicht. Alles, sogar der Verstand ist dem Wechsel unterworfen, und Keiner ist zu jeder Stunde klug: es gehört Glück dazu, richtig zu denken wie eben auch einen Brief gut abzufassen. Alle Vollkommenheiten hängen von Zeitperioden ab: die Schönheit hat nicht immer ihren Tag: die Klugheit versagt ihren Dienst, indem wir den Sachen bald zu wenig, bald zu viel thun: und Alles muß, um gut auszufallen, seinen Tag haben. Ebenso gelingt auch Einigen alles schlecht, Andern alles gut und mit geringerer Anstrengung. Diese finden Alles schon gemacht, der Geist ist aufgelegt, das Gemüth in der besten Stimmung und der Glücksstern leuchtet. Dann muß man seinen Vortheil wahrnehmen und auch nicht das Geringste davon verloren gehn lassen. Jedoch wird der Mann von

Ueberlegung nicht wegen Eines Unfalls den Tag entschieden für schlecht oder im umgekehrten Fall für gut erklären: denn Jenes konnte ein kleiner Verdruß, Dieses ein glücklicher Zufall seyn.

Nie, aus Mitleid gegen den Unglücklichen, sein Schicksal auch sich zuziehen

Was für den Einen ein Mißgeschick, ist oft für den Andern die glücklichste Begebenheit: denn Keiner könnte beglückt seyn, wenn nicht viele Andre unglücklich wären. Es ist den Unglücklichen eigenthümlich, daß sie leicht den guten Willen der Leute erlangen, indem diese durch ihre unnütze Gunst die Schläge des Schicksals ausgleichen möchten: und bisweilen sah man den, welcher auf dem Gipfel des Glücks Allen ein Abscheu war, im Unglück von Allen bemitleidet: die Rachgier gegen den Erhobenen hatte sich in Theilnahme für den Gefallenen verwandelt. Jedoch der Kluge merke auf, wie das Schicksal die Karten mischt. Leute giebt es, die man stets nur mit Unglücklichen gehn sieht, und der, den sie als einen Beglückten gestern flohen, steht heute als ein Unglücklicher an ihrer Seite. Das zeugt bisweilen von einem edeln Gemüth, jedoch nicht von Klugheit.

Seinen Glücksstern kennen

Niemand ist so hülflos, daß er keinen hätte: und ist er unglücklich; so ist es, weil er ihn nicht kennt. Einige stehen bei Fürsten und Mächtigen in Ansehn, ohne zu wissen, wie oder weshalb, als nur, daß eben ihr Schicksal ihnen diese Gunst leicht machte, wobei der Bemühung bloß das Nachhelfen blieb. Andre besitzen die Gunst der Weisen. Mancher fand bei Einer Nation bessere Aufnahme, als bei der andern, und war in dieser Stadt lieber gesehn, als in jener. Ebenso hat man oft mehr Glück in Einem Amte oder Stand, als in den übrigen; und Alles dieses bei Gleichheit, ja Einerleiheit der Verdienste. Das Schicksal mischt die Karten, wie und wann es will. Jeder kenne seinen Glücksstern, eben wie auch sein Talent: denn hievon hängt es ab, ob er sein Glück macht oder verscherzt. Er wisse seinem Stern zu folgen, ihm nachzuhelfen und hüte sich ihn zu vertauschen: denn das wäre, wie wenn man den Polarstern verfehlt, auf welchen doch der nahe kleine Bär hindeutet.

Etwas zu wünschen übrig haben,

um nicht vor lauter Glück unglücklich zu seyn. Der Leib will athmen, und der Geist streben. Wer Alles besäße, wäre über Alles enttäuscht und mißvergnügt. Sogar dem Verstande muß etwas zu wissen übrig bleiben, was die Neugier lockt und die Hoffnung belebt. Uebersättigungen an Glück sind tödtlich. Beim Belohnen ist es eine Geschicklichkeit, nie gänzlich zufrieden zu stellen. Ist nichts mehr zu wünschen; so ist Alles zu fürchten: unglückliches Glück! wo der Wunsch aufhört, beginnt die Furcht.

Nicht am fremden Unglück sterben

Man kenne den, welcher im Sumpfe steckt und merke sich, daß er uns rufen wird, um sich nachher am beiderseitigen Leiden zu trösten. Solche Leute suchen Jemanden, der ihnen helfe, das Unglück zu tragen, und wem sie im Glück den Rücken wandten, dem reichen sie jetzt die Hand. Großer Vorsicht bedarf es bei denen, die zu ertrinken im Begriff sind, um ihnen, ohne eigene Gefahr, Hülfe zu leisten.

Jean-Jacques Sempé

Das ist Paul Rénaldo. Dieser Glückspilz macht einen echten Liebeskummer durch …

Viktorija Tokarjewa

Schweinesieg

Sie hatte einen schönen, feierlichen Namen: Viktorija. Und einen Nachnamen, für den sie sich genierte: Schwein. Heraus kam: Viktorija Schwein – eine völlig idiotische Kombination, Schweinesieg sozusagen. Aber da war nichts zu machen, den Nachnamen bekam man von seinen Eltern angehängt wie das Aussehen. So wie er war, war er nun mal. Und man musste noch dankbar sein. Gar kein Name wäre noch schlimmer gewesen.

Viktorijas Aussehen hatte ebenfalls etwas leicht Schweinehaftes: helle Wimpern, rötliche Haare, rosige Haut, hellblaue Augen und zehn Kilo Übergewicht. Die schlanke Taille, das ausladende Hinterteil, die zarte Haut – sie war eine Kopie von Rembrandts Saskia. Der große Künstler hätte sich Viktorija sofort auf den Schoß gesetzt. Aber die Männer von heute hatten damit keine Eile. Die einzige Ausnahme waren die aserbaidschanischen Händler. Wenn Viktorija auf den Markt kam, sahen sie ihr mit großem Wohlgefallen hinterher und boten ihr kostenlos Früchte an. Aber Viktorija gefielen diese Männer nicht. Lieber gar keinen als so einen.

Viktorija war ledig. Sie arbeitete auf einer Geflügelfarm, weshalb sie nie Geflügel aß. Sie wusste zu gut, was hinter einem schön knusprig gebratenen Hähnchen stand. Sie kannte das versteckte Leben dieser Hühner, ihre Lieben, ihre Leiden und ihren Tod. Ein Huhn zu essen wäre ihr vorgekommen, als ob sie ihre eigenen Verwandten aufessen würde.

An Verwandtschaft hatte sie nur einen Großvater. Mutter und Vater lebten zwar noch, hatten aber jeder wieder eine neue Familie gegründet und neue Kinder bekommen. Vika existierte als Erinnerung an die Fehler der Jugend, und die wollten die Eltern gern vergessen.

Auch der Großvater hatte mal irgendwo gearbeitet und war wer gewesen. Jetzt war er pensioniert. Man sprach ihn mit ›könntest du mal‹ an … Könntest du mal ins Geschäft gehen und Mehl kaufen … Oder: Könntest du mal in der Wohnung staubsaugen … und so weiter.

Morgens vor dem Frühstück ging der Großvater spazieren, man hatte ihm gesagt, das sei gesund. Er stand auf und nahm sofort das Badezimmer in Beschlag, genau dann, wenn Vika zur Arbeit musste. Ihre Interessen prallten aufeinander, aber die Gerechtigkeit war auf Vikas Seite. Der Großvater konnte später zu seinen Spaziergängen aufbrechen, aber Vika durfte nicht zu spät zur Arbeit kommen. Ihr Arbeitstag fing zu einer bestimmten Zeit an, und man achtete peinlich genau auf Pünktlichkeit. Zwischen dem Großvater und Vika kam es zu Reibereien, und aus Rache versteckte Vika sein Gebiss. Der Großvater konnte es den ganzen Tag nicht finden und nahm nur flüssige Nahrung zu sich.

Er hatte seine eigene Logik: Er brauchte einen klaren Tagesablauf, wie ein Säugling. Diese Ordnung war ein Korsett, das Form und Inhalt zusammenhielt. Er war zwar alt, aber doch noch am Leben. Und innerhalb seines Lebens sollte alles seine feste Ordnung haben.

Vika verstand das nicht: Was änderte es, wenn der Groß - vater seinen Spaziergang um eine halbe Stunde verschob? So stritten sie sich, aber nicht jeden Tag. Vielleicht zweimal die

Woche. In der übrigen Zeit kümmerte sich Vika um den Großvater, abends kochte sie ihm etwas Leckeres und kaufte für ihn Obst bei den Aserbaidschanern.

Neben dem Großvater gab es in Vikas Leben noch einen Menschen, den sie liebte: den Fernsehmoderator Vlad Petrow. Vladimir, mit vollem Namen. Er hatte Finger mit ovalen Nägeln, ein leidenschaftsloses Gesicht, Augen, die leicht japanisch wirkten, und einen stillen, tief im Inneren verborgener Humor. Ein unauffälliger Čechovscher Humor. Aber er war klug, er bemerkte und fühlte alles. Auch Viktorija spürte und fühlte alles. Oh, wie ihr solche Gesprächspartner fehlten, die alles verstanden.

Ihre Gesprächspartner waren die Küken aus dem Brutkasten. Und die Kolleginnen, die nur über materielle Dinge sprachen.

Vika rief beim Fernsehen an, bekam seine Nummer heraus und rief ihn an. Seine Mutter nahm den Hörer ab. Vika stellte sich als begeisterte Zuschauerin vor, was der Wahrheit entsprach, und erzählte der Mutter, was für einen begabten Sohn sie habe, klug und schön, was auch der Wahrheit entsprach. Vika erzählte das gern, und die Mutter hörte das gern.

Die Mutter war nicht neugierig und fragte Vika nicht, wie sie heiße, wo sie arbeite und wie alt sie sei. Trotzdem kam es Vika so vor, als ob nun eine Verbindung hergestellt sei, dass sie nun nicht einfach ins Blaue hinein liebe, sondern direkt in sein Haus. Vladimirs ganzes Haus würde von ihrer Liebe erfüllt sein.

Am Ende des Gesprächs sagte die Mutter einen merkwürdigen Satz: ›Jeder hat halt sein Päckchen zu tragen.‹ Vika verstand nicht, was sie meinte. Denn was für Probleme konnten denn so kluge, wohlsituierte Leute haben. Probleme bekam man doch nur durch Dummheit, Armut und Benachteiligung.

Vika rief von Zeit zu Zeit an. Vladimirs Stimme erklang auf dem Anrufbeantworter und bat, nach dem Piepton eine Nachricht zu hinterlassen. Vika wartete das Signal ab und beeilte sich dann, wichtige Dinge zu sagen. Und manchmal sang sie einfach.

Dazu muss man wissen, dass sie eine Stimme wie ein Engel hatte – hoch und rein. Sie hatte nur deshalb keine Gesangsausbildung gemacht, weil sie sich wegen ihres Aussehens schämte. Eine Schlagersängerin musste Gesangstalent und Sexsymbol in einem sein. Die Männer sollten ihr zuhören und sie begehren. Und die Frauen ihr zuhören und ihr nacheifern. Doch wem käme es schon in den Sinn, eine Viktorija Schwein zu begehren oder ihr nacheifern zu wollen?

Vika sang nur für die Hühner und für ihre Freundinnen. Und für Vladimir Petrow auf den Anrufbeantworter.

Freundinnen hatte sie zwei: Varja und Vera. Beide arbeiteten als Befruchterinnen. Sie befruchteten die Hühner mit Hahnensperma. Mit routinierten Bewegungen packten sie die Hühner und führten die Spritze dort ein, wo sie hinmusste. Die Hühner fügten sich willig in die Prozedur, denn in ihrem Hühnerlagerleben kannten sie keine andere Liebe. So freuten sie sich auch über die Spritze. Außerdem ist der Hahn – als Haremsherr – ja auch nur allein für die ganze Herde da. Und die Hühnerliebe in Freiheit unterscheidet sich wenig von der kurzen Prozedur mit der Spritze.

Vika brachte es nicht fertig, zu den Freundinnen in die Hühnerbaracke zu gehen. Sie ertrug den grauenhaften Gestank nicht. Unter welch unmenschlichen Bedingungen die Hühner auch gehalten wurden, so fraßen und kackten sie doch immer noch, und das hieß, es stank ganz fürchterlich. Vera und Varja hatten sich daran gewöhnt. Aber auch sie aßen kein Geflügel. Sie ekelten sich.

Viktorija arbeitete im Bruthaus, der ›Hühnergeburtsklinik‹. Dort herrschten Sauberkeit und Disziplin, wie in einem Atomkraftwerk. Alle Mitarbeiterinnen mussten die Schuhe wechseln und weiße Kittel überziehen.

Die Eier wurden, nach einem ganz bestimmten Plan, sanft warmgehalten, und eines Tages hackten sich dann aus ihnen die gelben Köpfchen heraus und besahen sich die Welt mit Äuglein wie kleinen Glasperlen.

Es gibt nichts Entzückenderes als Küken, junge Kätzchen, Ferkelchen und kleine Kinder. Die Kleinen und Schwachen haben nur einen Schutz – ihre Schönheit. Niemand käme es in den Sinn, einem Küken etwas Böses zu tun. Jeder möchte es beschützen.

Auf der Farm gab es auch ein *brain center,* wo hochqualifizierte Züchter arbeiteten. Sie versuchten, die qualitativ beste Rasse herauszuzüchten. Fast so wie Hitler, der die überlegenste Menschenrasse züchten wollte ...

Hühner sind natürlich keine Menschen, aber auch sie brauchen einen hochwertigen Ursprung. Die hierfür verwendeten Zuchthühner wurden von lebenden Hähnen befruchtet. Dann nahm man die größten Eier weg und legte sie in spezielle Behälter. Die Küken wurden ausgebrütet und für harte Devisen nach Kanada verkauft. Die Kanadier bezahlten sagenhafte Preise. Dieses Geld reichte als Lohn für die ganze Belegschaft.

Man aß in der Kantine. Viktorija, Vera und Varja setzten sich an einen Tisch und tauschten Neuigkeiten aus.

Es gab wenig Neues, denn das Leben stagnierte. Die wichtigsten Dinge passieren ja bis fünfundzwanzig: Man fängt eine Ausbildung an, heiratet, bekommt Kinder. Aber Vika, Vera und Varja waren über dreißig. In diesem Alter hat man entweder schon alles, oder auch überhaupt nichts. Und das für lange, wenn nicht für immer.

Varja war mit Gena verheiratet. Gena verdiente nichts, betrank sich stattdessen und rief in betrunkenem Zustand irgendwelche Frauen an.

»Wie kannst du mit dem bloß leben?«, wunderte sich Vika.

»Er liebt mich«, antwortete Varja.

»Wieso ruft er dann andere Frauen an?«

»Das macht er doch nur im Suff.«

»Und wie kannst du das ertragen?«

»Ich liebe ihn eben«, erklärte Varja.

Vika war es völlig unverständlich, wie man einen Nichtsnutz und Säufer lieben konnte. Lieben konnte man einzig Vladimir Petrow, der schön war und klug.

Die zweite Freundin, Vera, hatte ihre Kinder ohne Mann zur Welt gebracht. Eigentlich hatte sie ja nur ein Kind gewollt, aber dann waren es Zwillinge geworden. Zwei Mädchen, die zu früh zur Welt gekommen waren und dann in Watte gepackt dagelegen hatten, wie zwei unreife Tomaten. Dabei hatten sie ständig geschrien und gekackt, genau wie die Hühner.

Vera war bis über beide Ohren verliebt in ihre kleinen Mädchen und begrüßte jeden Pups von ihnen mit Entzücken. Und reden konnte sie immer nur über dieses eine Thema. Vika hörte aus Höflichkeit zu, ohne sie zu unterbrechen. Aber das Los ihrer Freundinnen rief in ihr nur mitleidiges Unverständnis hervor: Wie konnte man bloß *so* leben?

Doch Vika ihrerseits tat ihren Freundinnen leid, und sie rieten ihr: Bring ein Kind zur Welt, auch ohne Mann. Dann hat doch wenigstens alles einen Sinn ...

Jean-Jacques Sempé

*Der positive Aspekt: Er ist durchaus partnerschaftsfähig. –
Und jetzt der negative: Nur leider nicht mit Ihnen.*

Vika jedoch fühlte sich als reicher Mensch, als Hüterin einer großen Liebe. Und auch, wenn diese Liebe keinen konkreten Ausdruck fand – sie existierte immerhin, erfüllte ihr Leben mit Sinn, half Vladimir Petrow, wie einem Menschen ein Gebet hilft.

Von Zeit zu Zeit kam ein Landstreicher mit dem schönen Namen Chmelnitzkij, was so viel heißt wie ›Der Berauschte‹, auf die Geflügelfarm. Kommen war nicht ganz exakt. Schlich sich rein, wäre genauer gewesen. Durch das Haupttor ließ man ihn nicht. Deshalb kroch er durch das Loch, das irgendjemand in die Betonmauer gebrochen hatte, die die Farm umschloss. Chmelnitzkij hockte sich hin und passte Vika ab.

Vika war rundlich und kam ihm in ihrem weißen Kittel weniger aggressiv vor als die dünneren, bösen Weiber. Die stürzten sich immer auf ihn, kläfften wie die Hunde und vertrieben ihn. Vika dagegen blieb bei ihm stehen, sah in sein aufgedunsenes Gesicht und fragte: »Was willst du?«

»Geflügelfleisch«, antwortete Chmelnitzkij.

»Dann geh, und kauf es dir. Im Geschäft ist Geflügelhaschee billig.«

»Ich habe kein Geld.«

»Aber ich kann nicht stehlen«, erklärte Vika.

»Dann gib mir halt die Köpfe und die Füße. Ich koche sie mir aus.«

Vika stand da und überlegte.

»Wenn es dir um die Hühnerköpfe leidtut, dann gib mir was anderes, wenigstens Hühnerfutter.«

Vika seufzte und brachte ihm eine Tüte mit Hühnerinnereien heraus. Das war ein königliches Geschenk.

»Danke«, sagte der Landstreicher knapp und verschwand schleunigst. Er fürchtete, Vika könnte es sich noch einmal anders überlegen und ihm alles wieder wegnehmen. Er hatte in seinem Leben schon alles mögliche gesehen.

Das nächste Mal tauchte der Landstreicher erst drei Monate später wieder auf. Schließlich war er ein taktvoller Mensch. Und er bat auch um nichts, stand bloß da und beobachtete alles. Im Hof verbrannte man Abfall, ein Feuer knisterte. Die Freundinnen Vera und Varja saßen auf alten Kisten davor, und Vika sang. Und *wie* sie sang! Als seien ein paar Engel vom Himmel geschwebt und sängen jetzt zusammen mit einer einzigen Stimme.

»Dein Freund ist wieder da«, sagte Varja.

Vera sah sich um und fing an zu lachen. Aber Vika lachte nicht. Sie dachte nur: ›Wer zuletzt lacht, lacht am besten …‹

»A-ach, unsere Trennung ertrag ich nicht länger… Deine innige Zärtlichkeit ersehne ich, vor Glück ersterbe ich …«

Das war über sie und Vladimir Petrow. Sie sang für ihn und für sich. Und die anderen konnten zuhören, wenn sie wollten …

Plötzlich kursierte auf der Geflügelfarm das Gerücht, dass der berühmte Fernsehmann Vladimir Petrow die junge Schauspielerin Sascha Konowalowa heiraten würde. Sie hatte die Hauptrolle in einer Fernsehserie bekommen, und das ganze Land war vernarrt in sie, inklusive Vlad Petrow.

Ihr Foto war im Magazin *Sieben Tage* abgebildet. Varja hatte die Zeitschrift mit auf die Arbeit gebracht, und alle Mädchen und Frauen sahen sie sich voller Neugier an. Sogar die Hühner verdrehten ihre runden Augen in Richtung der grellbunten Bilder. Und Vika sah ebenfalls hin, mit unberührtem Gesichtsausdruck: Was, bitte, ging sie das an?

In der Schlachtabteilung spritzten die Hühner mit Kot

um sich, bevor sie diese Welt verließen. Hirne kleiner als ein Fingerhut, und doch ahnten sie etwas.

Vika fühlte sich genauso, aber sie zeigte es nicht. Doch sie merkte sich, dass die Hochzeit am siebten September, um sieben Uhr abends, im Restaurant Goldener Drachen gefeiert werden sollte. Das Paar hatte die Ziffer sieben mit Absicht ausgewählt, denn Gott hat die Welt in sieben Tagen erschaffen. Und auch sie wollten sich nun ihre Welt erschaffen.

»Die Glücklichen«, seufzte Varja. »Wenn du dir vorstellst, was die für ein Leben haben ... Im Winter ans Rote Meer, im Sommer ans Schwarze ...«

»Er wird sich betrinken und fremde Frauen anrufen«, kommentierte Vera.

»Na und? Dafür verdient er in einer Stunde so viel, wie du in einem Jahr.«

»Die Reichen weinen auch«, bemerkte Vera philosophisch.

Vika schwieg. Vladimir würde heiraten. Aber er starb schließlich nicht. Er würde am Leben bleiben, und sie konnte ihn aus der Ferne weiterhin lieben. Sie konnte sich beispielsweise sagen, dass Vladimir auf eine lange Dienstreise gegangen war. Irgendwohin nach Afrika, oder auf die Weltraumstation ›Mir‹.

Der siebte September kam. Es war ein Samstag. Vika zog sich schön an und fuhr zum Restaurant Goldener Drachen. Nicht zur Hochzeitsfeier natürlich. Niemand hatte sie eingeladen. Nur, um alles von draußen zu sehen.

Das Restaurant stand an einer Kreuzung, chinesische Lampions hingen auf die Gehsteige beider Straßen hinaus.

Um die fünfzig Autos kamen angefahren, meist ausländische Marken, Luxusjeeps und BMWs.

Ein Lincoln fuhr vor, ein langes schwarzes Auto. Aus dem Lincoln stiegen die Braut und der Bräutigam. Die Braut war das genaue Gegenteil von Viktorija: schwarzhaarig, schlank und groß. Der Bräutigam war ganz in Schwarz und Weiß gekleidet. Die nach hinten gekämmten Haare glänzten vor Gel. Sein Gesicht war bleich, und die glühenden Augen schienen den Rest seines Gesichts in den Hintergrund zu drängen. Mein Gott, wie war er grausam schön ... Ein Gesichtsausdruck wie bei Giordano Bruno, der ins Feuer geht. Fragt sich nur, ob ins Feuer des Glücks oder ins Fegefeuer.

Vika schaute sich die Augen aus dem Kopf. Am liebsten wäre sie nach vorn gestürzt, hätte ihn gepackt, ins Auto gestoßen und wäre mit ihm davongebraust. Wohin? Egal wohin. Notfalls zum Großvater. Sie hätte sich vor Vladimir auf den Boden gesetzt und ihm zugehört. Er würde ihr alles erzählen, und sie würde zuhören und weinen. Und dann würde sie ihm ihre Jungfräulichkeit opfern, würde ihm ihre ganze Gegenwart und Zukunft schenken ...

›Deine innige Zärtlichkeit ersehne ich ... Vor Glück ersterbe ich ...‹

Braut und Bräutigam gingen zum Restaurant. Ein junger Chinese kam ihnen entgegen – es war der Restaurantbesitzer, Petja.

Petja geleitete die Stars ins Innere des Restaurants. Sie entschwanden Vikas Blicken. Schluss, aus. Weiter dazusitzen war sinnlos.

Vika erhob sich von der Bank. Sie ging in eine Telefonzelle und wählte die 02.

Als sich die Polizei am anderen Ende meldete, sagte sie mit klarer Stimme: »Im Restaurant Goldener Drache ist eine Bombe versteckt.«

»Wer spricht da?«, fragte der diensthabende Polizist schnell.

»Es spricht eine, die es wissen muss«, antwortete Vika wieder mit klarer Stimme. Und legte auf.

Sie ging wieder zu ihrer Bank, denn sie war neugierig zu sehen, wie sich die Dinge weiterentwickeln würden.

Was wollte sie eigentlich? Was hatte sie damit erreicht? Sie wollte die Hochzeit platzen lassen. Und wenn sie sie schon nicht platzen lassen konnte, dann wollte sie sie wenigstens verderben. Warum? Weil man ihr einen Traum und den Sinn ihres Lebens weggenommen hatte. Und sie konnte nichts dagegen tun, konnte nur mit Kot um sich spritzen, wie ein Huhn vor der Schlachtbank.

Eine Polizeibrigade mit Hunden kam angerast. Alles bewegte sich, wie wenn ein Film zu schnell abgespult wird.

Die Polizisten verteilten sich schnell über die ganze Kreuzung. Petja kam herausgesprungen und winkte. Höflich, aber bestimmt setzten ihm die Polizisten etwas auseinander.

Viktorija verspürte Hunger. Sie ging in die nächste Bäckerei, kaufte sich ein Brötchen und kehrte auf ihren Beobachtungsposten zurück. Sie kaute und wartete.

Im Sturmschritt kamen Braut und Bräutigam aus dem Restaurant. Sie stritten sich. Drei Schritte von Vika entfernt blieben sie stehen.

»Was ist? Hast du Angst?«, fragte Vladimir.

»Natürlich«, antwortete Sascha Konowalowa. »Angst um sein Leben ist die normale Reaktion eines gesunden Menschen.«

»Und was ist mit der Hochzeit?«, fragte Vlad fassungslos.

»Ein andermal.«

»Und die Tische schmücken, und all die anderen Vorbereitungen, auch ein andermal?«

»Wenn ich zwischen Peking-Ente und meinem Leben wählen muss, dann wähle ich das Letztere.«

»Weil du auf mein Geld und auf meine Anstrengungen spuckst.«

»Bitte doch die Kellner, das Essen einzupacken, dann kannst du es mit nach Hause nehmen. Bring es deiner schwachsinnigen Mama und deiner schwachsinnigen Tochter.«

Vladimir schwieg einen Moment, dann sagte er ruhig: »Darauf habe ich nur gewartet, dass das einmal kommt ... Die Kranken und Schwachen hassen, nur aus dem Grund, dass sie krank und schwach sind – weißt du, wie man das nennt?«

»Natürliche Auslese ...«

»Das nennt man Faschismus«, erklärte Vladimir. »In Japan führte man die Alten auf den Berg Narayama, um sie an die Vögel zu verfüttern. In Sparta warf man die kranken Kinder von den Klippen, damit sie keinen Platz auf der Erde einnahmen. Die Faschisten wollten den Planeten von Menschen zweiter Klasse säubern. Wenn es nach euch ginge, dürften nur Junge, Starke und Schöne leben. Und alle anderen – in den Abgrund oder auf den Narayama. Dir sind alle scheißegal, du denkst nur an dich. Und weißt du, warum? Weil du wenig Bücher gelesen hast. Oder überhaupt nichts gelesen hast. Faschismus – das ist vor allem geistige Beschränktheit, Kulturlosigkeit plus seelische Unterentwicklung.«

»Wieso willst du mich dann heiraten?«, fragte Sascha.

»Will ich schon gar nicht mehr. Herr Wachtmeister!« Vladimir ging eilig auf einen der Polizisten zu. »Wenn Sie den Terroristen finden, der die Bombe gelegt hat, dann sagen Sie ihm, er soll mich anrufen. Ich gebe ihm eine Belohnung.«

Jean-Jacques Sempé

»Am Châtelet stiegst Du zu: Veilchenaugen, gelber Regenmantel. Unsere Blicke tauchten ineinander. Der Zug bremste – Du wurdest gegen mich geworfen. Ich hab Dich fest an mich gedrückt. Wortlos schmiegtest Du Dich in meinen Arm. Bis Du am Hôtel-de-Ville ausgestiegen bist.

Behalte das Geld und die Brieftasche. Aber schick mir meine Papiere zurück.«

Sascha Konowalowa drehte sich um und ging davon. Sie setzte sich in irgendein Auto. Der Wagen startete röhrend, und schon war er um die Ecke verschwunden.

Vladimir setzte sich auf die Bank neben Vika. Er starrte vor sich hin. Dann wandte er sich um und betrachtete plötzlich Vika. Sie lächelte verwirrt, mit vollem Mund.

»Wollen Sie was essen?«, fragte Vladimir unvermittelt.

Vika schwieg einen Moment.

»Kommen Sie, gehen wir …«

Vladimir stand von der Bank auf und wartete, dass Vika sich auch erhob.

Viktorija hatte zwar die Feierlichkeiten verderben wollen, aber natürlich nicht in diesem Ausmaß. Und nun hatten sich die Ereignisse überstürzt, wie bei einem Erdbeben. Gerade noch hatte alles gestanden – und jetzt waren bloß noch Ruinen zu sehen.

»Na, kommen Sie, kommen Sie«, drängte sie Vladimir.

Vika stand auf, und sie gingen zusammen zum Restaurant Goldener Drachen. Ein Polizist stellte sich ihnen in den Weg.

»Hauptmann Rogoschin«, stellte er sich vor und salutierte. »Sie können nicht in das Restaurant. Dort ist eine Bombe.«

»Wir essen schnell und gehen wieder«, versprach Vladimir.

»Sie müssen warten. Da ist eine Bombe«, insistierte der Hauptmann.

»Nein, da ist keine Bombe«, sagte Vika.

»Das muss man überprüfen. Unsere Hunde sind speziell auf Sprengsätze trainiert.«

»Aber da gibt es gar keinen Sprengsatz«, sagte Viktorija.

»Woher wollen Sie das wissen?«

»Weil ich es war, die angerufen hat.«

Vladimir Petrow drehte sich um und stellte sich ihr gegenüber.

»Dann muss ich Sie verhaften«, sagte der Hauptmann streng.

»Bitte schön«, sagte Vika bereitwillig. »Ich verschwinde ja nirgendwohin.«

Rogoschin sagte etwas in sein Funksprechgerät. Ein älterer Leutnant kam herbei.

»Und warum haben Sie das getan?«, fragte Vladimir und starrte Vika an, während er allmählich zu sich kam.

»Ach, das ist eine lange Geschichte«, sagte Vika ausweichend.

»Dann sagen Sie's kurz. In zwei Worten.«

»In drei: Ich liebe Sie.«

»Sind Sie ein Fan von mir?«, fragte Vladimir.

Viktorija wusste nicht, was das Wort bedeutete. Vielleicht kam es von dem Wort ›Fanatiker‹. Und Fanatismus, worin auch immer er sich äußerte, war stets eine Beschränktheit. Vika erriet, dass ein Fan zu sein nicht besonders ehrenvoll war. Diese Fans tanzten wie die Idioten um ihr Idol herum, kreischten vor Entzücken, wenn sie das Glück hatten, einen Fetzen von seinem Hemd oder seiner Hose zu ergattern. Und dann küssten sie dieses Stoffstück und beteten es an.

Vika liebte still, im Verborgenen und heilig. Wie es in einem Gedicht heißt: ›Ihre Seele öffnete sich, wie eine Blüte in der Morgenröte, unter Zephyrs Atem …‹

Hauptmann Rogoschin und der ältere Leutnant redeten leise miteinander.

»Herr Leutnant, Herr Hauptmann, ich lade Sie zu einem Festessen ein«, sagte Vladimir Petrow feierlich. »Bringen

Sie auch Ihre Kollegen mit, und auf geht's zu Tisch. Wir wollen doch das feine Essen nicht verderben lassen. Nicht wahr, Petja?«

Der Chef des Restaurants nickte leicht. Dann sagte er eilfertig: »Es sein sehr gutes Menü. Ausgezeichnetes Koch. Aus China. Echte chinesische Küche.«

»Na, was ist, Herr Hauptmann?«, fragte der Leutnant. »Essen wir schnell einen Happen, und dann ab nach Hause! Fehlalarm.«

Der Hauptmann schwieg. Sein Adamsapfel hüpfte rauf und runter.

Nun saß die ganze Polizeimannschaft an der Tafel. Schweigend und andächtig aßen sie – echte chinesische Küche.

Vika und Vladimir saßen nebeneinander. Vladimir sah ins Weite, und Vika genoss die Speisen. Das Essen war ihr ganz fremd, und sie konnte nicht einmal sagen, ob es ihr schmeckte oder nicht. Es war, als hätte man sie aus einer benachbarten Galaxie auf diesen ihr fremden Planeten geholt.

Ein georgischer Polizist wandte sich an den Hauptmann.

»Herr Hauptmann, ohne *Tamada* geht es aber nicht. Sonst ist es ein unorganisiertes Besäufnis.«

»Na gut. Dann sei unser *Tamada.*«

Der Georgier stand auf und schlug mit der Gabel ans Glas.

»Der erste Toast. Auf unseren Allerhöchsten ...«, ließ sich der *Tamada* vernehmen, der Vorsitzende des Festmahls, der die Toasts ausspricht und auf dessen Kommando getrunken wird.

»Auf Putin, oder was?«

»Na, wer ist Putin? Ein Sklave Gottes. Auf unseren Herrgott, den großen Schöpfer ...«

Die Polizeibrigade trank in aller Freundschaft und aß mit Vergnügen. Vladimir Petrow goss Wodka in ein Champagnerglas und trank es in einem Zug leer.

Schweigen trat ein. Mitten in dem Schweigen war das Klopfen einer Gabel zu hören.

»Der nächste Toast – ist auf Georgij, den Sieger!«, verkündete der *Tamada*.

»Und wer ist das?«, fragte der Leutnant, der Djomin hieß.

»Das ist unser Nationalheiliger«, erklärte der Georgier.

»Und unserer?«

»Eurer? Keine Ahnung. Das müsst ihr doch wissen.«

»Trinken wir auf alle«, ordnete Hauptmann Rogoschin an. »Zuerst auf euren Nationalheiligen, dann auf unseren, dann auf Ihren«, sagte er, indem er sich zu dem Chinesen Petja umwandte. »Und wer ist Eurer? Buddha?«

Petja verstand nicht ganz, worum es ging und versicherte eilig: »Echter chinesischer Koch. Wir bezahlen zweitausend im Monat. Qualifizierter Mann. Man muss gut bezahlen. Konkurrenz groß.«

Die Kellner stellten Peking-Ente auf den Tisch. Die Enten sahen wunderbar aus: goldbraun gebraten in einer dunklen, süßsauren Soße.

»Haben wirklich Sie angerufen?«, fragte Vladimir leise.

»Ja … wirklich«, sagte Vika und nickte leicht dazu wie der Chinese.

»Und wozu?«

Vika überlegte, wie sie das mit einem Wort sagen sollte. Dann fand sie das Wort.

»Eifersucht …«

»Was hat Eifersucht damit zu tun?«, fragte Vladimir verständnislos.

»Ich liebe Sie schon lange. Seit ich in die achte Klasse ging ...«

»Na, so was ...« Vladimir schüttelte den Kopf. »Sie hätten zuerst mich fragen müssen, und dann die Polizei anrufen. Wenn man jemanden liebt, dann muss man sich für seine Interessen einsetzen, nicht für die eigenen.«

»Sie passt nicht zu Ihnen«, sagte Vika mit fester Stimme.

»Ich weiß«, gab Vladimir zu. »Aber wir lieben oft nicht die, die uns gefallen. Sie gefallen mir. Sie sind lustig. Aber ich liebe Sie nicht. Verstehen Sie?«

»Nicht ganz.« Vika verstand das wirklich nicht: Wie konnte man jemanden lieben, der einem nicht gefiel?

»Sehr schade«, sagte Vladimir. »Aber im Übrigen auch egal.«

»Trinken wir auf die junge Generation!«, ließ sich der *Tamada* vernehmen und hob das Glas in Richtung von Vika und Vlad.

»Na, und wo sind denn hier junge Leute?«, hielt ihn Rogoschin auf.

Der *Tamada* begriff, dass er sich geirrt hatte, wand sich aber schnell heraus.

»Hier sind alle jung! Und alle werden irgendwann einmal eine Familie und Kinder haben. Ihr Jungen, alle aufstehen!«

Die ganze Polizeibrigade erhob sich, ein Glas mit Wodka oder Wein in der Hand. Das fröhliche Gelage nahm seinen Lauf.

Der Chef des Restaurants verhandelte mit dem Hauptmann über irgendetwas. Es schien, als wechsle das Restaurant ›das Dach‹, wie man das nannte. Der bezahlte Schutz der Polizei gefiel Petja offenbar besser, als der einer einfachen Gangsterbande. Von den Gangstern wusste man nie, was man zu erwarten hatte. Die Polizei handelte maßvoll, den Umständen entsprechend. Sie hatte auch die Interessen des Unternehmers im Blick. Und die Gangster hatten gar nichts im Blick außer ihrem eigenen Geld.

Vladimir Petrow spielte auf dem Klavier. Er spielte erstaunlich gut. Und Vika sang. Ohne Worte. Nur die Melodie. Ihre Stimme erklang wie geradewegs vom Himmel. Und in diesem Moment war sie schön: die zarte Haut, die blitzenden Augen. Die jungen Milizionäre lauschten und träumten. Der Wodka machte sie empfindsamer. In manchen Augen standen Tränen.

Leutnant Djomin ging zum Hauptmann und sagte: »Die können wir doch nicht verhaften. Wir schreiben einfach ›Fehlalarm‹ in den Bericht, und fertig.«

»Und wieso hat sie angerufen?«, fragte der Hauptmann.

»Um die Hochzeit zu verhindern«, erriet der Leutnant.

»Und wieso das?«

»Sie wird schon einen Grund gehabt haben …«

Der Hauptmann betrachtete die singende Vika. Offenbar verglich er sie mit seiner Verlobten.

»Schöne gibt es viele«, sagte er dann. »Aber so eine gibt es nur einmal.«

Vlad spielte zu Ende. Er nahm die Hände von den Tasten.

»Wie heißt du überhaupt?«, fragte er, nun zum Du übergehend.

»Viktorija.«

»Und der Nachname?«

»Schwein«, gestand Vika.

»Das geht nicht. Man braucht einen neutralen Namen, vielleicht irgendeine Naturgewalt.«

»Feuer«, schlug ein junger Polizist vor. »Feuerschein.«

»Gibt's schon, das ist eine Literaturkritikerin«, bemerkte der *Tamada*. Er stellte sich als sehr gebildet heraus, wie so oft bei den Georgiern aus besseren Familien.

»Wasser. Wie wär's mit Wassermann?«, sagte ein anderer Milizionär.

»Eine Viktorija Wassermann gibt's auch schon.«

»Stein. Steiner«, mischte sich der Leutnant ein.

»Eine Viktorija Steiner gab es auch schon mal«, winkte Vlad ab.

»Wind«, schlug der Hauptmann vor.

»Ja, vielleicht Wind. Oder Bach. Ihre Stimme klingt wie ein Frühlingsbach. Es passt auch zum Vornamen, Viktorija Bach, klingt wunderbar«, sagte Vlad billigend.

Der Wirt stellte dienstbeflissen Musik an. Echte chinesische Musik. Vlad erhob sich vom Klavier und forderte Vika zum Tanz auf.

»Und jetzt alle tanzen!«, kommandierte der *Tamada*.

Die Polizeibrigade bildete augenblicklich einen Kreis. Sie legten einander die Hände auf die Schultern und bewegten die Beine, wie bei einem griechischen Sirtaki. Für sie war das alles dasselbe, Griechenland oder China.

Vlad blieb stehen, um Atem zu schöpfen. Vika und er standen in der Mitte des Kreises und sahen einander an.

»Wo arbeitest du?«, fragte Vlad.

»Auf einer Geflügelfarm.«

»Und für wen singst du da? Für die Hühner?«

»Für die Küken.«

»Wirklich?«, fragte Vlad ungläubig.

»Natürlich. Was ist denn daran Besonderes?«

»Irgendwelche Schlagersternchen ohne Stimme singen für das ganze Land, und eine Montserrat Caballé singt für die Hühner.«

»Für die Küken«, korrigierte Vika.

»Na gut … Was für eine verrückte Welt. Verrücktes Land. Und ich bin auch verrückt.«

Vlad nahm seinen Tanz wieder auf, bewegte sich zu der chinesischen Fünftonmusik. Er streckte die Arme nach Vika aus. Und Vika schwebte in diese Arme, mit jeder Zelle ihres Körpers. Das war das Glück. Seine Energie spüren, seinen Geruch. Sehen, hören, fühlen, einatmen … Danach konnte man sterben.

Die Polizeibrigade tanzte in Reih und Glied, als ob sie das Ganze lange eingeübt hätte.

Die Küchengehilfen drängten in den Saal und blieben zuerst gebannt stehen. Dann hielten sie es nicht länger aus und bildeten ihren eigenen Kreis. Und im Mittelpunkt des neuen Kreises tanzte der chinesische Koch in schwarzer Hose und weißer Schürze und Kochmütze.

Zwei Kreise drehten sich nebeneinander, dann ineinander. Das reinste Moissejew-Ensemble …

Der Koch und Vlad legten die Arme aufeinander wie zu einem Bänkchen. Vika setzte sich darauf, wobei sie jedem einen Arm um den Hals legte. Ihre offenen rotblonden Haare flogen nach hinten.

Da erschien Sascha Konowalowa in der Tür.

Vor ihren Augen stand eine abgegraste Hochzeitstafel voller Essens- und Getränkereste. Und ihr Bräutigam, der auf seinen Armen einen jungen ausladenden Hintern trug.

Die Frau, die bis vor kurzem noch die Braut gewesen war, stand da und blähte die Nüstern. Die Musik verstummte.

Vladimir Petrow ließ die Arme sinken, Vika konnte gerade noch rechtzeitig die Füße unter sich bekommen, sonst wäre sie aus einem Meter Höhe heruntergestürzt.

Jean-Jacques Sempé

Er kann nur schwul sein. Ich hab ihn noch nie ein böses Wort über Frauen sagen hören!

Eine ungemütliche Pause entstand. Die Braut war im Begriff, etwas zu sagen, aber dann überlegte sie es sich anders und lief hinaus.

Vladimir Petrow wollte stehen bleiben, brachte es dann aber doch nicht fertig, lief ihr hinterher und brummelte: »Ich kann dir alles erklären …«

Sascha setzte sich ins Auto und brauste los, der Auspuff röhrte verärgert.

Vladimir blieb stehen.

Vika kam mitfühlend angelaufen.

»Vlad … Wowa …«, sagte sie zärtlich. Sie wusste nicht, was sie noch sagen sollte und schwieg.

Vladimir wandte sich zu ihr um. Schon lange hatte ihn niemand mehr Wowa gerufen. So hatte ihn nur seine Mutter genannt, als er vor langer, langer Zeit ein Kind gewesen war.

»Wenn Sie wollen, rede ich mit ihr«, schlug Vika vor. »Ich sage ihr, dass ich an allem schuld bin. Und dass Sie gar nichts damit zu tun haben …«

Vladimir zog sein Handy hervor und wählte eilig Saschas Nummer. Dann übergab er es an Vika.

»Ja«, meldete sich Sascha schroff.

»Guten Tag … ich bin es. Vika …«, versuchte Viktorija verstört eine Erklärung. »Wir müssen miteinander reden.«

»Was für eine Vika? Worüber sollen wir reden?«

»Über Ihren Bräutigam.«

Sascha schwieg misstrauisch, und Vika wusste nicht, ob sie ihr überhaupt noch zuhörte. Aber das war ihr auch schon egal. Sie sprach einfach ins Leere.

»Sie sind schön. Sie können an jedem Finger einen Bräutigam haben. Was macht es für Sie für einen Unterschied, ob der oder ein anderer. Und ich habe nur ihn. Verstehen Sie?

Ich liebe ihn seit der achten Klasse. Er ist für mich der Erste und der Letzte. Und der Einzige.«

Sascha Konowalowa unterbrach die Verbindung. Nur das Besetztzeichen war noch zu hören.

Vladimir Petrow sah Vika völlig perplex an.

»Sind Sie verrückt?«, fragte er.

»Nein. Ich bin ganz normal. Nur mein Schicksal zerbricht gerade in tausend Splitter. Genau jetzt. In dieser Minute. Schreien Sie mich nicht an, bitte.«

»Ich schreie ja gar nicht. Aber mein Schicksal geht auch grade den Bach runter. Woher nehmen Sie das Recht, sich in mein Leben einzumischen ...«

Er drehte sich um und ging davon.

»Wowa«, rief Viktorija verzweifelt.

»Zwei Dinge ...« Vladimir Petrow blieb einen Moment lang stehen und streckte zwei Finger hoch. »Erstens, ich will Sie nicht mehr sehen, zweitens, ich will Sie nicht mehr hören. Und ob Sie verrückt sind oder nicht, ist mir völlig egal.«

Vladimir ging weg. Vika begann zu weinen.

Da kam Hauptmann Rogoschin auf sie zu und salutierte. »Erlauben Sie, dass wir Sie mit unserem Auto nach Hause fahren. Und der Herr Bräutigam tut Ihnen Unrecht. Aber verhaften können wir ihn dafür nicht.«

Vika lag auf dem Sofa. Der Großvater sah sich im Fernsehen eine mexikanische Serie an. So lief das schon den fünften Tag. Vika ging nicht zur Arbeit. Sie war zutiefst deprimiert. Der Großvater konnte morgens ungehindert ins Bad und unternahm pünktlich seine Morgenspaziergänge.

Er sah, dass seine Enkelin etwas bedrückte. Vika aß nichts und sprach nicht. Aber er ließ sie in Ruhe. Er wartete, bis sie von selbst mit der Sprache herausrücken würde.

Es klingelte an der Tür.

»Geh aufmachen«, sagte der Großvater.

Vika rührte sich nicht.

Ächzend erhob sich der Großvater aus dem Sessel. Alle Knochen taten ihm weh, die Gelenke mussten wohl auch langsam eingerostet sein.

Der Großvater öffnete. Vera und Varja kamen herein. Sie machten ihre Taschen auf und packten aus: Wein und geräuchertes Huhn. Vika reagierte nicht. Der Großvater drehte den Ton des Fernsehapparates lauter, um besser zu hören.

»Fernando? Bist du es, mein Geliebter?«, dröhnte es aus dem Fernseher.

»Nikolaj Fomitsch!«, schrie Vera. »Machen Sie den Ton leiser!«

Aber der Großvater hörte Vera nicht. Vika reagierte überhaupt nicht.

»Das ist ja wie im Irrenhaus«, kommentierte Varja.

»Na, lass ihn doch ...«, sagte Vera.

Die Freundinnen arrangierten die Esswaren auf dem kleinen Couchtisch. Sie deckten Teller und Gläser auf, schenkten Wein ein.

Der Großvater nahm die Geschenke gern an, aber Vika erhob sich nicht einmal. Für sie hatte alles seinen Sinn verloren.

Die Freundinnen fingen allein an zu essen und zu trinken. Nebenbei warfen sie einen Blick auf die Mattscheibe.

»Du musst das verstehen«, hob Vera an. »Es gibt Träume, Illusionen. Und es gibt das Leben ...«

Vika blinzelte.

»Die Träume – das sind Liebe und Reichtum. Und das Leben – das ist die tägliche Arbeit, das ewige Sparen, Leiden, das Alter und der Tod.«

»Dann besser gleich sterben«, ließ sich Vika vernehmen.

»Nein. Das ist nicht besser. Liebe das, was du hast. Die Hühner, den Landstreicher Chmelnitzkij, die Morgensonne ...«

»Übrigens, Chmelnitzkij ist gekommen«, unterbrach sie Vera. »Er hat nach deiner Adresse gefragt. Wir haben sie ihm gegeben.«

»Wozu?«, fragte der Großvater. Also lauschte er dem Gespräch doch.

»Damit er nicht mehr fragt. Sonst hätte er keine Ruhe gegeben ...«

Abends beschloss Vika, sich zu vergiften, und kratzte Schwefel von Zündhölzern ab. Von einer Schachtel bekam sie ein halbes Gläschen voll zusammen. Sie goss Wein dazu, damit ihr das Austrinken leichter fiele. Sie atmete tief durch. In dem Moment klingelte es an der Tür.

Vika wollte nicht in Eile sterben, stellte das Glas wieder hin und öffnete. Auf der Schwelle stand Chmelnitzkij.

»Was willst du denn hier?«, fragte Vika. Der hatte ihr gerade noch gefehlt.

Chmelnitzkij schwieg. Die grauen Haare hingen strähnig herab.

»Hast du dich in letzter Zeit mal gewaschen?«, fragte Vika.

»Weiß ich nicht mehr.«

»Komm rein«, sagte Vika. Das Glas mit der Schwefel-Wein-Mischung konnte warten. Vika ließ die Badewanne voll Wasser laufen und schüttete Waschpulver dazu. Der Landstreicher stand neben ihr und sah zu.

»Du weißt, was du zu tun hast?«, fragte Vika.

»So ungefähr.«

»Na, dann los …«

Vika schloss die Tür zum Bad. Sie wartete.

Der Großvater schnarchte hinter der Wohnzimmertür, er atmete laut und rasselnd ein. Im Fernsehen lief immer noch dieselbe Serie, eine neue Folge. Fernando sah aus wie ein Ziegenbock. Wie konnte so einer bloß jemandem gefallen … Es gab keinen Besseren auf der Welt als Vladimir Petrow. Und wenn der nicht, dann gar keiner… Und wenn gar keiner, wozu dann das ganze Leben, ohne Liebe und ohne Tod. Über die Liebe kann man nicht allein entscheiden, dazu braucht es zwei. Aber der Tod – über den konnte man selbst entscheiden, ganz allein.

Der Landstreicher Chmelnitzkij war aus dem Bad aufgetaucht und sah unerwartet gut aus. Wenn man ihm noch was Anständiges anziehen würde, sähe er nicht schlechter aus als der Präsident von Lettland.

Vika geleitete den Gast in die Küche. Sie legte ihm ein Stück geräuchertes Huhn auf den Teller.

Chmelnitzkij aß anständig, er schlang nicht. Elegant lutschte er die Knochen ab.

»Wer bist du überhaupt?«, fragte Vika.

»Der Landstreicher Chmelnitzkij.«

»Und warum lebst du so?«

»Weil es mir so gefällt. Ich bin niemandem was schuldig, und ich brauche niemanden.«

»Wieso das denn?«, entgegnete Vika. »Hab ich dir nicht gerade Huhn gegeben? Und was gibst du mir?«

»Die Reinigung der Seele. Wenn der Mensch etwas Gu - tes tut, reinigt er seine Seele.«

»Ah so«, sagte Vika.

Chmelnitzkij aß das Hühnchen auf und trank die Weinflasche leer.

»Du hast mich gerettet«, sagte er ernsthaft.

»Und du mich«, sagte Vika.

Sie schwiegen einen Augenblick.

»Vielleicht kann ich bei dir schlafen? Ich bin ja jetzt sauber …«

Vika hob zwei Finger und sagte: »Zwei Dinge: Ich will nichts mehr von dir hören und nichts mehr von dir sehen. Alles klar?«

»Natürlich …«, sagte der Landstreicher schnell. Solche Bedingungen schienen für ihn nichts Neues zu sein.

Chmelnitzkij verschwand aus der Wohnung. Er hinterließ den Geruch von Waschpulver.

Vika goss den gräulich gewordenen Wein ins Spülbecken. Sie hatte sich das mit dem Sterben noch mal anders überlegt. Es gab kein Glück auf der Welt, aber es gab Ruhe und Freiheit. Puschkin hatte immer noch recht, auch nach mehr als hundertfünfzig Jahren noch. Er war ja nicht umsonst ein Genie.

Der Großvater atmete diesmal ohne Rasseln, sog einfach Luft aus dem Raum ein. Auch er wollte leben, dieses alte Kind …

Auf der Geflügelfarm waren Zuchteier abhandengekommen, und zwar neunzig Stück. Das Arbeitsergebnis eines ganzen Jahres und des gesamten Laborteams, unter Leitung von Professor Bibirewyj. Es waren buchstäblich goldene Eier gewesen. Der Schaden betrug fünfzehntausend Dollar.

Der Verdacht fiel zuerst auf den Landstreicher Chmelnitzkij. Aber dann stellte sich heraus, dass es der Elektriker Andrej gewesen war. Er gestand den Diebstahl erstaunlich schnell. Er hatte nicht gewusst, dass es sich um besondere Eier handelte. Andrej hatte einfach gefallen, dass die Eier schön groß und braun waren, und so hatte er sie mit nach Hause genommen.

Es wurde Anklage erhoben, aber die Sache war so oder so verloren. Woher sollte ein saufender Elektriker schon fünfzehntausend Dollar nehmen? Zuerst wurde er entlassen, aber dann stellte man ihn wieder ein, denn Andrej hatte goldene Hände. Und das war nicht weniger wert als goldene Eier.

Vika bekam einen strengen Verweis, weil sie dem Landstreicher Chmelnitzkij etwas abgezweigt hatte. Man strich ihr die Gratifikation und das dreizehnte Monatsgehalt.

Der Direktor Dozenko hielt eine Versammlung ab und sprach lange in strengem Ton. Seine pathetische Rede gipfelte in dem Satz, dass Stehlen schlecht war.

Die Angestellten hörten zu und dachten daran, dass der Direktor ein großes Landhaus hatte und seine Tochter in Spanien studierte. Und dass er problemlos anstelle von Andrej die entsprechende Summe hätte zahlen können …

Dann kam die Polizei, keiner wusste, wozu. Vermutlich bloß zur Abschreckung.

Vika erkannte Hauptmann Rogoschin. Und der Hauptmann erkannte Vika.

»Warum haben Sie den bloß reingelassen?«, fragte der Hauptmann, womit er Chmelnitzkij meinte.

»Wir füttern doch auch die Hunde. Und er ist schließlich ein Mensch.«

»Ach, Viktorija Schwein … Bei Ihnen ist eben alles nicht wie bei anderen Leuten.«

»Komme ich jetzt ins Gefängnis?«, fragte Vika erschrocken.

»Wofür denn?«

»Na, keine Ahnung wofür …«

»Sie sind ein guter Mensch … Dafür kommt man nicht hinter Gitter. Aber eigentlich sollte man solche Menschen wirklich einsperren, so selten wie die heute sind …«

Direktor Dozenko saß in seinem Arbeitszimmer und telefonierte mit Leuten in Astrachan und Krasnodar. Alle hatten diese besonderen Zuchtküken bestellt, aber niemand wollte mit Geld bezahlen. Die in Astrachan schlugen eine Bezahlung in Fisch vor, die in Krasnodar in Wein. Aber der Direktor konnte keine Löhne mehr auszahlen. Er würde die Arbeiter mit Fisch und Wein bezahlen müssen. Mit etwas zum Essen und Trinken. Das war wenig, aber immerhin besser als nichts. Das Land war in wirtschaftlichem Verfall begriffen, da musste man sehen, wie man irgendwie durchkam.

Dozenko war Russe, hatte aber auch deutsche Vorfahren. Er war sehr genau, aber er war auch Meister im Durchlavieren. In diesem Moment schrie er in den Telefonhörer, überwand mit seiner Stimme die Distanz und die Widerspenstigkeit seines Gesprächspartners.

»Hör mir auf mit diesem Zeug!«, schrie Dozenko. »Blaubeerwein?! Das ist ja schlimmer als Himbeersaft …«

Die Sekretärin sah herein und sagte: »Jurij Wassiljewitsch, der Genosse Vladimir Petrow möchte mit Ihnen sprechen.«

»Wer ist denn das?«

»Na, der vom Fernsehen. Er hat gesagt, nur fünf Minuten. Mehr Zeit hat er nicht.«

»Er hat nicht mehr Zeit – als wenn ich jede Menge davon hätte …«

Der Direktor wollte keinen öffentlichen Rummel. Aber sich mit dem Fernsehen anlegen wollte er auch nicht.

»Na gut, hol ihn rein«, sagte er schließlich.

Vladimir Petrow kam herein. Er trug einen langen Mantel und einen langen Schal. Lange Haare umrahmten sein Gesicht. Er roch nach einem anderen, fremden Leben.

›Gleich fragt er nach meinem Landhaus‹, dachte der Direktor. Aber Vladimir fragte nur: »Verzeihen Sie, arbeitet eine Viktorija Schwein bei Ihnen?«

»Wieso?«, fragte der Direktor vorsichtig.

»Nur so, ich muss mit ihr reden.«

»Soja!«, schrie der Direktor.

Die Sekretärin kam mit offizieller Miene herein.

»Führe den Herrn vom Fernsehen in die Brutabteilung.«

Vika stand mit weißem Kittel und weißer Kopfbedeckung da. Sie spülte die Eier mit Wasser ab, so gehörte sich das gemäß der technischen Vorschrift. In den Brutkästen stellte man Bedingungen her, die möglichst nah an die natürlichen heranreichen sollten.

Vika stand da und dachte an Vladimir, und genau in dem Moment kam er in weißem Kittel und weißer Kopfbedeckung herein. Vika dachte zuerst, jetzt sei sie wirklich verrückt geworden. Sie hatte schon Halluzinationen. Aber die Halluzination kam auf sie zu und grüßte mit der Stimme von Vladimir Petrow. Dann fragte sie: »Was verdienen Sie hier?«

»Gar nichts«, antwortete Vika.

»Wie soll ich das verstehen?«, fragte Vladimir.

»Man hat uns sechs Monate schon keinen Lohn mehr gezahlt. Sie versprechen aber zu zahlen.«

»Und wovon leben Sie?«

»Wir bekommen Hühner. Eier. Öl auf Bezugskarten.«

»Und das ist alles?«

»Den anderen geht es noch schlechter. In den Möbelfabriken zahlen sie mit Furnierholz. Und was soll man mit all dem Furnierholz machen?«

Sie schwiegen.

Vladimir kam es vor, als sei er aus seinen Höhen auf die Erde herabgestiegen. Der Fernsehsender, für den er arbeitete, war ein Privatunternehmen. Der Besitzer war zwar ein unangenehmer Mensch, aber er war nicht arm. Und er zahlte in harten Devisen.

»Ja, also …«, setzte Vladimir an. »Ich habe Ihnen einen Vorschlag zu machen.«

Vika hielt den Atem an.

»Ich suche jemanden, der meine Tochter beaufsichtigt.«

»Ein Kindermädchen?«, fragte Vika.

»Einen Menschen«, präzisierte Vladimir. »Kindermädchen gibt es genug. Ich zahle Ihnen fünfhundert Dollar. Fünfzehntausend Rubel.«

»Im Jahr?«, fragte Vika ungläubig.

»Im Monat.«

»Und wieso so viel?«

»Das ist nicht viel. Meine Tochter Lisa ist krank, sie hat eine schwere psychische Störung.«

Plötzlich verstand Vika den Sinn der Worte ›jeder hat sein Päckchen zu tragen‹. In dieser Familie spielte sich eine Tragödie ab. Ein krankes Kind. Vladimir hatte ein Kreuz zu tragen, nicht nur ein Päckchen. Der arme Vladimir … Die arme Lisa …

»Wie alt ist sie?«, fragte Vika.

»Neun.«

Vika erriet, dass Lisa wohl die Tochter aus einer ersten Ehe war. Die Ehe war wohl in die Brüche gegangen. Das

Kind war beim Vater geblieben. Das Kind lebte dort, wo man es am besten versorgen konnte.

»Sascha sagte, ich solle Lisa in staatliche Obhut geben«, erzählte Vladimir. »Es gibt dafür spezielle Einrichtungen. Sascha meinte, für Lisa wäre es sowieso egal. Vielleicht stimmt das. Aber mir ist es nicht egal.«

Vika dachte: ›Wenn ich ein krankes Kind hätte, würde ich es auch unter keinen Umständen dem Staat überlassen.‹ Ein krankes Kind rührt einen ja noch mehr als ein gesundes. Sie hatte Lisa noch nicht gesehen, aber sie bereits ins Herz geschlossen und verteidigte sie vor der egoistischen, hartherzigen Sascha.

»Ich habe wenig Zeit für Lisa, aber ich liebe sie. Aber ich teile ihr Schicksal, wie es auch immer sein möge. Und es ist mir sehr wichtig, dass sie einen Menschen bei sich hat, dem ich vertrauen kann. Man kann ein krankes Kind so schnell verletzen oder vernachlässigen. Sie kann sich ja nicht einmal beklagen …«

Vladimirs Wangen fingen an zu zucken.

Vika senkte den Blick. Sie konnte den geliebten Menschen nicht leiden sehen. Es hing von ihr ab, ob jemand das Kreuz, das er trug und das ihn fast erdrückte, ein wenig anhob, ob jemand seine Bürde erleichterte.

»Und wieso denken Sie, dass gerade ich dieser Mensch sein soll?«

»Ich spüre das«, erklärte Vladimir. »Sie gefallen mir.«

›Aber ich liebe Sie nicht‹, ergänzte Vika in Gedanken, sprach es aber nicht aus. Sie schwieg einen Augenblick. Es ging jetzt nicht um sie.

Abends schaute sich Vika mit dem Großvater eine neue Folge der mexikanischen Serie an. In dieser Folge hatten böse Menschen Fernando Drogen angeboten, und der arme Fernando schmorte jetzt im Gefängnis. Die bösen Kräfte waren genauso stark wie die guten. Gott und der Teufel waren ebenbürtige Rivalen.

Vika saß vor dem Fernseher, aber ihr Blick war nach innen gerichtet. Woraus bestand ihr Leben? Sie ließ Küken ausbrüten, die zu Hühnern heranwuchsen und dann gleich zum Schlachten geschickt wurden. So starben sie, nachdem sie der Welt Lebewohl gesagt hatten. Neue Küken schlüpften. Und das Ganze begann von vorn. Und wozu das alles? Damit Menschen Hühnerfleisch von zweifelhaftem Ursprung essen konnten – wenn nicht gar etwas von dieser gewaltsamen Besamung, der künstlichen Ernährung, von diesem Gefängnisleben ohne Bewegung und Sonne und von diesem Entsetzen vor dem Tod auf die Menschen überging.

Und bei Vladimir würde sie Vladimir helfen. Und darin läge ein großer Sinn, eine Seelenreinigung, wie der Landstreicher Chmelnitzkij sagen würde. Noch dazu bekäme sie Geld, mit dem sie ihre Wohnung vergrößern könnte, und ihr Großvater hätte endlich sein eigenes Zimmer. Plus zwei Meere – das Schwarze im Herbst und das Rote im Winter. Plus das Mädchen Lisa. Zwar krank, aber dennoch fast wie ein eigenes Kind.

Das Telefon klingelte. Es war Vera, die von ihren Zwillingen und vom ersten Zahn berichtete.

»Ich ziehe zu Vladimir Petrow«, unterbrach Vika sie.

Vera schwieg lange. Dann sagte sie: »Er wird sich die Füße an dir abwischen. Willst du, dass jemand sich die Füße an dir abputzt?«

Vika überlegte und sagte dann: »Kommt drauf an, wessen Füße es sind ...«

Ein Jahr verging.

Eines schönen Tages kam Vika mit der kleinen Lisa auf die Geflügelfarm. Aljoscha, der Chauffeur, fuhr sie hin.

Aljoscha blieb in dem großen schwarzen Jeep sitzen, und Vika und Lisa gingen zum Gebäude Nummer fünf, wo Varja und Vera arbeiteten.

Lisa sah auf den Boden und hielt Vika fest an der Hand.

»Schau mal«, sagte Vika. »Schau mal, die kleinen Hühnchen. Und da, die jungen Frauen ...« Aber weder die Hühnchen noch die Frauen interessierten Lisa. Sie lebte in ihrer eigenen Welt, ihr Gehör und ihr Blick waren ausschließlich auf ihr Inneres gerichtet. Ihre Krankheit hieß Autismus.

Wenn beim Fußball der Ball aus dem Feld rollt, dann ist er aus dem Spiel. So ist es auch mit Autisten. Auch sie sind außerhalb des Spiels. Außerhalb des Lebensspielfelds.

Lisa sah nur auf den Boden, ging auf nichts ein, nahm von nichts Notiz, reagierte nicht einmal auf Zärtlichkeit.

Vika tat so, als ob sie Lisas Krankheit gar nicht bemerken würde. Sie sprach mit ihr von gleich zu gleich. Sie stellte Fragen. Und beantwortete sie selbst. Sie las ihr vor. Sie sang ihr vor. Ging mit ihr spazieren. Und heute unternahmen sie einen Ausflug zur Geflügelfarm.

Die Freundinnen, Vera und Varja, sahen Vika mit großen Augen an. Vika hatte alle Haare glatt nach hinten gebürstet und zu einem Knoten gesteckt, wie eine Ballerina. Über den Schultern trug sie einen sicherlich teuren Pelz von einem nie gesehenen Tier.

»Was ist das?«, fragte Varja.

»Aufgerauhter Biber«, antwortete Vika.

»Sieht wie Kaninchen aus«, meinte Vera. »Biber auf Kaninchen getrimmt.«

Vika zuckte gleichmütig die Achseln: Bitte schön, es war unwichtig, wonach es aussah. Wichtig war nur, was es in Wirklichkeit war: Biber oder Kaninchen.

»Und wie geht es dir dort?«, fragte Varja.

»Gut«, sagte Vika einfach. »Genau wie auf der Geflügelfarm. Arbeit und Sorgen.«

»Aber der Gestank?«, erinnerte sie Varja.

»Gestank gibt's bei uns auch genug ...«

»Und Vladimir Petrow?«

»Den sehe ich nur im Fernsehen. Genau wie früher.«

»Und wie behandelt er dich?«

»Genau wie früher.«

»Und das heißt?«

»Er sieht mich nicht. Er ist ja nie zu Hause.«

»Aber seine Tochter, die besucht er doch?«

»Ja. Er kommt, setzt sich hin und sieht sie an.«

»Liebst du ihn noch?«, fragte Varja leise.

»Ja, schrecklich ...«, seufzte Vika.

»Und was fühlt er?«

»Er fühlt auch etwas.«

»Er liebt dich?«

»Nein. Er fühlt Dankbarkeit für mich. Und Dankbarkeit, das ist auch ein Gefühl, oder nicht?«

Die Freundinnen schwiegen. Na, was sollte man da sagen? Dankbarkeit war auch ein Gefühl, sicher. Aber es unterschied sich nun mal von der Liebe wie die Heckenrose von der Edelrose. Wie eine Katze von einem Tiger. Wie ein Hund von einem Wolf. Dasselbe und doch nicht dasselbe ...

»Weshalb ich gekommen bin ...«, fiel es Vika wieder ein. »Ich habe am Freitag Geburtstag.«

»Morgen?«

»Nein, am Freitag in zwei Wochen«, erklärte Vika. »Wer

Jean-Jacques Sempé

Zu guter Letzt taucht der totgeglaubte Howard wieder auf und findet nach diversen Irrungen und Wirrungen zu Hélène zurück – was mir erlaubt, ein fulminantes Happy End einzubauen und endlich diesen tristen Vorhang zu lüften, der schon viel zu lange unsere Literatur verdüstert.

lädt denn so kurzfristig ein. Man muss doch rechtzeitig Bescheid sagen.«

»Und wird Vladimir Petrow auch dort sein?«, fragte Vera.

»Nein. Er fliegt ans Rote Meer. Dort ist es jetzt warm …«

»Ach so …« Vera zog die Augenbrauen hoch.

Ihr war klar: Wenn Vladimir zu Hause wäre, würde es keinerlei Feierlichkeiten und auch keine Freundinnen von der Geflügelfarm geben …

Aber Biber ist Biber, wenn auch zerzaust. Und ein Kaninchen, selbst wenn man es auf Biber trimmt, bleibt immer ein Kaninchen.

Vika streckte ihr einen Zettel hin, auf dem Datum und Adresse notiert waren.

Vera steckte ihn in die Tasche ihres weißen Kittels.

»Und wie geht es deinem Großvater?«, fragte Varja.

»Er hat sich eine Freundin gesucht«, erzählte Vika. »Sie schauen zusammen fern, und er wäscht ihr die Füße.«

»Kann sie sich die denn nicht selbst waschen?«

»Nein, der Bauch ist im Weg.«

Vera und Varja betrachteten Lisa, aber sie enthielten sich eines Kommentars. Lisa sah mürrisch zu Boden. Auf ihrem Gesichtchen war eine hochnäsige Gleichgültigkeit wie eingefroren.

»Wie heißt du?«, fragte Vera.

Lisa antwortete nicht. Sie drehte sich um und ging weg.

»Es wird Zeit, dass wir gehen«, sagte Vika. »Wir halten Siesta.«

»Was ist Siesta?«

»Mittagsschlaf.«

Die Freundinnen begleiteten Vika bis zum Tor. Sie sahen sie in den Jeep schlüpfen wie in ein anderes Leben, in dem alles anders war. Wo der Mittagsschlaf ›Siesta‹ hieß, wo man einen Biber auf Kaninchen frisierte, und wo sogar ein einfacher Chauffeur aussah wie ein Abgeordneter der Duma.

Der Großvater hatte tatsächlich eine Freundin gefunden, die sechzigjährige Anna Timofejewna aus der Stadt Jessentuki. Sie war zum Geldverdienen nach Moskau gekommen, wusste nicht, wo sie wohnen sollte, und der Großvater hatte ihr seine Wohnung angeboten – und als Zugabe Liebe und Zärtlichkeit. Anna Timofejewna hatte voller Dankbarkeit Ersteres, Zweites und Drittes angenommen. Im Gegenzug kochte sie dem Großvater vollständige Menüs: Kohlsuppe, ein Hauptgericht und zum Dessert Kompott. Alles war köstlich – und mit den vom Großvater gekauften Zutaten gekocht, versteht sich. Aber die Zutaten sind schließlich nicht alles. Das Wichtigste ist, dass einem jemand beim Essen Gesellschaft leistet.

Der Großvater blühte auf und wurde zusehends jünger. Vika freute sich für ihn, bloß hatte sie nun keinen Platz mehr, wenn sie an den Wochenenden nach Hause kam. Anna Timofejewna hatte sich in der ganzen Wohnung ausgebreitet, und Vika konnte keine einzige Ecke mehr für sich finden. Schließlich beschloss sie, an ihren arbeitsfreien Tagen bei Lisa zu bleiben.

Vika war dem Großvater nicht böse. Sie verstand, dass es im Moment für ihn besser war, mit Anna Timofejewna zusammen zu sein, die sein Leben wirklich teilte. Vika dagegen konnte nur als Zeugin daneben stehen.

Jeden Sonntag ging Vika mit Lisa in den Zoo. Lisa blieb immer lange beim Gehege einer Wölfin stehen. Offensichtlich waren Lisa die Tiere naher als die Menschen. Auch die Wölfin kam auf Lisa zu und sah sie lange und aufmerksam an. Sie betrachtete sie wie eines ihrer Jungen.

Lisa hatte ein phänomenales Gedächtnis. Sie konnte sich eine ganze geschriebene Seite auf einen Blick merken. Sie sah hin, und schon hatte sie alles gespeichert. Vika vermutete, dass bei autistischen Kindern das Gehirn auf besondere Weise funktionierte. Die Autisten waren eben anders. Aber es gab sie, diese Schattenkinder. Und wenn es sie gab, dann musste das so seine Ordnung haben. Für irgendetwas waren sie wohl gut.

An den Wochenenden kam Vladimirs Mutter, eine rassige alte Frau mit großer Nase, schönen Augen und seltsamen Ringen an den Fingern.

Die alte Frau erzählte Vladimir ihre im Lauf der Woche angesammelten Gedanken. Vladimir sah irgendwo in die Ferne und gab ab und zu mit eintöniger Stimme ein »Hmm ...« von sich. Hinter diesem »Hmm ...« versteckte er seine völlige Gleichgültigkeit gegenüber dem Gerede seiner Mutter.

Seine Mutter sprach immer nur über ein Thema: Was mit Lisa werden sollte, wenn sie einmal starb ...

Vika verschwieg ihre frühere telefonische Bekanntschaft mit Vladimirs Mutter. Ihr neuer Status als Angestellte in diesem Haushalt erlaubte ihr derartige Freiheiten nicht, selbst wenn sie in der Vergangenheit lagen.

Im Gegensatz zu Vladimir hörte Vika der alten Frau aufmerksam zu, nickte ab und zu mitfühlend, war einverstanden oder widersprach, je nachdem, was sie sagte.

Vika verstellte sich nicht. Vladimirs Mutter tat ihr wirklich leid. Sie wusste aus eigener Erfahrung, wie einen das Leben erdrücken konnte. Sie hätte sich ja selbst um ein Haar vergiftet ... Wie sollte es da erst einem älteren Menschen gehen, dem es an Gesundheit mangelte und an jeglicher Liebe.

Aber glücklich sein konnte man in jedem Alter. Wie der Großvater zum Beispiel. Der raschelte wie ein Blatt am Baum. Ihr Großvater ›raschelte‹ fröhlich im Wind, Vladimirs Mutter hingegen, mit Tränen in den Augen, hing wie ein vertrocknetes Blatt am Ast. Und wer mag so was schon? Es war ungerecht, im Grunde genommen.

Vika tröstete die Großmutter, wie sie ein verweintes Mädchen getröstet hätte. Sie streichelte sie mit Worten, mit zarten Berührungen, die von ganzem Herzen kamen. Und manchmal fing sie a cappella an zu singen, und ihre Stimme erklang wie die eines Engels.

Nach und nach beruhigte sich Vladimirs Mutter und sagte: »Ach, warum heiratet er nicht eine wie dich?«

Vika bemerkte sehr wohl, dass sie nicht gesagt hatte ›warum heiratet er nicht dich?‹, sondern ›warum heiratet er nicht eine wie dich?‹ Am liebsten hätte Vika erwidert: ›Eine andere wie mich gibt es nicht, soll er doch gleich mich heiraten.‹

Aber man kann sich ja schließlich nicht selbst anbieten wie eine Kopfschmerztablette. Sie musste warten, bis der Kopfschmerz unerträglich würde, und dann würde er schon von allein die Hand nach ihr ausstrecken.

Am vereinbarten Tag kamen Vera und Varja zu Vika zu Besuch.

Sie sperrten die Augen auf und konnten nicht glauben, was sie sahen. Das prächtige, hell beleuchtete Haus stand mitten im Stadtzentrum, wie eine Theaterkulisse. Marmorstufen führten ins Haus, auf denen ein roter Läufer einen Pfad bildete. Dieser Pfad erstreckte sich über die Stufen bis hin aufs Trottoir, ja bis zur Fahrbahn. Rundherum war matschiges, dämmriges Winterleben, aber hier war ein blutroter Teppich wie früher in einem Parteisanatorium. Die Tür war schwer und reich verziert. Auch die Türglocke war keine gewöhnliche.

Varja drückte die Klingel, und sofort ertönte eine Männerstimme, die im Tone eines Generals fragte, wer da sei. Dann ließ sich die Stimme mit der Wohnung von Vladimir Petrow verbinden und fragte, ob jemand erwartet werde, ob man die Leute einlassen solle.

Vika kam mit dem Fahrstuhl herunter und begrüßte ihre Freundinnen. Sie führte sie in die Eingangshalle. Der Portier beobachtete sie wie der treue Hund Ruslan aus Wladimows Erzählung.

Die Eingangshalle war mit gelbem Marmor verkleidet. Vasen mit echten Blumen standen herum, die an Sonnenblumen erinnerten. Vielleicht waren es sogar Sonnenblumen – mitten im Winter.

»Tja, die Bourgeoisie …«, seufzte Vera.

Von der Eingangshalle gingen drei Türen ab. Eine Tür führte zur finnischen Sauna, die andere zu einem türkischen Bad und die dritte zum Schwimmbad.

Die Tür zum Schwimmbad war weit geöffnet, das Wasser glitzerte an marmornen Stufen. Am einen Beckenrand standen ein riesiger Fernsehapparat und eine Bar. Man konnte schwimmen, ohne sich von seinen Gewohnheiten loszureißen, und sich beispielsweise wie immer die Nachrichten anschauen.

»Und für wen ist das alles?«, fragte Vera mit einem Seufzer.

»Für die Bewohner. Und für die Gäste«, erklärte Vika.

»Und wir, dürfen wir auch baden?«, fragte Varja.

»Natürlich …«, antwortete Vika unbekümmert. »Wer hier wohnt, darf auch das Schwimmbad benutzen, das gehört dazu.«

Die Freundinnen flitzten zum Becken, rissen sich die Kleider vom Leib und ließen sich augenblicklich ins Wasser plumpsen. Das Wasser war angewärmt und sogar leicht gesalzen.

»Wie am azurblauen Meeresstrand ...«, rief Varja.

»Und wo ist dieser Strand?«, schrie Vera. Sie lag auf dem Rücken und paddelte sanft mit den Füßen.

»Keine Ahnung«, sagte Varja. »Es klingt einfach so schön.«

»Das ist ein Leben ...«, seufzte Vera.

Ein Handy klingelte.

Vika sprang flink zu ihren Sachen und nahm das Gerät aus ihrer Tasche. Sie hörte zu. Dann sagte sie: »Gut.«

Ihr Gesicht war bleich geworden. Die Sommersprossen traten deutlicher hervor.

»Er kommt nach Hause«, flüsterte Vika. »Er ist schon am Weißrussischen Bahnhof. In fünf Minuten ist er hier. Ihr dürft dann nicht mehr da sein.«

Vera und Varja erstarrten.

»Was steht ihr rum? Los jetzt! Beeilt euch!« Auf Vikas Gesicht machte sich Entsetzen breit.

Vera und Varja verfielen in Panik. Sie kletterten schnell aus dem Becken und zerrten sich die Kleider über den nassen Leib, da sie nichts zum Abtrocknen hatten. Vika half ihnen. Man hätte meinen können, dass sie sich vor dem sicheren Tod retten wollten. Schnell mit nackten Füßen in die Stiefel. Die Mützen auf die nassen Haare. Und ab in die Kälte. Aus den warmen azurblauen Fluten in den matschigen Winter. Ab in die rauhe Wirklichkeit.

Vera und Varja standen auf dem Teppichpfad, mit offenem Mund, überrumpelt von dieser jähen Wendung der Situation. Vera fiel die Mütze herunter, sie hob sie auf und zog sie sich tief ins Gesicht. In dem Moment fuhr ein Saab vor. Dem entstieg Vladimir, gefolgt von Sascha Konowalowa.

›Sie haben sich wieder versöhnt‹, begriff Vika, die alles

vom Fenster aus beobachtete. ›Heute haben sie sich versöhnt, und morgen fahren sie zusammen ans Rote Meer. Sie tauschen das Ticket um oder kaufen ein neues.‹

Vladimir ging an Vera und Varja vorbei, ohne sie zu bemerken. Er schaute weder rechts noch links. Das, was ringsumher vorging, interessierte ihn nicht. Das war auch eine Art von Autismus, die sich bei manchen Menschen durch großen Erfolg und viel Geld herausbildete. Über Sascha Konowalowa gab es nichts zu sagen. Sie ging hocherhobenen Hauptes daher, als würde sie der Menschheit durch ihre pure Existenz einen großen Dienst erweisen. Sie hätte genauso gut über Leichen gehen können oder über lebende Menschen. Ihr Nerzmantel liebkoste ihre Knöchel.

Vladimir und Sascha fuhren hinauf zu Vladimirs Etage.

Die Wohnung glänzte vor Sauberkeit, der Tisch war wie für einen Empfang gedeckt. Was für ein gutes Leben hatte mit dem Auftauchen dieses rothaarigen Mädchens begonnen. Vladimir hatte seit dem Morgen nichts mehr gegessen und setzte sich voller Vorfreude an den gedeckten Tisch.

»Geh nicht weg«, bat er Vika. »Heute arbeitest du mal als Kellnerin. In Ordnung?«

Vika wusste nicht, ob sie sich nun wie sonst mit an den Tisch setzen durfte oder nicht. Kellnerinnen setzten sich schließlich nicht. Also blieb sie stehen. Die beiden bemerkten sie nicht einmal.

Sascha war angespannt. Offensichtlich hatte sie noch ein paar ungeklärte Fragen. Wohl ganz im Gegensatz zu Vladimir, der viel gelöster und glücklicher als sonst wirkte.

›Sie haben miteinander geschlafen‹, dachte Vika.

Vladimir zog einen Teller zu sich und arrangierte die Vorspeisen am Rand entlang, von allem ein bisschen: etwas

Hering, ein wenig Rote Bete mit Nüssen, etwas Auberginensalat mit Knoblauch, geräucherter Schinken, Champignons …

Vika hatte dieses Buffet zwei Tage lang vorbereitet, hatte sich für ihre Freundinnen ins Zeug gelegt und alles von ihrem eigenen Geld gekauft, nebenbei bemerkt. Sie war in Geldangelegenheiten sehr genau. Von den Vorräten des Hauses hatte sie nur die Rote Bete genommen, alles andere hatte sie auf dem Markt gekauft, zu den normalen, teuren Preisen. Und für wen? Für Sascha Konowalowa.

Vika wollte auch essen. Ihr war fast schlecht vor Hunger und von der Kränkung. Vor ihrem inneren Auge sah sie ihre Freundinnen mit offenem Mund draußen auf dem roten Läufer stehen. Und sie waren doch von weit her gekommen, hatten Geschenke mitgebracht …

»Hat Lisa zu Abend gegessen?«, fragte Vladimir.

»Nein. Sie isst um acht Uhr zu Abend, aber ich kann sie holen.«

»Lieber nicht«, sagte Sascha eilig. »Sie ist mir unheimlich.«

Vladimir war nicht einmal beleidigt. Er fand heute alles wunderbar.

»Vielleicht möchtest du dich zu uns setzen?«, fragte Vladimir Vika.

»Nein, auf keinen Fall!«, entgegnete Sascha.

Vladimir hob kaum merklich die Brauen.

»Ich gehe dann«, sagte Vika.

Sie wandte sich um und ging hinaus. Das war also ihr Geburtstag.

»Wieso stört sie dich?«, fragte Vladimir Sascha.

»Was brauchen wir fremde Leute?«, antwortete Sascha.

Das war das Letzte, was Vika noch hörte. ›Fremde Leute‹ …

Na gut. Das war sie letztlich auch. Was hatte sie auch sonst erwartet …

Vika holte die Sporttasche hervor, mit der sie hierhergekommen war. Sie fing an zu packen.

Lisa baute mit Klötzchen Türme und Häuser, und sie ging in dieser Beschäftigung völlig auf. Sie war außerhalb des Spielfeldes, und alles, was auf dem Spielfeld geschah, ging sie nichts an.

Vika hatte noch immer Vera und Varja mit ihren nassen Haaren vor Augen. Sie stand tief in ihrer Schuld. Wofür? Für ihre Dummheit, die an Sünde grenzte. ›Du sollst dir keine Götzenbilder schaffen‹ … Und sie hatte sich einen Götzen geschaffen, in der Gestalt von Vladimir Petrow. Ein schöner Götze war das … Ein Kerl, der sich mit hohen Absätzen größer machte. Na ja, auch das ging sie im Grunde nichts an. Sie war ja nur ›eine Fremde‹.

Vika ging die Straße entlang und schleppte schwer an ihrer Tasche.

Den Lohn für den letzten Monat hatte sie nicht erhalten. Aber sie war ja auch weggelaufen, hatte damit den Vertrag gebrochen. Also konnte sie auch keine Ansprüche mehr stellen. Sie war weggelaufen und fertig.

Lisa tat ihr leid. Aber Lisa war ja sowieso alles egal. Oder vielleicht doch nicht? Wenn Lisa plötzlich weinte? Emotionaler Stress war das Letzte, was sie brauchen konnte.

Vika blieb stehen. In diesem Moment bremste neben ihr ein Polizeiauto mit Blinklicht. Vika erschrak, sie glaubte schon, dass Vladimir ihr die Polizei hinterhergeschickt hatte. Aber dann stieg Hauptmann Rogoschin aus.

»Hast du mich nicht erkannt?«, fragte er.

»Ich hab dich erkannt«, erwiderte Vika mit finsterer Miene.

»Setz dich ins Auto, ich fahre dich … was zögerst du noch?«

Vika stieg ein. Sie setzte sich auf den Rücksitz.

Der Hauptmann fuhr schweigend los.

Er hatte einen schönen Rücken. Der Hinterkopf ging elegant in den Hals über, und der Hals in die Schultern. Er war im Ganzen so wohlgeformt, einfach und harmonisch wie das Blatt eines Wegerichs.

Auf einmal musste Vika weinen. Lisa tat ihr leid, Vladimirs Mutter tat ihr leid, und sie tat sich selbst leid, mit ihrer Liebe, all dem, was Vera eine ›Illusion‹ genannt hatte.

Vor ihr lag jetzt einfach das Leben – mit allen Schwierigkeiten, ganz ohne Schnörkel.

Der Hauptmann sah in den Spiegel und sah Vikas gesenkten Kopf.

»Schon wieder?«, fragte er. »Na, was soll ich bloß mit dir machen, Viktorija Schwein?«

Einen Monat später zog Vika beim Hauptmann ein.

Der Hauptmann hieß ebenfalls Vladimir, und das war sehr praktisch. Vika schloss die Augen und flüsterte zärtlich: »Vlad …« Und der Hauptmann bemerkte den kleinen Betrug nicht.

Denn Vika liebte den neuen Vladimir, wie man so sagt ›auf ihre Art‹. Nicht mit ganzer Seele, aber mit einem Teil der Seele und einem Teil des Körpers. Diese Liebe ähnelte einem Blumenstrauß: Sie freut einen, schmückt, aber irgendwann welkt sie. Die Liebe zu Vladimir Petrow dagegen – die hatte Wurzeln. Wie ein Strauch. Und wenn der im Winter vergeht, so erblüht er im Frühling neu.

Ein berühmter Dramatiker hat einmal im Fernsehen gesagt: ›Eine echte Liebe endet nicht mit einer Hochzeit.‹ Also war es bei Vika wie bei allen Leuten. Man liebt den einen und lebt mit dem anderen. Und es war gut, dass es wenigstens so war. Sie hätte auch gar niemanden haben können, so wie Vera.

Der Hauptmann vergötterte sein ›Schweinchen‹. Sie war sein absolutes Schönheitsideal. Dünne und dunkelhäutige Frauen, wie Sascha Konowalowa, gefielen ihm nicht. Die kamen ihm unweiblich vor, wie ein umgebauter Mann. Da war doch seine Vika, mit ihrem üppigen, rosigen Körper ganz was anderes. Alles war in Hülle und Fülle vorhanden. Und sie roch nach frischem Brot. Es gab keinen besseren Geruch.

Vika spürte ihre Macht. Sie hätte sich an dem Hauptmann die Füße abwischen können. Aber wozu?

Auf ihre alte Arbeitsstelle kehrte Vika nicht zurück. Sie hatte ja Geld verdient. Für die erste Zeit würde es reichen. Und dann würde man weitersehen. Der Hauptmann erwies sich als erfinderisch. Mit dem kam man immer durch …

Sie wohnten in Ljuberzi. Eine Wohngegend, die entschieden weniger nobel war als die von Vladimir Petrow. Und weniger Platz hatten sie auch. Bei Vladimir war allein schon die Diele so groß wie die ganze Einzimmerwohnung des Hauptmanns gewesen. Und einen roten Teppich gab es hier auch nicht. Aber den hätte man notfalls hinlegen können, wenn man so etwas unbedingt wollte. Einfach kaufen und festnageln.

Das Leben nahm seinen Lauf. Das Einzige, das wie ein Dorn in Vikas Herz stach, war Lisa. Wie es ihr wohl ging? Was sie jetzt machte? Niemand hatte Zeit für sie, außer einer hysterischen Großmutter. Und wozu war sie schon imstande, diese Großmutter? Zu nichts, als sich an den Kopf zu fassen und hin und her zu flattern wie ein aufgescheuchtes Huhn.

Eines schönen Morgens nähte Vika Vorhänge für das Wohnzimmerfenster, und auf einmal legte sie das Nähzeug beiseite. Sie stand auf – und fuhr zu Lisa. Sie beeilte sich, als fürchtete sie, zu spät zu kommen.

Vladimirs Mutter öffnete.

»Ha!«, schrie sie, als hätte sie jemand mit der Gabel gestochen. »Ach du lieber Gott!«

Lisa kam in die Diele, und plötzlich stürzte sie auf Vika zu, schmiegte sich mit dem ganzen Körper und sogar mit Gesicht und Knien an sie.

Vika befürchtete, gleich in Tränen auszubrechen, so gerührt war sie. Sie wusste, dass autistische Kinder mit niemandem Kontakt aufnahmen, dass sie Berührungen vermieden. Also musste Lisas Ausbruch ein Ausbruch aus der Krankheit sein.

Vladimirs Mutter schluchzte laut, wobei sie sich mit den Händen an den Kopf fasste, als wolle sie ihn am richtigen Platz halten.

»Bleibst du bei Lisa?«, fragte Lisa und hob den Kopf.

»Nein. Ich muss wieder weg«, sagte Vika ehrlich.

»Und ich?«

»Du kannst mit mir gehen, wenn du willst.«

»Ja, ich will«, sagte Lisa.

Aus dem Wohnungsinneren trat Vladimir im Pyjama hervor.

»Papa, darf ich bei Vika wohnen?«, fragte Lisa.

Vladimir und seine Mutter tauschten einen Blick.

»Wo willst du denn hin, was sind das für Dummheiten?«, brummte Vladimir. Er sah Vika vorwurfsvoll an. »Bleiben Sie doch hier. Wieso sind Sie überhaupt weggelaufen? Haben wir Ihnen zu wenig bezahlt?«

»Es geht nicht um Geld.«

»Haben wir Sie schlecht behandelt? Sind Sie wegen etwas beleidigt?«

»Ich habe einfach mein eigenes Leben. Ich heirate. Ich habe einen Bräutigam ...«

»Was denn für einen Bräutigam?«, fragte die Großmutter, als könne sie es nicht glauben.

»Ein ganz gewöhnlicher. Ein Tschuwasche.« Vika wollte seinen Beruf nicht nennen. Die Polizei, das war heutzutage ein Beruf ohne Prestige. Aber die Tschuwaschen waren überall, es saßen sogar welche in der Duma.

»Tschuwasche – ist das ein Tatar?«, fragte die alte Frau.

»Nein«, erklärte Vladimir. »Als die Russen in Tschuwaschien das Christentum einführen wollten, ließen sich die Tschuwaschen bekehren und die Tartaren nicht.«

»Na, siehst du!«, rief Vladimirs Mutter. »So ein Tschuwasche, der versteht sofort, wo's langgeht, der weiß, was für einen Schatz er da gefunden hat!« Sie deutete auf Vika. »Und du? Wo hast du bloß deine Augen gehabt? Bei diesen Staubwedeln? Die haben doch alle nur Geld von dir abgestaubt. Sie wollten alle nur Vergnügen, aber dein krankes Kind wollten sie nicht. Aber die da, die hat dich geliebt! Sie hat an deinem Kissen gerochen. Ich hab es selbst gesehen. Du hast sie gut bezahlt, aber sie hätte sogar ohne Geld für dich gearbeitet, weil sie dich wirklich geliebt hat, dich und Lisa.«

»Mama! Man sagt nicht ›die da‹ über einen Menschen, der neben einem steht, das ist unhöflich.«

»In deinem Leben hat es alles gegeben, bloß keine Güte. Aber das ist die Hauptsache. Das ist nämlich die Liebe.«

Die alte Frau fing an zu schluchzen, aber anders als gewöhnlich. Tiefer und hoffnungsloser.

»Weinen Sie nicht«, bat Vika.

»Was wird bloß aus ihm, wenn ich sterbe? Er ist doch schon vierzig. Er hat ein Magengeschwür. Und Lisa ...«

»Mama, hör auf«, sagte Vladimir verstört. »Wenn du willst, dann heirate ich Vika.«

»Ja!«, rief die alte Frau.

»Bitte ... Ich will sowieso niemanden sonst heiraten. Dann wäre ich wenigstens offiziell vergeben und hätte vor meinen Fans Ruhe.«

»Sehen Sie! Er macht Ihnen einen Antrag!«, rief Vladimirs Mutter.

»Das zählt nicht«, entgegnete Vika.

»Wieso zählt es nicht?«, fragte Vladimir verwundert. »Ich mache Ihnen einen Antrag.«

»Aber Sie sind im Schlafanzug ...«

»Zieh sofort einen Anzug an!«, befahl die Mutter aufgeregt.

Vladimir entfernte sich.

»Wieso stehen wir überhaupt in der Diele herum?«, sagte Vladimirs Mutter.

Vika zog den Pelzmantel und die Schuhe aus und sah plötzlich, dass sie gar keine Strümpfe anhatte. Sie hatte sich so beeilt, dass sie die Stiefel über die bloßen Füße gezogen hatte. Sie ging ins Wohnzimmer und blieb beim Fenster stehen. Es war ihr lieber, stehen zu bleiben.

Lisa ging in ihr Zimmer. Sie war müde von all den Aufregungen.

»Wartet nur nicht zu lange mit dem Kinderkriegen«, riet Vladimirs Mutter hastig. »Du bist jung und kräftig. Ihr werdet gesunde Kinder haben. Lisa wird dann nicht mehr allein sein. Es ist so schwer, keine Geschwister zu haben. Ich habe beispielsweise gar niemanden.«

»Und Ihr Sohn?«, erinnerte Vika.

»Kinder – das ist eine andere Generation. Wir Alten interessieren sie nicht.«

Da erschien Vladimir, ganz in Schwarz und Weiß gekleidet wie ein Pinguin.

Viktorija stand in einem Sonnenstrahl, der durch die Scheibe hereinfiel. Sie war barfuß, hatte einen hohen Busen und eine schmale Taille, sie war rotblond und rosig, und ihre blauen Augen glänzten wie frisch gewaschene Fenster …

Plötzlich sah Vladimir sie mit anderen Augen. Er kannte sie schon lange, aber jetzt sah er sie endlich. Es schien ihm, dass sie sich gleich auf die Zehenspitzen stellen, sich vom Boden erheben und mit leichten, wehenden Kleidern in die Lüfte schwingen würde, wie auf einem Deckengemälde in der Sixtinischen Kapelle. Sie war ein Mädchen von damals, aus den Zeiten von Raffael und Rembrandt, das zufällig ins einundzwanzigste Jahrhundert geraten und in einer Geflügelfarm gelandet war.

»Ganz im Ernst, heiraten Sie mich«, machte ihr Vladimir seinen Antrag und hüstelte.

Er war aufgeregt. Er hatte Angst, dass sie nein sagen und zu ihrem Tschuwaschen zurückkehren würde. Dieses Mädchen wusste ja nicht, was sie wert war, und in diesem Unwissen lag der Grundzug ihres Wesens: Sie war ein Brillant, der von sich selbst glaubte, er sei nur Glas.

»Jetzt umarme sie doch«, gab die Mutter als Regieanweisung.

Vladimir tat einen Schritt und blieb stehen. Er war schüchtern.

Da trat Vika selbst vor und umarmte ihn. Von seinem Gesicht ging ein Duft von Rosen und Regen aus. So riechen die Menschen, die wir lieben, sie duften nach den Gerüchen der Erde: nach Tanne, Erdbeeren oder welkem Gras.

Vika schloss die Augen. Sie horchte in sich hinein. Sie glaubte es und glaubte es nicht.

Sie glaubte es nicht, weil es so etwas einfach nicht gab. Und sie glaubte es, weil es genau so etwas doch gab: Die wahre Liebe kann mit einer Ehe enden und ein ganzes Leben andauern.

Kurt Tucholsky

Das Ideal

Ja, das möchste:
Eine Villa im Grünen mit großer Terrasse,
vorn die Ostsee, hinten die Friedrichstraße;
mit schöner Aussicht, ländlich-mondän,
vom Badezimmer ist die Zugspitze zu sehn –
aber abends zum Kino hast dus nicht weit.

Das Ganze schlicht, voller Bescheidenheit:

Neun Zimmer, – nein, doch lieber zehn!
Ein Dachgarten, wo die Eichen drauf stehn,
Radio, Zentralheizung, Vakuum,
eine Dienerschaft, gut gezogen und stumm,
eine süße Frau voller Rasse und Verve –
(und eine fürs Wochenend, zur Reserve) –,
eine Bibliothek und drumherum
Einsamkeit und Hummelgesumm.

Im Stall: Zwei Ponies, vier Vollbluthengste,
acht Autos, Motorrad – alles lenkste
natürlich selber – das wär ja gelacht!
Und zwischendurch gehst du auf Hochwildjagd.

Ja, und das hab ich ganz vergessen:

Prima Küche – erstes Essen –
alte Weine aus schönem Pokal –
und egalweg bleibst du dünn wie ein Aal.
Und Geld. Und an Schmuck eine richtige Portion.
Und noch ne Million und noch ne Million.
Und Reisen. Und fröhliche Lebensbuntheit.
Und famose Kinder. Und ewige Gesundheit.

Ja, das möchste!

Aber, wie das so ist hienieden:
manchmal scheints so, als sei es beschieden
nur pöapö, das irdische Glück.
Immer fehlt dir irgendein Stück.
Hast du Geld, dann hast du nicht Käten;
hast du die Frau, dann fehln dir Moneten –
hast du die Geisha, dann stört dich der Fächer:
bald fehlt uns der Wein, bald fehlt uns der Becher.

Etwas ist immer.

Tröste dich

Jedes Glück hat einen kleinen Stich.
Wir möchten so viel: Haben. Sein. Und gelten.
Daß einer alles hat:
das ist selten.

Urs Widmer

Das Ende Richards III.

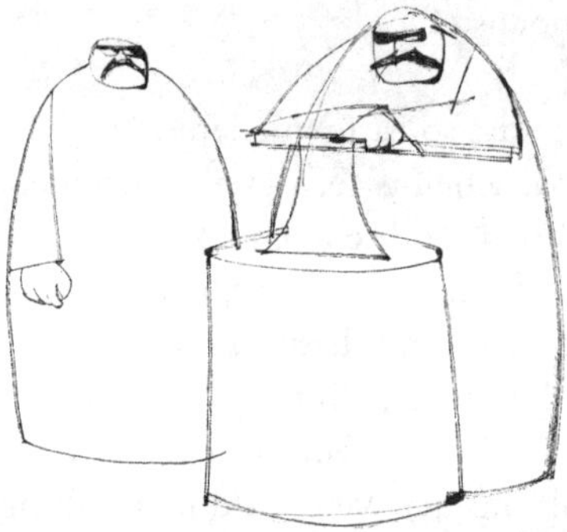

Paul Flora

Niemand je hatte so viel Angst wie Richard. Sein ganzes Jahrhundert toste vor Ängsten, und Richard spürte jede einzelne in sich. Oder nein, er spürte sie nicht, damals waren die Ängste so überschwemmend, dass keiner sie spürte. Ein Blick nach innen, und das Entsetzen hätte dich getötet. Alle dachten, es sei normal, in Todesschweiß auszubrechen, wenn es an der Tür klopfte. Es war normal. In der Tür stand nur allzu oft dein Mörder, dein bester Freund, was allzu oft nur das Gleiche war. Mit welcher Gelassenheit legten dann die gerade eben noch Glanzvollen ihre Köpfe auf den Richtblock. Zum Henker hochsehend (eine schwarze Kapuze vor einem schwarzen Himmel) gelang manchem noch ein anmutiger Scherz. – Man sagt, dass der wegkullernde Kopf noch ein paar Sekunden lang schauen kann, denken. Man weiß nicht, was die Köpfe dachten, wenn sie ihre blutüberströmten kopflosen Körper sahen. – Die Böden ganz Englands waren zu Richards Zeiten blutgetränkt, in allen Flüssen floss Blut, die Fußböden der Paläste waren voller Blut, aus den Fugen der Steine des Towers sickerte Blut, und sogar der Mond schien blutrot Nacht für Nacht. – Die Nächte waren das Entsetzlichste. Gegen die Gedanken der Nacht wehrten sich alle vergeblich.

Wer an einem Schloss vorbeiritt, selber auf einer nutzlosen Flucht, hörte das Schreien der von ihren Träumen Gepeinigten aus allen Luken. Er bekreuzigte sich, ritt in einem schnelleren Trab dem blutenden Mond entgegen, der ihn erwartete. – Jeder wollte auf einen Thron und räumte, weil es nur einen Thron gab, jeden, der auch dahin wollte, aus dem Weg. Jeder heulte vor Gier, jeder dachte, dass gerade ihm das Normale erspart bliebe, dass er jener Auserwählte sei, der dann auf dem sonnenleuchtenden Goldstuhl säße. Dass seine Rivalen tot im Hof lägen. Mit jedem von ihnen hatte er einst gescherzt, pokuliert, über die Weiber geschwatzt. – Herrschen, das hieß seinen Kopf retten.

Aber immer eigentlich ging irgendwas schief (keiner lernte aus dem Unglück des Thronanwärters vor ihm), ein Freund verriet den verräterischen Anschlag, eine Amme tat das Gift ins falsche Glas, ein Versprecher während des letzten gemeinsamen Essens enthüllte die mörderische Absicht zu früh. Und schon schleppten die Häscher des Königs den zu Ehrgeizigen zum Richtblock, immer im Morgengrauen, das genau deshalb auch so heißt, in einem nassen Hof voller Nebel. Der Todgeweihte musste mit einem langen zu kurzen Strick um den Hals von den Burgzinnen in die Tiefe springen; das Seil tötete ihn, wenn er einen Meter über dem Boden war. Auf den Balkonen standen plaudernd seine Freunde von ehedem, gingen dann heiter zu anderen Beschäftigungen über. – Aber auch die Frauen starben gewaltsam. Ein Mächtiger zwang sie in sein Bett, und nach einer Nacht aus Blut und Kot wurden sie ins Meer hinausgefahren. Sie schlugen um sich, schluckten schreiend das Wasser, das sie ertränkte. Manchmal wurde eine bleiche Leiche in Samtgewändern angeschwemmt; dann bekreuzigten sich die Fischer, die von anderen Toden bedroht waren. – Kein Henker, kein Mörder, auf den seine Taten nicht endlich zurückfielen. Auch die Henker wurden gehenkt. So gesehen waren die Zeiten gerecht.

Natürliche Tode gab es keine, auch bei den Bauern nicht. Sie hackten in den Kartoffeln, und jäh brachen brüllende

Ritter aus den Hecken. Die Bauern hingen an ihren Bäumen, und an ihre Beine klammerten sich ihre tränenüberströmten Frauen, die ihr Leiden zu verkürzen versuchten. – Diese selben Ritter verreckten dann keine zehn Tage später in einer Schlacht, in der keiner mehr wusste, wer Freund war, wer Feind; jeder jeden niederhackte. – Das war die Welt Richards, der nun Richard III. geworden war. Der König. Aber auf dem Thron war die Angst noch größer. Glücklich war er nie, nur dann in der Sekunde seines Todes. Der strahlende Heinrich Tudor erschlug ihn, beiläufig fast. Er lag in den Brennnesseln, sah eine milde Sonne über sich. Er atmete tief ein und aus. Er hörte sein Herz schlagen. Er war so wundersam schwach plötzlich. Nun mussten andere diese entsetzliche Welt aushalten. Er nicht mehr. Richard lächelte; starb.

Paul Flora

Peter Altenberg

Das Glück

Ich erwartete das Glück vergeblich Jahre und Jahre lang. Endlich kam es und setzte sich zutraulich an mein Bett. Es hatte gelbbraunen Teint wie die Javanerinnen, schmale, lange Hände und Finger, Gazellenbeine und bewegliche lange Zehen. Ich sagte: »Oh, bist du wirklich, wirklich endlich das Glück, das lang ersehnte, tief entbehrte?!?« – »Ich werde es dir morgen schreiben, ob ich es wirklich bin oder nicht. Du wirst selbst urteilen –.«

Am nächsten Morgen fand ich einen Zettel, auf dem geschrieben stand: »Adieu, auf Nimmerwiedersehen –.« Ja, es war also wirklich und wahrhaftig ›das Glück‹ gewesen!

Nach- und Hinweise

PETER ALTENBERG (1859, Wien – 1919, ebenda)
Das Glück. Aus: Peter Altenberg, *Das Buch der Bücher.* Wallenstein Verlag, Göttingen 2009

BOSC (1924, Nîmes – 1973, Antibes)
Die Zeichnungen stammen aus den folgenden Bänden: Seiten 154-159, 318: *Ich liebe dich.* Copyright © 2008 by Diogenes Verlag, Zürich. Seiten 8, 167-169, 223, 290, 295, 322: Abdruck der Zeichnungen mit freundlicher Genehmigung von Alain Damman, Aigues Vives / Frankreich.

WILHELM BUSCH (1832, Wiedensahl – 1908, Mechtshausen)
Fortuna. Aus: Wilhelm Busch, *Gedichte.* Diogenes Verlag, Zürich, 1974

ANTON ČECHOV (1860, Taganrog – 1904, Badenweiler)
Die Stachelbeeren. Aus dem Russischen von Gerhard Dick. Aus: Anton Čechov, *Die Dame mit dem Hündchen. Meistererzählungen.* (Vorliegende Übersetzung erschien erstmals 1967 bei Rütten & Loening, Berlin: Rütten & Loening ist eine Marke der Aufbau Verlag GmbH +Co. KG) © 1967 by Aufbau Verlag, Berlin+Co. KG

CHAVAL (1915, Bordeaux – 1968, Paris)
Abdruck der Zeichnungen auf den Seiten 42, 43, 388, 390–391 mit freundlicher Genehmigung von Christian Dalmau, Bordeaux.

PAULO COELHO (*1947, Rio de Janeiro, lebt in Genf)
Sind Sie glücklich? Aus dem Brasilianischen von Maralde Meyer-Minnemann. Erstmals erschienen in *TV Hören und Sehen,* Hamburg 29.11.2008. Von Paulo Coelho ist im Frühling 2011 der Roman *Schutzengel* im Diogenes Verlag erschienen.

ANDRÉ COMTE-SPONVILLE (*1952, Paris, wo er auch heute lebt)
Der Geschmack des Lebens. Aus dem Französischen von Hainer Kober. Aus: André Comte-Sponville, *Impromptus.* Copyright © 1996 by Presses Universitaires de France, Paris. Von André Comte-Sponville ist im Herbst 2010 das Buch *Glück ist das Ziel, Philosophie der Weg* im Diogenes Verlag erschienen.

DALAI LAMA (*1935, Osttibet, lebt in Dharamsala)
An alle, die glücklich oder unglücklich sind. Aus dem Französischen von Ingrid Fischer-Schreiber. Auszug aus: Dalai Lama, *Ratschläge des Herzens.* Copyright © 2003 by Diogenes Verlag, Zürich

DENIS DIDEROT (1713, Langres – 1784, Paris)

Ein glücklicher Mensch ist ein Weiser. Aus dem Französischen von Walter Widmer. Auszug aus: Denis Diderot, *Jakob und sein Herr.* Copyright © 2009 by Diogenes Verlag, Zürich

DORIS DÖRRIE (*1955, Hannover, lebt in München)
Orangenmond. Auszug aus dem im Sommer 2011 erschienenen Roman *Alles inklusive.* Copyright © 2011 by Diogenes Verlag, Zürich. Der Roman ist auch als Diogenes Hörbuch erschienen, gelesen von Maren Kroymann, Pierre Sanoussi-Bliss, Maria Schrader und Petra Zieser.

EPIKUR (341 v. Chr., Samos – 271 v. Chr., Athen)
Über das Glück. Aus dem Altgriechischen von Séverine Gindro und David Vitali. Auszug aus: Epikur, *Über das Glück.* Copyright © 1995 by Diogenes Verlag, Zürich

JÖRG FAUSER (1944, Bad Schwalbach – 1987, zwischen Feldkirchen und München-Riem)
Trotzki, Goethe und das Glück. Aus: Jörg Fauser, *Trotzki, Goethe und das Glück.* Copyright © 2005 by Alexander Verlag, Berlin/Köln. Abdruck mit freundlicher Genehmigung. Von Jörg Fauser ist 2009 die neunbändige Werkausgabe im Diogenes Taschenbuch erschienen.

PAUL FLORA (1922, Glurns/Südtirol – 2009, Innsbruck)
Die Zeichnungen auf den Seiten 388, 390, 391 stammen aus dem Buch: Urs Widmer, *Shakespeares Königsdramen.* Copyright © 2004 by Diogenes Verlag, Zürich

JOEY GOEBEL (*1980, Henderson, Kentucky, wo er auch heute lebt)
Du wirst nie glücklich sein (Titel vom Herausgeber). Aus dem Amerikanischen von Hans M. Herzog. Auszug aus: Joey Goebel, *Vincent.* Copyright © 2005 by Diogenes Verlag, Zürich. Zuletzt erschien von Joey Goebel der Roman *Heartland* als Diogenes Taschenbuch.

BALTASAR GRACIÁN (1601, Belmonte bei Calatayud – 1658, Tarazona)
Für große Bissen des Glücks einen Magen haben. Aus dem Spanischen von Arthur Schopenhauer. Aus: Baltasar Gracián, *Hand-Orakel und Kunst der Weltklugheit.* Diogenes Verlag, Zürich, 1993

BRÜDER GRIMM
Hans im Glück. Aus: *Die schönsten Märchen der Brüder Grimm.* Diogenes Verlag, Zürich 2005

ARNON GRÜNBERG (*1971, Amsterdam, lebt in New York)
Eine kleine Schule des Glücks. Aus dem Niederländischen von Rainer Kersten. Auszüge aus den folgenden Romanen von Arnon Grünberg: *Der Vogel ist krank.* Copyright © 2005 by Diogenes Verlag, Zürich. *Der Heilige des Unmöglichen.* Copyright © 2007 by Diogenes Verlag, Zürich. *Phantomschmerz.* Copyright © 2003 by Diogenes Verlag, Zürich. *Statisten.* Copyright © 1999 by Diogenes Verlag, Zürich. *Tirza.* Copyright © 2008 by Diogenes Verlag, Zürich. *Mitgenommen.* Copyright

© 2010 by Diogenes Verlag, Zürich. Zuletzt erschien von Arnon Grünberg im Diogenes Verlag der Roman *Mitgenommen.*

JOHANN PETER HEBEL (1760, Basel – 1826, Schwetzingen)
Glück und Unglück. Aus: Johann Peter Hebel, *Schatzkästlein des rheinischen Hausfreundes.* Reclam Verlag, 1999. Eine Auswahl der Texte von Johann Peter Hebel ist als Diogenes Taschenbuch mit dem Titel *Unverhofftes Wiedersehen* erschienen.

YAEL HEDAYA (* 1964, Jerusalem, lebt bei Tel Aviv)
Die Glücksnummer. Aus dem Hebräischen von Ruth Melcer. Auszug aus der bisher noch nicht auf Deutsch erschienenen gleichnamigen Erzählung. © 2001 by Diogenes Verlag. Abdruck mit freundlicher Genehmigung der Agentur Liepman, Zürich. 2009 ist der Roman *Eden* von Yael Hedaya als Diogenes Taschenbuch erschienen.

HEINRICH HEINE (1797, Düsseldorf – 1856, Paris)
Das Glück ist eine leichte Dirne und *Frau Fortuna.* Aus: Heinrich Heine, *Gedichte.* Diogenes Verlag, Zürich, 1977

GOTTFRIED KELLER (1819, Zürich – 1890, ebenda)
Der Schmied seines Glückes. Aus: Gottfried Keller, *Die Leute von Seldwyla.* Diogenes Verlag, Zürich, 1993

KATHERINE MANSFIELD (1888, Wellington – 1923, Fontainebleau)
Glück. Aus dem Englischen von Elisabeth Schnack. Aus: Katherine Mansfield, *Meistererzählungen.* Diogenes Verlag, Zürich 1988. Copyright für die deutsche Übersetzung © 1980 by Büchergilde Gutenberg, Frankfurt, Wien, Zürich. Die Erzählung *Glück* ist auch als Diogenes Hörbuch erhältlich, gelesen von Anna König.

LUDWIG MARCUSE (1894, Berlin – 1971, München)
Was ist Glück? Aus: Ludwig Marcuse, *Philosophie des Glücks.* Copyright © 1972 by Diogenes Verlag, Zürich

JEAN PAUL (1763, Wunsiedel – 1825, Bayreuth)
Die Wutzische Kunst, stets glücklich zu sein. Aus: Jean Paul, *Leben des vergnügten Schulmeisterlein Maria Wutz in Auenthal.* Reclam Verlag, Leipzig, 2007

ASTRID ROSENFELD (*1977, Köln)
All die falschen Pferde. Originalbeitrag für dieses Tintenfass. Copyright © 2011 by Diogenes Verlag, Zürich. Im Frühjahr 2011 erschien von Astrid Rosenfeld im Diogenes Verlag ihr Romandebüt *Adams Erbe.*

BERNHARD SCHLINK (*1944, Bielefeld, lebt in Berlin)
Der letzte Sommer. Aus: Bernhard Schlink, *Sommerlugen.* Copyright © 2010 by Diogenes Verlag, Zürich. Von Bernhard Schlink ist im Frühjahr 2011 das Buch *Gedanken über das Schreiben* erschienen.

ARTHUR SCHOPENHAUER (1788, Danzig – 1860, Frankfurt a. M.)

Glück. Aus: Arthur Schopenhauer, *Die Welt als Wille und Vorstellung*. Diogenes Verlag, Zürich, 1977

JEAN-JACQUES SEMPÉ (*1932, Bordeaux, lebt in Paris)
Die Zeichnungen stammen aus den folgenden Bänden: Seiten 22, 106, 195, 224, 237: *Traumtänzer*. Copyright © 1999 by Diogenes Verlag, Zürich
Seiten 12, 162, 204, 260, 338, 344, 354, 368: *Schöne Aussichten*. Copyright © 2001 by Diogenes Verlag, Zürich. Seiten 215, 330: *So ein Zufall*. Copyright © 1982 by Diogenes Verlag, Zürich. Seiten 6, 117, 312-313: *Heiter bis wolkig*. Copyright © 2004 by Diogenes Verlag, Zürich. Seiten 34-35: *Von den Höhen und Tiefen*. Copyright © 1972 by Diogenes Verlag, Zürich. Seiten 58, 145, 267: *Alles wird komplizierter*. Copyight © 1974 by Diogenes Verlag, Zürich. Seite 304: *Tag für Tag*. Copyright © 2009 by Diogenes Verlag, Zürich. Seite 81: *Verwandte Seelen*. Copyright © 1993 by Diogenes Verlag, Zürich. Seite 270: *Der Lebenskünstler*. Copyright © 1983 by Diogenes Verlag, Zürich. Seiten 286-287, 397: *Stille, Sinnenlust und Pracht*. Copyright © 1988 by Diogenes Verlag, Zürich. Seiten 2, 211: *Halb gewonnen*. Copyright © 1986 by Diogenes Verlag, Zürich. Seiten 90-97: *Le monde de Sempé*. Editions Denoël, Paris. Abdruck mit freundlicher Genehmigung des Künstlers. Im Herbst 2011 erscheint die Neuauflage von *Sempés Musiker* im Diogenes Verlag.

MAURICE SENDAK (*1928, New York)
Die Zeichnung auf Seite 5 stammt aus einem Katalog der Galerie Daniel Keel. Abdruck mit freundlicher Genehmigung des Künstlers. Im Frühjahr 2012 erscheint im Diogenes Verlag ein neues Kinderbuch von Maurice Sendak.

VIKTORIJA TOKARJEWA (*1937, Leningrad, lebt in Moskau)
Schweinesieg. Aus dem Russischen von Angelika Schneider. Aus dem im Herbst 2011 erschienenen Erzählband *Alle meine Feinde*. Copyright © 2011 by Diogenes Verlag, Zürich

KURT TUCHOLSKY (1890, Berlin – 1935, Göteborg)
Das Ideal. Aus: Kurt Tucholsky, *Die schönsten Gedichte*. Diogenes Verlag, Zürich, 2006

MARK TWAIN (1835, Florida, Missouri – 1910, Redding, Connecticut)
Aurelias unglücklicher Bräutigam. Aus dem Amerikanischen von Fritz Bondy. Aus: Mark Twain, *Meistererzählungen*. Copyright © 1990 by Diogenes Verlag, Zürich

ROBERT WALSER (1878, Biel – 1956, Herisau)
Glückliche Menschen. Aus: Robert Walser, *Das Gesamtwerk* VII, *Gedichte und Dramolette*. Copyright © 1978 by Suhrkamp Verlag Zürich

URS WIDMER (*1938, Basel, lebt in Zürich)
Das Ende Richards III. Aus dem im Herbst 2011 erschienenen Buch *Stille Post*. Copyright © 2011 by Diogenes Verlag, Zürich

TINTENFASS IMPRESSUM

Herausgeber: Daniel Kampa, Winfried Stephan. Mitarbeit: Nicole Lisa Griessmann, Martha Schoknecht, Julia Stüssi *Umschlaggestaltung:* Monika Boss *Gestaltung und Herstellung:* Peter Frei.

Herzlichen Dank an Catherine Bourquin, Tina Nart, Cornelia Künne, Susanne Dorn, Cornelia Eberle, Ruth Geiger, Lisa Jordi, Anna von Planta, Res Schenk, Christine Stemmermann, Dominik Süess, Margaux de Weck, Silvia Zanovello und besonders an Daniel Keel.

Über unverlangt eingesandte Manuskripte kann leider keine Korrespondenz geführt werden.